工程管理系列新教材

建设工程法概论

生青杰　编著

知识产权出版社
全国百佳图书出版单位

图书在版编目（CIP）数据

建设工程法概论/生青杰编著. —北京：知识产权出版社，2019.1

工程管理系列新教材

ISBN 978-7-5130-5806-3

Ⅰ.①建… Ⅱ.①生… Ⅲ.①建筑法—中国—教材 Ⅳ.①D922.297

中国版本图书馆 CIP 数据核字（2018）第 202378 号

内容简介

本书按照总—分的体系编写。总论部分介绍了建设工程法律体系与标准体系、建设工程市场主体制度、建设工程发承包制度及工程招标投标制度，分论部分介绍了工程建设前期制度、勘察设计制度、监理制度和建设工程施工各阶段的制度。本书在编写中力求逻辑严密、观点新颖、贴近实践。本书可作为高等院校、职业院校工程管理及其他建筑类相关专业的教材，可作为自学考试、相关培训用书，也可供工程管理人员、建造师考生等参考。

责任编辑：张雪梅	**责任校对**：谷　洋
封面设计：睿思视界	**责任印制**：刘译文

建设工程法概论

生青杰　编著

出版发行：知识产权出版社 有限责任公司		网　　址：http://www.ipph.cn	
电　　话：010-82004826		http://www.laichushu.com	
社　　址：北京市海淀区气象路 50 号院		邮　　编：100081	
责编电话：010-82000860 转 8171		责编邮箱：410746564@qq.com	
发行电话：010-82000860 转 8101/8102		发行传真：010-82005070/82000893/82000270	
印　　刷：三河市国英印务有限公司		经　　销：各大网上书店、新华书店及相关专业书店	
开　　本：787mm×1092mm　1/16		印　　张：15.25	
版　　次：2019 年 1 月第 1 版		印　　次：2019 年 1 月第 1 次印刷	
字　　数：340 千字		定　　价：65.00 元	
ISBN 978-7-5130-5806-3			

前　　言

作为在教学一线承担"建设工程法"课程的任课教师，笔者一直关心教材的建设，虽然也编写了一些教材，但总觉得还有编写得更好的可能，这几乎成为笔者的情结。

2017 年 2 月，国务院办公厅印发《关于促进建筑业持续健康发展的意见》，再次开启了建筑业改革的大潮。该意见提出了优化资质资格管理、完善招标投标制度、全面提高质量安全监管水平、加快推行工程总承包、推行全过程咨询、推广装配式建筑、加快建筑信息模型（BIM）应用力度、加快"走出去"等政策。与此相适应，有关法律法规进行了修改。本书在此背景下，围绕全过程咨询这条主线，对涉及决策阶段、设计阶段、招标投标阶段、施工阶段、竣工验收与保修阶段等现行的法规进行了解读。

全书分为总论与分论。总论介绍建设工程法的基础知识和通用知识，是学好建设工程法的基础，包括建设工程法律体系与标准体系、建设工程市场主体制度、建设工程发承包制度及工程招标投标制度。

分论以项目建设程序中的问题为导向，突出实务性，注重培养学生解决问题的能力。分论整合介绍工程建设前期制度、工程勘察设计制度、工程监理制度及工程施工制度，便于学生系统掌握一个具体项目建设全过程的法律规则。工程施工法律制度是重中之重，其中重点介绍了建设工程质量管理制度、建设工程全过程管理制度、劳动合同制度及环保、节能与文物保护制度。

本书由河南城建学院教授、河南金年华律师事务所律师生青杰编著。在本书编写过程中，笔者付出了大量时间和精力对内容进行修改和完善，同时参考了近年来不少专家学者们的研究成果，借鉴了许多有价值的观点和材料，在此一并表示诚挚的谢意！

如有读者愿意进一步交流工程法律与合同及相关问题，可关注本书作者的公众号"工程合同研习社"。

由于笔者水平所限，书中内容难免在不同程度上存在一些问题和缺憾，期待读者在使用过程中提出宝贵的建议和意见。

目　录

第一章　建设工程法概述

1.1　建设工程法律体系

1.1.1　建设工程法的渊源

法的渊源，是指那些具有法的效力、作用和意义的法的外在表现形式。当今世界上法的渊源主要有制定法、判例法、习惯法及国际条约、公约等。我国是以制定法为主的成文法国家，即法的渊源存在于不同层次的规范性法律文件之中。建设工程法的渊源有以下几类。

1. 宪法

宪法是国家的根本大法，是我国最重要的法的渊源，由最高国家权力机关制定、通过和修改。按照我国宪法的规定，宪法具有最高的法律效力，其他各种法律法规的制定均须以宪法为依据，凡与宪法相抵触、相冲突的法律、法规均不具有法律效力。

2. 法律

在当代中国法律渊源中，法律是仅次于宪法的主要的法的渊源。法律可分为基本法律和普通法律。基本法律由全国人民代表大会制定和修改，内容涉及国家和社会生活某一方面的最基本问题，如刑法、民法、诉讼法等。普通法律由全国人大常委员制定和修改。与工程建设相关的法律，如《建筑法》《城市规划法》《城市房地产管理法》《土地管理法》《招标投标法》等都属普通法律。

3. 行政法规

行政法规是指国家最高行政机关即国务院根据宪法、法律或者全国人大常委会的授权，依照法定权限和程序制定和颁布的有关行政管理、社会生活等方面的规范性文件。行政法规也是一种重要的法的渊源，其效力仅次于宪法和法律。与建设活动相关的行政法规有《建设工程勘察设计条例》《建设工程质量管理条例》《城市房地产经营管理条例》《城市房屋拆迁管理条例》《建设工程安全生产管理条例》等。

4. 部门规章

部门规章是指国务院各部门根据法律和国务院的行政法规、决定、命令，在本部门权限范围内按照规定的程序制定的规定、办法等规范性文件的总称。部门规章的效力低于宪法、法律和行政法规。工程建设方面的部门规章数量非常多，主要从不同环节和方面对工程建设活动进行监督管理，如《建筑企业资质管理规定》《工程建设施工招标投标管理办法》《注册建筑师条例实施细则》《工程监理企业资质管理规定》等。

5. 地方性法规

地方性法规是指享有地方性法规制定权的地方国家权力机关依照法定的权限，在不与宪法、法律和行政法规相抵触的前提下制定、修改的在本行政区域范围内实施的规范性文件。依据我国法律规定，省级人大及其常委会、设区的市人大及其常委会有权制定地方性法规。

设区的市人大及其常委会根据本市的具体情况和实际需要，在不同宪法、法律、行政法规和本省、自治区的地方性法规相抵触的前提下可以对城乡建设与管理、环境保护、历史文化保护等方面的事项制定地方性法规。法律对设区的市制定地方性法规的事项另有规定的，从其规定。设区的市的地方性法规须报省、自治区人大常委会批准后施行。省、自治区人大常委会对报请批准的地方性法规，应当对其合法性进行审查，同宪法、法律、行政法规和本省、自治区的地方性法规不抵触的，应当在四个月内予以批准。

各地根据本行政区域的情况在工程建设方面制定了大量地方性法规，如《北京市建设工程质量条例》《辽宁省建筑工程质量条例》等。

6. 地方规章

地方规章也叫政府规章，指省级政府及设区的市人民政府根据法律和行政法规，并按照一定的程序制定的适用于本行政区行政管理工作的规定、实施办法、规则等规范性文件。政府规章的法律效力低于宪法、法律、行政法规和地方性法规，也不得与部门规章相抵触。

设区的市、自治州人民政府根据具体情况和实际需要制定地方政府规章，限于城乡建设与管理、环境保护、历史文化保护等方面的事项。地方政府规章是我国数量较多的法的渊源，如《上海市建筑工程承发包管理办法》《深圳市建筑工程勘察设计合同管理暂行办法》等。

7. 国际条约和国际惯例

国际条约是指我国同外国缔结的双边和多边条约、协定及其他具有条约性质的文件。根据承诺必须信守的原则，凡是我国政府签订、批准的国际条约，也是我国法的渊源之一。国际惯例是指在国际交往中经反复实践逐渐形成的不成文的行为规则。我国签订的调整经济关系的国际公约和双边条约以及国际上通用的建设技术规程也是我国涉外工程建设活动中应当遵守的法律规范。我国加入 WTO 后，国内建筑市场和国际建筑市场正在融合，了解、熟悉相关的国际条约和国际惯例十分必要。

1.1.2 不同层次的法冲突时的处理

1. 宪法至上

宪法具有最高的法律效力，一切法律、行政法规、地方性法规、自治条例和单行条例、规章都不得同宪法相抵触。

2. 上位法优于下位法

法律的效力高于行政法规、地方性法规、规章；行政法规的效力高于地方性法规、规章；地方性法规的效力高于本级和下级地方政府规章；省、自治区人民政府制定的规章效力高于本行政区域内设区的市、自治州人民政府制定的规章。但是自治条例和单行条例依法对法律、行政法规、地方性法规作变通规定的，在本自治地方适用自治条例和单行条例的规定；经济特区法规根据授权对法律、行政法规、地方性法规作变通规定的，在本经济特区适用经济特区法规的规定。部门规章之间、部门规章与地方政府规章之间没有上下之分，具有同等效力，在各自的权限范围内施行。

3. 特别法优于一般法，新法优于旧法

同一机关制定的法律、行政法规、地方性法规、自治条例和单行条例、规章，特别规定与一般规定不一致的，适用特别规定；新的规定与旧的规定不一致的，适用新的规定。

4. 特殊情形

法律之间对同一事项新的一般规定与旧的特别规定不一致，不能确定如何适用时，由全国人大常委会裁决。

行政法规之间对同一事项新的一般规定与旧的特别规定不一致，不能确定如何适用时，由国务院裁决。

地方性法规、规章之间不一致时，由有关机关依照下列规定的权限作出裁决：

1）同一机关制定的新的一般规定与旧的特别规定不一致时，由制定机关裁决。

2）地方性法规与部门规章之间对同一事项的规定不一致，不能确定如何适用时，由国务院提出意见。国务院认为应当适用地方性法规的，应当决定在该地方适用地方性法规的规定；认为应当适用部门规章的，应当提请全国人大常委会裁决。

3）部门规章之间、部门规章与地方政府规章之间对同一事项的规定不一致时，由国务院裁决。

根据授权制定的法规与法律规定不一致，不能确定如何适用时，由全国人大常委会裁决。

1.2　建设工程标准体系

1.2.1　简述

标准（含标准样品），是指农业、工业、服务业以及社会事业等领域需要统一的技术要求。标准包括国家标准、行业标准、地方标准和团体标准、企业标准。国家标准分为强制性标准和推荐性标准，行业标准、地方标准是推荐性标准，强制性标准必须执行。国家鼓励采用推荐性标准。

1.2.2　标准的制定

国务院有关行政主管部门依据职责负责强制性国家标准的项目提出、组织起草、征求意见和技术审查。国务院标准化行政主管部门负责强制性国家标准的立项、编号和对外通报，并应当对拟制定的强制性国家标准是否符合前款规定进行立项审查，对符合前款规定的予以立项。强制性国家标准由国务院批准发布或者授权批准发布。

对满足基础通用、与强制性国家标准配套、对各有关行业起引领作用等需要的技术要求，可以制定推荐性国家标准。推荐性国家标准由国务院标准化行政主管部门制定。

对没有推荐性国家标准、需要在全国某个行业范围内统一的技术要求，可以制定行业标准。行业标准由国务院有关行政主管部门制定，报国务院标准化行政主管部门备案。

为满足地方自然条件、风俗习惯等特殊技术要求，可以制定地方标准。地方标准由省、自治区、直辖市人民政府标准化行政主管部门制定；设区的市级人民政府标准化行政主管部门根据本行政区域的特殊需要，经所在地省、自治区、直辖市人民政府标准化行政主管部门批准，可以制定本行政区域的地方标准。地方标准由省、自治区、直辖市人民政府标准化行政主管部门报国务院标准化行政主管部门备案，由国务院标准化行政主管部门通报国务院有关行政主管部门。

国家鼓励学会、协会、商会、联合会、产业技术联盟等社会团体协调相关市场主体共同制定满足市场和创新需要的团体标准，由本团体成员约定采用或者按照本团体的规定供社会自愿采用。

企业可以根据需要自行制定企业标准，或者与其他企业联合制定企业标准。

推荐性国家标准、行业标准、地方标准、团体标准、企业标准的技术要求不得低于强制性国家标准的相关技术要求。

1.2.3 标准的实施

不符合强制性标准的产品、服务不得生产、销售、进口或者提供。

国家建立强制性标准实施情况统计分析报告制度。

国务院标准化行政主管部门和国务院有关行政主管部门、设区的市级以上地方人民政府标准化行政主管部门应当建立标准实施信息反馈和评估机制，根据反馈和评估情况对其制定的标准进行复审。标准的复审周期一般不超过五年。经过复审，不适应经济社会发展需要和技术进步的标准应当及时修订或者废止。

1.2.4 监督管理

县级以上人民政府标准化行政主管部门、有关行政主管部门依据法定职责对标准的制定进行指导和监督，对标准的实施进行监督检查。

国务院有关行政主管部门在标准制定、实施过程中出现争议的，由国务院标准化行政主管部门组织协商；协商不成的，由国务院标准化协调机制解决。

国务院有关行政主管部门、设区的市级以上地方人民政府标准化行政主管部门未依照规定对标准进行编号、复审或者备案的，国务院标准化行政主管部门应当要求其说明情况，并限期改正。

1.2.5 强制性标准的实施与监督

1. 监督主体

凡是从事工程建设的单位和个人，必须执行强制性标准。不符合强制性标准的工程，从项目建议书开始就不予立项，可行性研究报告不予审批；不按强制性标准、规范施工，质量达不到合格标准的工程不得验收。国务院各行政主管部门制定有关工程建设的规定时，应当对工程建设规划阶段执行强制性标准的情况实施监督。施工及设计文件审查单位应当对工程建设勘察、设计阶段执行强制性标准的情况实施监督。工程质量监督机构应当对工程建设施工、监理验收等阶段执行强制性标准的情况实施监督。建筑安全监督机构应当对工程建设施工阶段执行强制性标准的情况实施监督。

2. 强制性标准实施监督的方式

（1）重点检查

重点检查一般是指对某项重点工程或工程中某些重要内容进行检查。

（2）抽查

抽查一般是采用随机方法对全体工程或某类工程抽出一定数量进行检查。

（3）专项检查

专项检查是指对建设项目在某个方面或某个专项执行强制性标准的情况进行检查。

3. 强制性标准监督检查的内容

1）本行政区域内的建设工程项目，根据各建设工程项目实施的不同阶段，分别对其规划、勘察、设计、施工、验收等阶段进行监督检查，对一般工程的重点环节或重点工程项目应加大监督、检查的力度。

2）对建设工程项目采用的建筑材料和设备，必须按强制性标准的规定进行验收，以符合合同约定和设计要求。

3）在工程项目整个建设过程中严格执行工程建设强制性标准，确保工程项目的安全与质量。建设单位作为责任主体负责工程建设各个环节的综合管理工作。

4）对建设单位、设计单位、施工单位和监理单位是否组织有关工程技术人员学习和考核工程建设前的执行标准进行监督检查。

5）为了便于工程设计和施工的实施，社会上编制了各专业工程的导则、指南等，它们为工程设计和施工提供了具体、辅助的操作方法和手段，但是它们均不得擅自修改工程建设强制性标准和技术标准的有关规定。

主要法规索引：

1. 《立法法》（2015 年 3 月 15 日修正）

2. 《标准化法》（2017 年 11 月 4 日修订，2018 年 1 月 1 日起施行）

3. 《标准化法实施条例》（1990 年 4 月 6 日起施行）

4. 《实施工程建设强制性标准监督规定》（2015 年 1 月 22 日修订）

思考与练习

一、单项选择题（每题的备选项中，只有 1 个最符合题意）

1. 不同行政法规对同一事项的规定，新的一般规定与旧的特别规定不一致，不能确定如何适用时，由（　　）裁决。

A. 国务院主管部门   B. 最高人民法院

C. 国务院   D. 全国人大常委会

2. 根据《立法法》，下列事项中必须由法律规定的是（　　）。

A. 税率的确定   B. 环境保护

C. 历史文化保护   D. 增加施工许可证的申请条件

3. 关于工程建设地方标准实施的说法，正确的是（　　）。

A. 工程建设地方标准不得与国家标准相抵触，也不得独立实施

B. 工程建设地方标准应报省级建设行政主管部门备案，方可在建设活动中使用

C. 工程建设地方标准中直接涉及人民生命财产安全、环境保护的条文可直接作为强制性条文

D. 工程建设地方标准与行业标准相抵触的规定，自行废止

二、思考题

我国标准化改革的方向是什么？

第二章　建设工程市场主体制度

市场准入是指关于市场主体进入市场的资格能力认定，是为保障市场交易顺利和安全，政府对市场进行管理的一种制度安排。一般意义上讲，市场主体（不管是企业还是个人）要进入市场必须向政府相关部门提出申请并被批准授予相应的资格后方可在法定的经营范围内从事经营活动。作为建筑主体，由于其从事的活动社会影响比较大、建设周期长、投资额较大，工程质量的好坏直接关系人民群众的生命财产安全，对其市场准入还有更为严格的规定。

建筑市场准入即通常所说的资格认证、资质审查，是行政许可的一项重要内容。其基本含义是从事建筑活动的市场主体，包括勘察设计企业、建筑施工企业、工程监理企业和工程建设项目招标代理机构，均需经过建设行政主管部门对其拥有的注册资本、专业技术人员、技术装备和已完成的建筑工程业绩、管理水平等进行审查，以确定其承担业务的范围，发给相应的资质证书，取得相应资质证书的企业必须在资质等级许可的范围内从事建筑活动。同时，由于我国实行的是单位执业资质和个人职业资格并存的管理模式，建筑市场准入还包括对专业技术人员的职业资格管理。

2.1　单位资质管理

2.1.1　勘察、设计单位

1. 工程勘察单位

工程勘察分为陆地工程勘察（通常简称为工程勘察，下文中用简称）和海洋工程勘察，相应的资质也分为工程勘察资质和海洋工程勘察资质。

工程勘察资质分综合类、专业类和劳务类。综合类包括工程勘察所有专业工程。勘察综合类资质只设甲级。专业类是指岩土工程、水文地质勘察、工程测量等专业中的某一项，其中岩土工程专业类可以是岩土工程勘察、设计、测试、监测、检测、咨询监理中的一项或全部。工程勘察专业类资质原则上设甲、乙两个级别，确有必要设置丙级勘察资质的经住房和城乡建设部批准后方可设置。劳务类是指岩土工程治理、工程钻探、凿井等。工程勘察劳务类资质不分级别。

2. 工程设计企业

工程设计资质按行业或工程性质分类，一般分为综合资质、行业资质和专项资质三类。工程设计综合资质只设甲级。工程设计行业资质根据工程性质划分为 21 个行业，设甲、乙、丙三个级别，除建筑工程、市政公用、水利和公路等行业所设工程设计丙级资质可独立进入工程设计市场外，其他行业工程设计丙级资质设置的对象仅为企业内部所有的非独立法人设计单位。工程设计专项资质根据工程性质和技术特点设立类别和级别，具体专项资质的设立需由相关行业部门或授权的行业协会提出，并经住房和城乡建设部批准。持工程设计专项甲、乙级资质的单位可以承担相应的咨询业务。

2.1.2 工程监理单位

工程监理单位资质等级分为甲级、乙级和丙级，并按照工程性质和技术特点划分为若干工程类别（表 2.1）。

表 2.1 工程监理企业的资质等级标准

资质等级	资质等级标准	业务范围
甲级	（1）企业负责人和技术负责人应当具有 15 年以上从事工程建设工作的经历，企业技术负责人应当取得监理工程师注册证书； （2）取得监理工程师注册证书的人员不少于 25 人； （3）注册资本不少于 100 万元； （4）近 3 年内监理过 5 个以上二等房屋建筑工程项目或者 3 个以上二等专业工程项目	可以监理经核定的工程类别中一、二、三等工程
乙级	（1）企业负责人和技术负责人应当具有 10 年以上从事工程建设工作的经历，企业技术负责人应当取得监理工程师注册证书； （2）取得监理工程师注册证书的人员不少于 15 人； （3）注册资本不少于 50 万元； （4）近 3 年内监理过 5 个以上三等房屋建筑工程项目或者 3 个以上三等专业工程项目	可以监理经核定的工程类别中二、三等工程
丙级	（1）企业负责人和技术负责人应当具有 8 年以上从事工程建设工作的经历，企业技术负责人应当取得监理工程师注册证书； （2）取得监理工程师注册证书的人员不少于 5 人； （3）注册资本不少于 10 万元； （4）承担过 2 个以上房屋建筑工程项目或者 1 个以上专业工程项目	可以监理经核定的工程类别中三等工程

2.1.3 建筑企业

建筑企业资质分为施工总承包、专业承包和劳务分包三个序列。施工总承包、专业承包和劳务分包资质序列按照工程性质和技术特点分别划分为若干资质类别，各资质类别按照规定的条件划分为若干等级。以施工总承包企业为例，其资质等级和业务范围见表 2.2。

表 2.2 施工总承包企业的资质等级和业务范围

企业类别	等级	施工总承包企业营业范围（以房屋建筑工程为例）
施工总承包企业	特级	可承担各类房屋建筑工程的施工
	一级	可承担单项建安合同额不超过企业注册资本金 5 倍的下列房屋建筑工程的施工： （1）40 层及以下、各类跨度的房屋建筑工程； （2）高度 240 米及以下的构筑物； （3）建筑面积 20 万平方米及以下的住宅小区或建筑群体

企业类别	等级	施工总承包企业营业范围（以房屋建筑工程为例）
施工总承包企业	二级	可承担单项建安合同额不超过企业注册资本金5倍的下列房屋建筑工程： （1）28层及以下、单跨跨度36米及以下的房屋建筑工程； （2）高度120米及以下的构筑物； （3）建筑面积12万平方米及以下的住宅小区或建筑群体
	三级	可承担单项建安合同额不超过企业注册资本金5倍的下列房屋建筑工程的施工： （1）14层及以下、单跨跨度24米及以下的房屋建筑工程； （2）高度70米及以下的构筑物； （3）建筑面积6万平方米及以下的住宅小区或建筑群体

注：获得施工总承包资质的企业可以对工程实行施工总承包或者对主体工程实行施工承包。承担施工总承包的企业可以对所承接的工程全部自行施工，也可以将非主体工程或者劳务作业分包给具有相应专业承包资质或者劳务分包资质的其他建筑业企业。获得专业承包资质的企业可以承接施工总承包企业分包的专业工程或者建设单位按照规定发包的专业工程。专业承包企业可以对承接的工程全部自行施工，也可以将劳务作业分包给具有相应劳务分包资质的劳务分包企业。获得劳务分包资质的企业可以承接施工总承包企业或专业承包企业分包的劳务作业。

2.1.4　工程造价咨询单位

工程造价咨询单位资质等级分为甲级和乙级。

工程造价咨询企业依法从事工程造价咨询活动，不受行政区域限制。工程造价咨询企业跨省、自治区、直辖市承接工程造价咨询业务的，应当自承接业务之日起30日内到建设工程所在地省、自治区、直辖市人民政府建设主管部门备案。

甲级工程造价咨询企业可以从事各类建设项目的工程造价咨询业务。乙级工程造价咨询企业可以从事工程造价5000万元人民币以下的各类建设项目的工程造价咨询业务。工程造价咨询企业的业务范围见表2.3。

表 2.3　工程造价咨询企业的业务范围

工程造价咨询企业业务范围	（1）建设项目建议书及可行性研究投资估算、项目经济评价报告的编制和审核；
	（2）建设项目概预算的编制与审核，并配合设计方案比选、优化设计、限额设计等工作进行工程造价分析与控制；
	（3）建设项目合同价款的确定（包括招标工程工程量清单和标底、投标报价的编制和审核）；合同价款的签订与调整（包括工程变更、工程洽商和索赔费用的计算）及工程款支付，工程结算及竣工结（决）算报告的编制与审核等；
	（4）工程造价经济纠纷的鉴定和仲裁咨询；
	（5）提供工程造价信息服务等

2.1.5　检测机构

检测机构是具有独立法人资格的中介机构。检测机构资质按照其承担的检测业务内容分为专项检测机构资质和见证取样检测机构资质。

2.2 专业技术人员执业资格

在技术要求比较高的行业实行专业技术人员执业资格认证制度,这在发达国家已有100多年的历史,现已成为国际惯例。所谓执业资格制度,是对具有一定专业学历的技术人员,要求其参加相关考试以获取职业资格,再按规定进行注册后方可实际执业的管理制度的统称。在针对某一具体执业资格时,一般就称为"注册××师"制度,现已实行注册建筑师、注册结构工程师、注册监理工程师、注册造价师制度等。

《建筑法》第十四条规定:"从事建筑活动的专业技术人员,应当依法取得相应的执业资格证书,并在执业资格证书许可的范围内从事建筑活动。"根据这一规定,人力资源和社会保障部与住房和城乡建设部先后发布了相关条例或执业资格认定办法。

2.2.1 注册建筑师

1. 简述

注册建筑师是指依法取得注册建筑师证书并从事房屋建筑设计及其相关业务的人员。注册建筑师制度是指对具备一定专业学历的设计人员,通过考试和注册确定其执业的技术资格,获得设计文件签字权的一种制度。为了加强对注册建筑师的管理,提高建筑设计质量水平,保障公民生命和财产安全,维护社会公共利益,国家实行注册建筑师全国统一考试制度。注册建筑师分为一级注册建筑师和二级注册建筑师。一级注册建筑师认定条件严格执行国家标准;二级注册建筑师的认定条件从我国国情出发适当放宽。

注册建筑师有资格做建筑工程项目负责人或建筑专业负责人,行使岗位技术职责,并具有在相关设计文件上的签字权,承担岗位责任。其执业范围为:

1)建筑设计。
2)建筑设计技术咨询。
3)建筑物调查与鉴定。
4)对本人主持设计的项目进行施工指导和监督。
5)国务院建设行政主管部门规定的其他业务。

一级注册建筑师业务范围不受建筑规模和工程复杂程序的限制;二级注册建筑师的业务范围限定在国家规定的建筑规模和工程复杂程度。

2. 注册建筑师的权利

1)注册建筑师有权以注册建筑师的名义执行注册建筑师业务。非注册建筑师不得以注册建筑师的名义执行注册建筑师业务。二级注册建筑师不得以一级注册建筑师的名义执行业务,也不得超越国家规定的二级注册建筑师的执业范围执行业务。

2)国家规定的一定跨度、跨径和高度以上的房屋建筑,应当由注册建筑师进行设计并在文件上签字。

3）任何单位和个人修改注册建筑师的设计图纸，应当征得该注册建筑师同意；因特殊情况不能征得注册建筑师同意时，可由该注册建筑师执业的建筑设计单位派本单位具有相应资格的注册建筑师代行签字盖章。

4）注册建筑师按照国家规定执行业务，受国家法律保护。

3. 注册建筑师的义务

1）遵守法律、法规和职业道德，维护社会公共利益。

2）保证建筑设计质量，并在其负责的设计图纸上签字。

3）保守在执业中知悉的单位和个人的秘密。

4）不得同时受聘于两个以上建筑设计单位执行业务。

5）不得准许他人以本人名义执行业务。

6）按规定接受必要的继续教育，定期进行业务和法规培训。

2.2.2 注册结构工程师

1. 简述

注册结构工程师是指取得中华人民共和国注册结构工程师执业资格证书和注册证书，从事房屋结构、桥梁结构及塔架结构等工程设计及相关业务的专业技术人员。

注册结构工程师分为一级注册结构工程师和二级注册结构工程师。其执业范围为：

1）结构工程设计。

2）结构工程设计技术咨询。

3）建筑物、构筑物、工程设施等的调查和鉴定。

4）对本人主持设计的项目进行施工指导和监督。

5）住房和城乡建设部及国务院有关部门规定的其他业务。

一级注册结构工程师的执业范围不受工程规模及工程复杂程度的限制。

2. 注册结构工程师的权利

1）注册结构工程师有权以注册结构工程师的名义执行注册结构工程师业务。非注册结构工程师不得以注册结构工程师的名义执行注册结构工程师业务。

2）国家规定的一定跨度、高度等以上的结构工程应当由注册结构工程师主持设计。

3）任何单位和个人修改注册结构工程师的设计图纸，应当征得该注册结构工程师同意，但是因特殊情况不能征得该注册结构工程师同意的除外。

3. 注册结构工程师的义务

1）遵守法律、法规和职业道德，维护社会公众利益。

2）保证工程设计质量，并在其负责的设计图纸上签字盖章。

3）保守在执业中知悉的单位和个人的秘密。

4）不得同时受聘于两个以上勘察设计单位执行业务。

5）不得准许他人以本人名义执行业务。

6）按规定接受必要的继续教育，定期进行业务和法规培训，并作为重新注册的依据。

2.2.3 注册土木工程师（岩土）

1. 简述

注册土木工程师是指取得中华人民共和国注册土木工程师（岩土）执业资格证书和注册证书，从事岩土工程工作的专业技术人员。其执业范围为：

1）岩土工程勘察。

2）岩土工程设计。

3）岩土工程咨询与监理。

4）岩土工程治理、检测与监测。

5）环境岩土工程、与岩土工程有关的水文地质工程业务。

6）国务院有关部门规定的其他业务。

2. 注册土木工程师（岩土）的权利

1）有权以注册土木工程师（岩土）的名义从事规定的专业活动。

2）在岩土工程勘察、设计、咨询及相关专业工作中形成的主要技术文件，应当由注册土木工程师（岩土）签字盖章后生效。

3）任何单位和个人修改注册土木工程师（岩土）签字盖章的技术文件，须征得该注册土木工程师（岩土）同意；因特殊情况不能征得签字盖章的注册土木工程师（岩土）同意的，可由其他注册土木工程师（岩土）签字盖章并承担责任。

3. 注册土木工程师（岩土）的义务

1）遵守法律、法规和职业道德，维护社会公众利益。

2）保证执业工作的质量，并在其负责的技术文件上签字盖章。

3）保守在执业中知悉的商业、技术秘密。

4）不得同时受聘于两个及以上单位执业。

5）不得准许他人以本人名义执业。

6）按规定接受继续教育，并作为再次注册的依据。

2.2.4 注册监理工程师

1. 简述

注册监理工程师是指经考试取得中华人民共和国监理工程师资格证书（以下简称资格证书），并按照规定注册，取得中华人民共和国注册监理工程师注册执业证书（以下简称注册证书）和执业印章，从事工程监理及相关业务活动的专业技术人员。其执业范围为：工程监理、工程经济与技术咨询、工程招标与采购咨询、工程项目管理服务以及国务院有关部门规定的其他业务。

2. 注册监理工程师的权利

1）使用注册监理工程师称谓。

2）在规定范围内从事执业活动。

3）依据本人能力从事相应的执业活动。

4）保管和使用本人的注册证书和执业印章。

5）对本人的执业活动进行解释和辩护。

6）接受继续教育。

7）获得相应的劳动报酬。

8）对侵犯本人权利的行为进行申诉。

3. 注册监理工程师的义务

1）遵守法律、法规和有关管理规定。

2）履行管理职责，执行技术标准、规范和规程。

3）保证执业活动成果的质量，并承担相应责任。

4）接受继续教育，努力提高执业水准。

5）在本人执业活动形成的工程监理文件上签字、加盖执业印章。

6）保守在执业中知悉的国家秘密和他人的商业、技术秘密。

7）不得涂改、倒卖、出租、出借或者以其他形式非法转让注册证书。

8）不得同时在两个或者两个以上单位受聘或执业。

9）在规定的执业范围和聘用单位业务范围内从事执业活动。

10）协助注册管理机构完成相关工作。

2.2.5 造价工程师

1. 简述

造价工程师指经全国造价工程师执业资格统一考试合格，并取得《造价工程师注册证》，从事建设工程造价活动的人员。其执业范围为：

1）建设项目投资估算的编制、审核及项目经济评价。

2）工程概算、工程预算、工程结算、竣工决算、工程招标标底、投标报价的编制、审核。

3）工程变更及合同价款的调整和索赔费用的计算。

4）建设项目各阶段的工程造价控制。

5）工程经济纠纷的鉴定。

6）工程造价计价依据的编制、审核。

7）与工程造价业务有关的其他事项。

2. 造价工程师的权利

1）使用造价工程师名称。

2）依法独立执行业务。

3）签署工程造价文件、加盖执业专用章。

4) 申请设立工程造价咨询单位。

5) 对违反国家法律、法规的不正当计价行为有权向有关部门举报。

3. 造价工程师的义务

1) 遵守法律、法规，恪守职业道德。

2) 接受继续教育，提高业务技术水平。

3) 在执业中保守技术和经济秘密。

4) 不得允许他人以本人名义执业。

5) 按照有关规定提供工程造价资料。

2.2.6 建造师

1. 简述

建造师是以专业技术为依托、以工程项目管理为主业的执业注册人员。近年来建造师的执业以施工管理为主。建造师是懂管理、懂技术、懂经济、懂法规，综合素质较高的复合型人才，既要有理论水平，也要有丰富的实践经验和较强的组织能力。其执业范围为：

1) 担任建设工程项目施工的项目经理。

2) 从事其他施工活动的管理工作。

3) 法律、行政法规或国务院建设行政主管部门规定的其他业务。

建造师分为一级建造师和二级建造师。在行使项目经理职责时，一级注册建造师可以担任《建筑业企业资质等级标准》中规定的特级、一级建筑业企业资质的建设工程项目施工的项目经理；二级注册建造师可以担任二级建筑业企业资质的建设工程项目施工的项目经理。一级建造师具有较高的专业水准、素质和管理水平，有利于开展国际互认。同时，考虑到我国建设工程项目量大面广，工程项目的规模差异悬殊，各地经济、文化和社会发展水平有较大差异，以及不同工程项目对管理人员的要求也不尽相同，设立二级建造师，可以适应施工管理的实际需求。

2. 建造师与项目经理的关系

建造师与项目经理定位不同，但从事的都是建设工程的管理。建造师执业的覆盖面较大，可涉及工程建设项目管理的许多方面，担任项目经理只是建造师执业中的一项；项目经理则限于企业内某一特定工程的项目管理。建造师选择工作的权力相对自主，可在社会市场上有序流动，有较大的活动空间；项目经理岗位则是企业设定的，项目经理是企业法人代表授权或聘用的、一次性的工程项目施工管理者。

项目经理责任制是我国施工管理体制上一项重大的改革，对加强工程项目管理、提高工程质量起到了很好的作用。建造师执业资格制度建立以后，项目经理责任制仍然要继续坚持。国发〔2003〕5 号文是取消项目经理资质的行政审批，而不是取消项目经理。项目经理仍然是施工企业某一具体工程项目施工的主要负责人，其职责是根据企业法定代表人的授权，对工程项目自开工准备至竣工验收，实施全面的组织管理。与以往不同的是，大中型工程项目的项目经理必须由取得建造师执业资格的建造师担任，即建造师在所承担的具体工程项目中行使项目经理职权。注册建造师资格是担任大中型工程项目经理的一项必要性条件，是国家的强制性要求，但选聘哪位建造师担任项目经理则由企业决定，是企业行为。小型工程项目的项目经理可以由非建造师担任。

建造师需按人发〔2002〕111号文件的规定，经统一考试和注册后才能担任项目经理，从事施工管理等相关执业活动。

主要法规索引：

1. 《建筑业企业资质管理规定》（住房和城乡建设部令第22号，2015年3月1日起施行）
2. 《注册建造师管理规定》（建设部令第153号，2007年3月1日起施行）

思考与练习

一、单项选择题（每题的备选项中，只有1个最符合题意）

1. 工程监理单位的资质等级分为（　　　）。
A. 甲级、乙级和丙级　　　B. 一级、二级和三级
C. 一级、二级　　　　　　D. 特级、一级、暂定

2. 建造师的执业范围为（　　　）。
A. 从事技术管理　　　　　B. 担任项目经理
C. 从事造价审核　　　　　D. 从事工程质量监督

二、思考题

1. 我国建筑企业资质管理存在的问题有哪些？改革的方向是什么？
2. 注册建造师与项目经理的关系是怎样的？

第三章 建设工程发承包制度

3.1 工程发包与承包概述

3.1.1 建设工程发包与承包的一般规定

建设工程发包与承包是发包方与承包方之间进行的交易活动，因此发包与承包双方必须共同遵循交易活动的一些基本规则，才能确保交易活动顺利、高效、公平地进行。《建筑法》将这些基本规则以法律的形式作了如下规定。

（1）发包与承包双方应当依法订立书面合同的义务

由于承包合同涉及的内容特别复杂，合同履行期较长，为便于明确各自的权利与义务，减少纷争，《建筑法》和《合同法》都明确规定，建筑工程承包合同应当采用书面形式。

（2）全面履行合同的义务

这要求发包与承包双方按照建筑工程承包合同约定的时间、地点、方式、内容及标准等要求，全面、准确地履行合同义务。一旦发生不按照合同约定履行义务的事项，除依法可免责外，违约方将依法承担违约责任。

（3）招标投标应当遵循公开、公平、公正原则

招标投标是市场经济中进行建筑工程发包与承包时通常采用的竞争交易方式，与直接发包的建筑工程交易方式相比，它具有公开、公正、公平等特点，更能保证工程交易的质量，为有效地减少建筑工程质量事故、提高投资效益奠定基础。

（4）禁止发包与承包双方采用不正当竞争手段

据统计，目前全国建设领域腐败案件占整个经济领域腐败案件的 40%，严重扰乱了建筑市场的正常秩序。鉴于此，《建筑法》继《反不正当竞争法》《刑法》等法律再次重申禁止在建设工程的承发包活动中有任何形式的行贿受贿行为。

3.1.2 工程发包的有关规则

1. 发包方式必须合法

《建筑法》第十九条规定："建筑工程依法实行招标发包，对不适于招标发包的可以直接发包。"建筑工程的发包可采用招标发包和直接发包的方式进行。招标发包是业主对自愿参加某一特定工程项目的承包单位进行审查、评比和选定的过程。

2. 发包行为规范的规定

发包单位及其工作人员在建筑工程发包中不得收受贿赂、回扣或者收取其他好处。

建筑工程实行招标发包的，发包单位应当将建筑工程发包给依法中标的承包单位。建筑工程实行直接发包的，发包单位应当将建筑工程发包给具有相应资质条件的承包单位。

3. 禁止肢解发包

《建筑法》第二十四条规定："提倡对建筑工程实行总承包，禁止将建筑工程肢解发包。""建筑工程的发包单位可以将建筑工程的勘察、设计、施工、设备采购一并发包给一个工程总承包单位，也可以将建筑工程勘察、设计、施工、设备采购的一项或者多项发包给一个工程总承包单位；但是，不得将应当由一个承包单位完成的建筑工程肢解成若干部分发包给几个承包单位。"

3.1.3 工程承包的有关规则

1. 承包单位承包工程应当依法取得资质，并在其资质等级许可的范围内从业

承包单位的主体资格又称建筑企业资格，是指企业在建设业绩、人员素质、管理水平、资金流量、技术装备等方面的综合实力。对于承包单位，我国法律规定除具备企业法人营业执照外，还应取得相应的资质证书，即在企业管理上实行双轨制。

从事建筑活动的施工企业、勘察单位、设计单位和监理单位，按照其拥有的注册资本、专业技术人员、技术装备和已完成的建筑工程业绩等资质条件划分为不同的资质等级，经资质审查合格，取得相应登记的资质证书后，方可在其资质等级许可的范围内从事建筑活动。

2. 不得超过本企业资质等级许可的业务范围承揽工程

这是因为企业的资质等级是由有关管理部门根据企业的承揽工程能力、人员素质、管理水平、资金总量、技术装备等基本条件确定的，企业只能根据自身的能力进行相应的工程承包活动，否则会由于其自身能力达不到工程要求而造成工程质量事故或出现其他问题，妨碍建筑市场的健康发展。

3. 不得以其他企业的名义承揽工程，也不得允许其他单位或个人以本企业的名义承揽工程

实践中，有些承包商为争取到工程项目往往会采取种种手段骗取发包方的信任，其中包括借用其他企业的资质证书为本企业的承包活动服务，这是法律明令禁止的。不论是出借方还是借用方，都将受到法律的制裁。

3.1.4 工程总承包

1. 工程总承包的概念

工程总承包是指从事工程总承包的企业（以下简称工程总承包企业）受业主委托，按照合同约定对工程项目的勘察、设计、采购、施工、试运行（竣工验收）等实行全过程或若干阶段的承包。

工程总承包企业按照合同约定对工程项目的质量、工期、造价等向业主负责。工程总承包企业可依法将所承包工程中的部分工作发包给具有相应资质的分包企业；分

包企业按照分包合同的约定对总承包企业负责。

2. 工程总承包的主要方式

（1）设计采购施工（EPC）/交钥匙总承包

设计采购施工总承包是指工程总承包企业按照合同约定，承担工程项目的设计、采购、施工、试运行服务等工作，并对承包工程的质量、安全、工期、造价全面负责。

交钥匙总承包是设计采购施工总承包业务和责任的延伸，最终是向业主提交一个满足使用功能、具备使用条件的工程项目。

（2）设计-施工总承包（D-B）

设计-施工总承包是指工程总承包企业按照合同约定，承担工程项目的设计和施工，并对承包工程的质量、安全、工期、造价全面负责。

根据工程项目的不同规模、类型和业主要求，工程总承包还可采用设计-采购总承包（E-P）、采购-施工总承包（P-C）等方式。

3. 总承包企业资质管理

鼓励具有工程勘察、设计或施工总承包资质的勘察、设计和施工企业通过改造和重组，建立与工程总承包业务相适应的组织机构、项目管理体系，充实项目管理专业人员，提高融资能力，发展成为具有设计、采购、施工（施工管理）综合功能的工程公司，在其勘察、设计或施工总承包资质等级许可的工程项目范围内开展工程总承包业务。工程总承包企业可以接受业主委托，按照合同约定承担工程项目管理业务，但不应在同一个工程项目上同时承担工程总承包和工程项目管理业务，也不应与承担工程总承包或者工程项目管理业务的另一方企业有隶属关系或者其他利害关系。

4. 工程项目管理

工程项目管理是指从事工程项目管理的企业（以下简称工程项目管理企业）受业主委托，按照合同约定，代表业主对工程项目的组织实施进行全过程或若干阶段的管理和服务。工程项目管理企业不直接与该工程项目的总承包企业或勘察、设计、供货、施工等企业签订合同，但可以按合同约定协助业主与工程项目的总承包企业或勘察、设计、供货、施工等企业签订合同，并受业主委托监督合同的履行。

5. 总包单位的责任

建筑工程总承包单位按照总承包合同约定对建设单位负责；分包单位按照分包合同约定对总承包单位负责。总包单位和分包单位就分包工程对建设单位承担连带责任。

3.1.5 共同承包

1. 共同承包的适用范围

《建筑法》规定，大型建筑工程或者结构复杂的建筑工程可以由两个以上的承包单位联合共同承包。

《招标投标法实施条例》规定，招标人不得强制投标人组成联合体；同时规定，招标人应当在资格预审公告、招标公告或者投标邀请书中载明是否接受联合体投标。

2. 共同承包的资质要求

两个以上不同资质等级的单位实行联合共同承包的，应当按照资质等级低的单位业务许可范围承揽工程。

3. 共同承包的责任

共同承包各方对承包合同的履行承担连带责任。

3.1.6 工程分包

1. 专业工程合法分包的条件

1) 总承包单位只能将其承包的工程中的部分工程分包给具有相应资质的单位。任何单位进行工程施工都必须具备相应的资质等级，总承包单位和分包单位也不例外。总承包单位不得将工程分包给不具备相应资质等级的分包单位。

2) 分包必须征得建设单位的同意。建设单位的同意主要包括三种形式：在总承包合同中明确约定许可总承包方进行分包；总承包方进行分包并为建设单位实际认可；总承包方在投标文件中已经明确中标后对某些项目进行分包，未被建设单位拒绝的。

3) 分包的范围必须合法。具体来讲，建设工程的主体结构必须由总承包单位自行完成，不得分包。

4) 禁止分包单位再行分包。《建筑法》第二十九条明确规定："禁止分包单位将其分包的工程再分包"。工程层层分包，往往导致偷工减料，工程质量无法保证。媒体报道的"豆腐渣"工程常常与工程层层分包有关。

2. 合法劳务分包的认定

劳务分包是指建设工程的总承包人或者专业承包人将其承包工程中的劳务作业（包括木工、砌筑、抹灰、石制作、油漆、钢筋、混凝土、脚手架、模板、焊接、水暖、钣金、架线等）发包给具有相应劳务资质的劳务作业承包人完成的行为。

审判实践中，可以结合下列情形综合认定是否属于劳务分包：

1) 劳务作业承包人具有劳务分包企业资质。

2) 分包内容是劳务作业而不是工程本身。

3) 劳务作业承包人一般仅提供劳务作业，施工技术、工程主要材料、大型机械、设备等均由总承包人或者专业承包人负责。

4) 劳务费用一般通过工日的单价和工日的总数量进行结算，不发生主要材料、大型机械、设备等费用的结算，不收取管理费。

3.1.7 内部承包

内部承包是指施工单位承揽任务后，将施工任务分包给其分支机构或职工的行为。判断是否为内部承包，要看是否满足下面两个条件。

（1）内部承包人是否与施工企业存在合法的劳动关系

内部承包人必须是施工企业的员工，与施工企业存在合法的劳动法律关系，从而保证内部承包合同的主体适格，这是内部承包合同有效的前提条件。内部承包人与施工企业是否存在合法的劳动关系，具体可通过双方是否签订劳动合同、缴纳社会保险、工资单、人事档案管理等来判断。如果内部承包人与施工企业不存在劳动关系，就无从谈起接受公司的管理，这种情况在司法实践中会被认定成内部承包合同因涉嫌违法分包、转包或挂靠而导致合同无效。

（2）内部承包人是否接受施工企业的管理

根据《最高人民法院关于审理建设工程施工合同纠纷案件适用法律问题的解释》第一条关于建设工程施工合同无效的认定的规定，可以看出我国法律法规在对建设工程施工合同无效的认定中已明确提出了对承包人资质的管理问题。因而，在确定了内部承包人确实为施工企业员工的基础上，内部承包合同的效力认定还要考虑到施工企业是否对内部承包人资质进行管理。资质管理，一方面是指施工企业对内部承包人的人员管理，即施工企业为内部承包人配备了足够的专业人才，如建造师、造价师、设计人员和监理人员等，组建专业团队，保障工程项目顺利推进；另一方面是指施工企业对内部承包人的财务管理，即施工企业严格按照与发包人签订的建设工程施工合同的付款时间、付款条件的约定向内部承包人付款，例如，内部承包人只有在相应工程竣工验收合格后，施工企业才向其支付相应的工程价款。

3.2　工程发承包中的违法行为及法律责任

3.2.1　违法发包

1. 概念

违法发包，是指建设单位将工程发包给不具有相应资质条件的单位或个人，或者肢解发包等违反法律法规规定的行为。

2. 违法发包的认定

《建筑工程施工转包违法分包等违法行为认定查处管理办法》第五条规定，存在下列情形之一的，属于违法发包：

1）建设单位将工程发包给个人的。

2）建设单位将工程发包给不具有相应资质或安全生产许可的施工单位的。

3）未履行法定发包程序，包括应当依法进行招标未招标，应当申请直接发包未申请或申请未核准的。

4）建设单位设置不合理的招投标条件，限制、排斥潜在投标人或者投标人的。

5）建设单位将一个单位工程的施工分解成若干部分发包给不同的施工总承包或专业承包单位的。

6）建设单位将施工合同范围内的单位工程或分部分项工程又另行发包的。

7）建设单位违反施工合同约定，通过各种形式要求承包单位选择其指定的分包单位的。

8）法律法规规定的其他违法发包行为。

3. 违法发包的法律后果

《建设工程质量管理条例》第五十五条规定："违反本条例规定，建设单位将建设工程肢解发包的，责令改正，处工程合同价款百分之零点五以上百分之一以下的罚款；对全部或者部分使用国有资金的项目，并可以暂停项目执行或者暂停资金拨付。"

《建设工程安全生产管理条例》第五十五条规定："违反本条例的规定，建设单位有下列行为之一的，责令限期改正，处20万元以上50万元以下的罚款；造成重大安全事故，构成犯罪的，对直接责任人员，依照刑法有关规定追究刑事责任；造成损失的，依法承担赔偿责任：（一）对勘察、设计、施工、工程监理等单位提出不符合安全生产法律、法规和强制性标准规定的要求的；（二）要求施工单位压缩合同约定的工期的；（三）将拆除工程发包给不具有相应资质等级的施工单位的。"

《建筑工程施工转包违法分包等违法行为认定查处管理办法》第十三条第一款规定："县级以上人民政府住房城乡建设主管部门要加大执法力度，对在实施建筑市场和施工现场监督管理等工作中发现的违法发包、转包、违法分包及挂靠等违法行为，应当依法进行调查，按照本办法进行认定，并依法予以行政处罚。"

对建设单位将工程发包给不具有相应资质等级的施工单位的，依据《建筑法》第六十五条和《建设工程质量管理条例》第五十四条规定，责令其改正，处以50万元以上100万元以下罚款。对建设单位将建设工程肢解发包的，依据《建筑法》第六十五条和《建设工程质量管理条例》第五十五条规定，责令其改正，处工程合同价款0.5%以上1%以下的罚款；对全部或者部分使用国有资金的项目，并可以暂停项目执行或者暂停资金拨付。

《建筑工程施工转包违法分包等违法行为认定查处管理办法》第十四条第一款规定："县级以上人民政府住房城乡建设主管部门对有违法发包、转包、违法分包及挂靠等违法行为的单位和个人，除应按照本办法第十三条规定予以相应行政处罚外，还可以采取以下行政管理措施：建设单位违法发包，拒不整改或者整改仍达不到要求，致使施工合同无效的，不予办理质量监督、施工许可等手续。对全部或部分使用国有资金的项目，同时将建设单位违法发包的行为告知其上级主管部门及纪检监察部门，并建议对建设单位直接负责的主管人员和其他直接责任人员给予相应的行政处分。"

《建筑工程施工转包违法分包等违法行为认定查处管理办法》第十五条规定："县级以上人民政府住房城乡建设主管部门应将查处的违法发包、转包、违法分包、挂靠等违法行为和处罚结果记入单位或个人信用档案，同时向社会公示，并逐级上报至住房和城乡建设部，在全国建筑市场监管与诚信信息发布平台公示。"

3.2.2 转包

1. 转包的概念及特征

转包是指施工单位承包工程后，不履行合同约定的责任和义务，将其承包的全部工程或者全部工程肢解后以分包的名义分别转给其他单位或者个人施工的行为。工程转包一直是建设工程领域比较普遍的一种现象，虽为法律明令禁止，但始终难以得到根治。

转包有以下特征：

1）转包人不履行原建设工程合同的全部义务，不履行施工、管理、技术指导等义务。

2）转包人将合同权利与义务全部转给转承包人，转包人并没有退出原合同关系，转承包人成为实际施工人，客观上与原合同发包人形成工程施工关系。

3）转包人对转承包人的施工质量安全承担连带责任。

2. 转包的认定

尽管《建设工程质量管理条例》对转包做了明确界定，但是由于立法的天然滞后性，在近十年的工程领域发展过程中涌现出表面合作、联营、个人承包等变相转包形式，这在建设行政主管部门和法院处理实际问题时造成了困难，因此结合新情况，新近出台的《建筑工程施工转包违法分包等违法行为认定查处管理办法》对转包给出了具体的标准，认定转包有以下几种情形：

1）施工单位将其承包的全部工程转给其他单位或个人施工的。

2）施工总承包单位或专业承包单位将其承包的全部工程肢解以后，以分包的名义分别转给其他单位或个人施工的。

3）施工总承包单位或专业承包单位未在施工现场设立项目管理机构或未派驻项目负责人、技术负责人、质量管理负责人、安全管理负责人等主要管理人员，不履行管理义务，未对该工程的施工活动进行组织管理的。

4）施工总承包单位或专业承包单位不履行管理义务，只向实际施工单位收取费用，主要建筑材料、构配件及工程设备的采购由其他单位或个人实施的。

5）劳务分包单位承包的范围是施工总承包单位或专业承包单位承包的全部工程，劳务分包单位计取的是除上缴给施工总承包单位或专业承包单位"管理费"之外的全部工程价款的。

6）施工总承包单位或专业承包单位通过采取合作、联营、个人承包等形式或名义，直接或变相地将其承包的全部工程转给其他单位或个人施工的。

7）法律法规规定的其他转包行为。

3. 转包的民事法律后果

（1）连带责任

对因转包工程不符合规定的质量标准造成损失的，承包单位与接受转包单位承担连带赔偿责任。

（2）施工合同无效

承包人非法转包与他人签订的建设工程施工合同无效，人民法院可以收缴当事人已经取得的非法所得。这里的非法所得通常指"管理费"。收缴非法所得的范围限于当事人已经取得的财产，对于当事人约定取得但没有取得的财产不宜认定为非法所得予以收缴。人民法院审理民事案件时，对当事人的非法所得进行收缴，属于民事制裁措施。如不对非法所得收缴，在认定合同无效的情况下，对该部分利益无论作何种处理，都很难平衡当事人利益。人民法院在审理案件时及时作出收缴措施，有利于打击建筑市场的违法行为，进而规范建筑市场的经营行为。

建设工程施工合同无效，且建设工程经竣工验收不合格的，按照以下情形分别处理：

1）修复后的建设工程经竣工验收合格，发包人请求承包人承担修复费用的，应予支持。

2）修复后的建设工程经竣工验收不合格，承包人请求支付工程价款的，不予支持。

因建设工程不合格造成的损失，发包人有过错的，也应承担相应的民事责任。如何把握这种责任呢？合同无效后，若一方当事人对合同无效存在过错，且对方当事人因此遭受损失的，过错方应基于缔约过失行为向对方当事人承担赔偿损失的法律责任，所赔偿的损失限于信赖利益（包括直接损失和间接损失），不包括在合同有效情形下通过履行可以获得的利益。认定损失赔偿数额时，应根据案件具体情形判断各项损失应否全额赔偿。受害人也存在过错的，受害人应根据自己的过错程度承担相应的责任。

（3）解除合同的后果

将承包的建设工程非法转包的，发包人可以单方解除合同。建设工程施工合同解除后，已经完成的建设工程质量合格的，发包人应当按照约定支付相应的工程价款；已经完成的建设工程质量不合格的，参照合同无效规定处理。因一方违约导致合同解除的，违约方应当赔偿因此而给对方造成的损失。

4. 转包的行政法律后果

（1）行政处罚

《招标投标法》第五十八条规定："中标人将中标项目转让给他人的，将中标项目肢解后分别转让给他人的，违反本法规定将中标项目的部分主体、关键性工作分包给他人的，或者分包人再次分包的，转让、分包无效，处转让、分包项目金额千分之五以上千分之十以下的罚款；有违法所得的，并处没收违法所得；可以责令停业整顿；情节严重的，由工商行政管理机关吊销营业执照。"

《招标投标法实施条例》第七十六条规定："中标人将中标项目转让给他人的，将中标项目肢解后分别转让给他人的，违反招标投标法和本条例规定将中标项目的部分主体、关键性工作分包给他人的，或者分包人再次分包的，转让、分包无效，处转让、分包项目金额5‰以上10‰以下的罚款；有违法所得的，并处没收违法所得；可以责令停业整顿；情节严重的，由工商行政管理机关吊销营业执照。"

《建设工程质量管理条例》第六十二条规定："违反本条例规定，承包单位将承包的工程转包或者违法分包的，责令改正，没收违法所得，对勘察、设计单位处合同约定的勘察费、设计费百分之二十五以上百分之五十以下的罚款；对施工单位处工程合同价款百分之零点五以上百分之一以下的罚款；可以责令停业整顿，降低资质等级；情节严重的，吊销资质证书。"

（2）行政管理措施

《建筑工程施工转包违法分包等违法行为认定查处管理办法》第十四条规定，县级以上人民政府住房城乡建设主管部门对有违法发包、转包、违法分包及挂靠等违法行为的单位和个人，除应按照本办法第十三条规定予以相应行政处罚外，还可以采取以下行政管理措施：

对认定有转包、违法分包、挂靠、转让出借资质证书或者以其他方式允许他人以本单位的名义承揽工程等违法行为的施工单位，可依法限制其在 3 个月内不得参加违法行为发生地的招标投标活动、承揽新的工程项目，并对其企业资质是否满足资质标准条件进行核查，对达不到资质标准要求的限期整改，整改仍达不到要求的，资质审批机关撤回其资质证书。

对 2 年内发生 2 次转包、违法分包、挂靠、转让出借资质证书或者以其他方式允许他人以本单位的名义承揽工程的施工单位，责令其停业整顿 6 个月以上，停业整顿期间不得承揽新的工程项目。

对 2 年内发生 3 次以上转包、违法分包、挂靠、转让出借资质证书或者以其他方式允许他人以本单位的名义承揽工程的施工单位，资质审批机关降低其资质等级。

注册执业人员未执行法律法规，在认定有转包行为的项目中担任施工单位项目负责人的，吊销其执业资格证书，5 年内不予注册，且不得再担任施工单位项目负责人。

对认定有挂靠行为的个人，不得再担任该项目施工单位项目负责人；有执业资格证书的吊销其执业资格证书，5 年内不予执业资格注册；造成重大质量安全事故的，吊销其执业资格证书，终身不予注册。

《建筑工程施工转包违法分包等违法行为认定查处管理办法》第十五条规定："县级以上人民政府住房城乡建设主管部门应将查处的违法发包、转包、违法分包、挂靠等违法行为和处罚结果记入单位或个人信用档案，同时向社会公示，并逐级上报至住房城乡建设部，在全国建筑市场监管与诚信信息发布平台公示。"

5. 转包合同的实际施工人主张欠付工程款的处理

实际施工人以转包人为被告要求支付工程款的，法院不得依职权追加发包人为共同被告；实际施工人以发包人为被告要求支付工程款的，应当追加转包人为共同被告参加诉讼，发包人在其欠付转包人工程款范围内承担连带责任。

3.2.3 违法分包

1. 违法分包的概念

违法分包是指施工单位承包工程后违反法律法规规定或者施工合同关于工程分包的约定，把单位工程或分部分项工程分包给其他单位或者个人施工的行为。

2. 违法分包的认定

《建设工程质量管理条例》第七十八条规定，本条例所称违法分包，是指下列行为：

1）总承包单位将建设工程分包给不具备相应资质条件的单位的。

2）建设工程总承包合同中未有约定，又未经建设单位认可，承包单位将其承包的部分建设工程交由其他单位完成的。

3）施工总承包单位将建设工程主体结构的施工分包给其他单位的。

4）分包单位将其承包的建设工程再分包的。

《建筑工程施工转包违法分包等违法行为认定查处管理办法》第九条规定，存在下列情形之一的，属于违法分包：

1）施工单位将工程分包给个人的。

2）施工单位将工程分包给不具备相应资质或安全生产许可的单位的。

3）施工合同中没有约定，又未经建设单位认可，施工单位将其承包的部分工程交由其他单位施工的。

4）施工总承包单位将房屋建筑工程的主体结构的施工分包给其他单位的，钢结构工程除外。

5）专业分包单位将其承包的专业工程中非劳务作业部分再分包的。

6）劳务分包单位将其承包的劳务再分包的。

7）劳务分包单位除计取劳务作业费用外，还计取主要建筑材料款、周转材料款和大中型施工机械设备费用的。

8）法律法规规定的其他违法分包行为。

3. 违法分包的法律后果

违法分包后果与转包后果相同，不再赘述。

4. 违法分包合同的实际施工人主张欠付工程款的处理

实际施工人以违法分包人为被告要求支付工程款的，法院不得依职权追加发包人为共同被告；实际施工人以发包人为被告要求支付工程款的，应当追加违法分包人为共同被告参加诉讼，发包人在其欠付违法分包人工程款范围内承担连带责任。

3.2.4 挂靠

1. 挂靠的概念

挂靠是指单位或个人以其他有资质的施工单位的名义承揽工程的行为。挂靠是实践中对法律上"借用资质"概念的统称，两者基本上在相同意义上使用。挂靠就其法律属性而言，实际上就是无资质或者低资质的企业以及个人借用具有相应资质的建筑施工企业名义对外承揽工程并进行施工。"挂靠"并非规范的法律用语，因而就涉及对挂靠行为的认定。

2. 挂靠的认定

我国现行法规均明确规定禁止挂靠行为，但其中对"挂靠"的规定较为简单，且缺乏对挂靠行为的具体认定标准。在此情况下，结合工程实际，《建筑工程施工转包违法分包等违法行为认定查处管理办法》对挂靠行为做了具体列举：

1）没有资质的单位或个人借用其他施工单位的资质承揽工程的。

2）有资质的施工单位相互借用资质承揽工程的，包括资质等级低的借用资质等级高的，资质等级高的借用资质等级低的，相同资质等级相互借用的。

3）专业分包的发包单位不是该工程的施工总承包或专业承包单位的，但建设单位依约作为发包单位的除外。

4）劳务分包的发包单位不是该工程的施工总承包、专业承包单位或专业分包单位的。

5）施工单位在施工现场派驻的项目负责人、技术负责人、质量管理负责人、安全管理负责人中一人以上与施工单位没有订立劳动合同，或没有建立劳动工资或社会养老保险关系的。

6）实际施工总承包单位或专业承包单位与建设单位之间没有工程款收付关系，或者工程款支付凭证上载明的单位与施工合同中载明的承包单位不一致，又不能进行合理解释并提供材料证明的。

7）合同约定由施工总承包单位或专业承包单位负责采购或租赁的主要建筑材料、构配件及工程设备或租赁的施工机械设备，由其他单位或个人采购、租赁，或者施工单位不能提供有关采购、租赁合同及发票等证明，又不能进行合理解释并提供材料证明的。

8）法律法规规定的其他挂靠行为。

3. 挂靠的民事法律后果

（1）连带赔偿责任

对因建筑施工企业转让、出借资质证书或者以其他方式允许他人以本企业的名义承揽工程的，对因该项承揽工程不符合规定的质量标准造成的损失，建筑施工企业与使用本企业名义的单位或者个人承担连带赔偿责任。

（2）合同无效的后果

没有资质的实际施工人借用有资质的建筑施工企业名义与他人签订建设工程施工合同的行为无效。人民法院可以根据《民法通则》第一百三十四条的规定，收缴当事人已经取得的非法所得。

（3）中标无效的后果

《招标投标法》第五十四条规定："投标人以他人名义投标或者以其他方式弄虚作假，骗取中标的，中标无效，给招标人造成损失的，依法承担赔偿责任。"

4. 挂靠的行政法律后果

（1）行政处罚

《建筑法》第六十六条规定："建筑施工企业转让、出借资质证书或者以其他方式允许他人以本企业的名义承揽工程的，责令改正，没收违法所得，并处罚款，可以责令停业整顿，降低资质等级；情节严重的，吊销资质证书。"

《招标投标法》第五十四条第二款规定："依法必须进行招标的项目的投标人有前款所列行为尚未构成犯罪的，处中标项目金额千分之五以上千分之十以下的罚款，对单位直接负责的主管人员和其他直接责任人员处单位罚款数额百分之五以上百分之十以下的罚款；有违法所得的，并处没收违法所得；情节严重的，取消其一年至三年内参加依法必须进行招标的项目的投标资格并予以公告，直至由工商行政管理机关吊销营业执照。"

《建设工程质量管理条例》第六十一条规定："违反本条例规定，勘察、设计、施工、工程监理单位允许其他单位或者个人以本单位名义承揽工程的，责令改正，没收违法所得，对勘察、设计单位和工程监理单位处合同约定的勘察费、设计费和监理酬金1倍以上2倍以下的罚款；对施工单位处工程合同价款百分之二以上百分之四以下的罚款；可以责令停业整顿，降低资质等级；情节严重的，吊销资质证书。"

《招标投标法实施条例》第六十八条规定，投标人以他人名义投标或者以其他方式弄虚作假骗取中标的，中标无效；构成犯罪的，依法追究刑事责任；尚不构成犯罪的，依照招标投标法第五十四条的规定处罚。依法必须进行招标的项目的投标人未中标的，对单位的罚款金额按照招标项目合同金额依照招标投标法规定的比例计算。

投标人有下列行为之一的，属于招标投标法第五十四条规定的情节严重行为，由有关行政监督部门取消其1年至3年内参加依法必须进行招标的项目的投标资格：

1）伪造、变造资格、资质证书或者其他许可证件骗取中标。

2）3年内2次以上使用他人名义投标。

3）弄虚作假骗取中标，给招标人造成直接经济损失30万元以上。

4）其他弄虚作假骗取中标情节严重的行为。

投标人自本条第二款规定的处罚执行期限届满之日起3年内又有该款所列违法行为之一的，或者弄虚作假骗取中标情节特别严重的，由工商行政管理机关吊销营业执照。

《建筑工程施工转包违法分包等违法行为认定查处管理办法》第十三条规定："县级以上人民政府住房城乡建设主管部门要加大执法力度，对在实施建筑市场和施工现场监督管理等工作中发现的违法发包、转包、违法分包及挂靠等违法行为，应当依法进行调查，按照本办法进行认定，并依法予以行政处罚。"

对认定有挂靠行为的施工单位或个人，依据《建筑法》第六十五条和《建设工程质量管理条例》第六十条的规定，对超越本单位资质等级承揽工程的施工单位，责令停止违法行为，并处工程合同价款2%以上4%以下的罚款；可以责令停业整顿，降低资质等级；情节严重的，吊销资质证书；有违法所得的，予以没收。对未取得资质证书承揽工程的单位和个人，予以取缔，并处工程合同价款2%以上4%以下的罚款；有违法所得的，予以没收。对其他借用资质承揽工程的施工单位，按照超越本单位资质等级承揽工程予以处罚。

对认定有转让、出借资质证书或者以其他方式允许他人以本单位的名义承揽工程的施工单位，依据《建筑法》第六十六条和《建设工程质量管理条例》第六十一条的规定，责令改正，没收违法所得，并处工程合同价款2%以上4%以下的罚款；可以责令停业整顿，降低资质等级；情节严重的，吊销资质证书。

（2）行政管理措施

《建筑工程施工转包违法分包等违法行为认定查处管理办法》第十四条规定，县级以上人民政府住房城乡建设主管部门对有违法发包、转包、违法分包及挂靠等违法行为的单位和个人，除应按照本办法第十三条规定予以相应行政处罚外，还可以采取以下行政管理措施：

对认定有转包、违法分包、挂靠、转让出借资质证书或者以其他方式允许他人以本单位的名义承揽工程等违法行为的施工单位，可依法限制其在 3 个月内不得参加违法行为发生地的招标投标活动、承揽新的工程项目，并对其企业资质是否满足资质标准条件进行核查，对达不到资质标准要求的限期整改，整改仍达不到要求的，资质审批机关撤回其资质证书。

对 2 年内发生 2 次转包、违法分包、挂靠、转让出借资质证书或者以其他方式允许他人以本单位的名义承揽工程的施工单位，责令其停业整顿 6 个月以上，停业整顿期间不得承揽新的工程项目。

对 2 年内发生 3 次以上转包、违法分包、挂靠、转让出借资质证书或者以其他方式允许他人以本单位的名义承揽工程的施工单位，资质审批机关降低其资质等级。

对认定有挂靠行为的个人，不得再担任该项目施工单位项目负责人；有执业资格证书的吊销其执业资格证书，5 年内不予执业资格注册；造成重大质量安全事故的，吊销其执业资格证书，终身不予注册。

《建筑工程施工转包违法分包等违法行为认定查处管理办法》第十五条规定："县级以上人民政府住房城乡建设主管部门应将查处的违法发包、转包、违法分包、挂靠等违法行为和处罚结果记入单位或个人信用档案，同时向社会公示，并逐级上报至住房城乡建设部，在全国建筑市场监管与诚信信息发布平台公示。"

5. 挂靠的刑事后果

《招标投标法实施条例》第六十九条规定："出让或者出租资格、资质证书供他人投标的，依照法律、行政法规的规定给予行政处罚；构成犯罪的，依法追究刑事责任。"

6. 不具有资质的挂靠施工人主张欠付工程款的处理

不具有资质的实际施工人（挂靠施工人）挂靠有资质的建筑施工企业（被挂靠人），并以该企业名义签订建设工程施工合同，被挂靠人怠于主张工程款债权的，挂靠施工人可以自己名义起诉要求发包人支付工程款，法院应追加被挂靠人作为诉讼当事人，发包人在欠付工程款范围内承担责任。因履行施工合同产生的债务，被挂靠人与挂靠施工人承担连带责任。

7. 区分内部承包与挂靠

内部承包是指工程承包人与其下属分支机构或在册职工签订合同，将其承包的全部工程或部分工程承包给其下属的分支机构或在册项目经理等企业职工个人施工，承包人对工程施工过程及质量进行管理，对外承担施工合同权利义务，属于建筑施工企业的内部经营方式，法律或行政法规并不禁止。企业内部承包合同依法受保护，发包人以内部承包人缺乏资质主张施工合同无效的，不予支持。而挂靠属于无效合同。区分两者可从当事人之间是否有劳动或隶属管理关系、承包人是否进行管理、对外是否承担合同权利义务等进行判断。

3.3　建筑市场管理

3.3.1　建筑市场统一开放规则

住房和城乡建设部通过建立全国建筑市场监管与诚信信息发布平台，与各省级平台相对接，统一公开各地建筑市场监管和诚信行为信息。

1. 跨省承揽业务管理

建筑企业跨省承揽业务的，应当持企业法定代表人授权委托书向工程所在地省级住房城乡建设主管部门报送企业基本信息。企业基本信息内容应包括：企业资质证书副本（复印件）、安全生产许可证副本（复印件、施工企业）、企业诚信守法承诺书、在本地承揽业务负责人的任命书及身份信息、联系方式。

建筑企业应当对报送信息的真实性负责。企业基本信息发生变更的，应当及时告知工程所在地省级住房城乡建设主管部门。

工程所在地省级住房城乡建设主管部门收到建筑企业报送的基本信息后，应当及时纳入全省统一的建筑市场监管信息系统，通告本地区各级住房城乡建设主管部门，并向社会公示。

企业录入基本信息后，可在工程所在地省级行政区域内承揽业务。省级行政区域内各级住房城乡建设主管部门不得要求建筑企业重复报送信息，或每年度报送信息。

在全国建筑市场监管与诚信信息发布平台可查询到的信息，省级住房城乡建设主管部门应当通过信息系统进行核查，不再要求建筑企业提交纸质材料。

2. 管理部门不得有的行为

地方各级住房城乡建设主管部门在建筑企业跨省承揽业务监督管理工作中不得违反法律法规的规定，直接或变相实行以下行为：

1）擅自设置任何审批、备案事项，或者告知条件。

2）收取没有法律法规依据的任何费用或保证金等。

3）要求外地企业在本地区注册设立独立子公司或分公司。

4）强制扣押外地企业和人员的相关证照资料。

5）要求外地企业注册所在地住房城乡建设主管部门或其上级主管部门出具相关证明。

6）将资质、资格等级作为外地企业进入本地区承揽业务的条件。

7）以本地区承揽工程业绩、本地区获奖情况作为企业进入本地市场条件。

8）要求企业法定代表人到场办理入省（市）手续。

9）其他妨碍企业自主经营、公平竞争的行为。

3. 违法违规行为处理

对发生严重违法违规行为或报送企业基本信息时弄虚作假的建筑企业，工程所在地省级住房城乡建设主管部门应当将其列入黑名单，采取市场禁入等措施，同时上报

第三章　建设工程发
承包制度

住房和城乡建设部，在全国建筑市场监管与诚信信息发布平台上向社会公布。

3.3.2 建筑市场信用管理

1. 建筑市场诚信行为的公布

（1）公布的时限

《建筑市场诚信行为信息管理办法》规定，建筑市场诚信行为记录信息的公布时间为行政处罚决定作出后 7 日内，公布期限一般为 6 个月至 3 年；良好行为记录信息公布期限一般为 3 年。公布内容应与建筑市场监管信息系统中的企业、人员和项目管理数据库相结合，形成信用档案，内部长期保留。

《招标投标违法行为记录公告暂行办法》规定，国务院有关行政主管部门和省级人民政府有关行政主管部门应自招标投标违法行为行政处理决定作出之日起 20 个工作日内对外进行记录公告。违法行为记录公告期限为 6 个月。依法限制招标投标当事人资质（资格）等方面的行政处理决定所认定的限制期限长于 6 个月的，公告期限从其决定。

（2）公布的内容和范围

《建筑市场诚信行为信息管理办法》规定，属于《全国建筑市场各方主体不良行为记录认定标准》范围的不良行为记录除在当地发布外，还将由住房和城乡建设部统一在全国公布，公布期限与地方确定的公布期限相同。通过与工商、税务、纪检、监察、司法、银行等部门建立的信息共享机制获取的有关建筑市场各方主体不良行为记录的信息，省、自治区、直辖市建设行政主管部门也应在本地区统一公布。各地建筑市场综合监管信息系统要逐步与全国建筑市场诚信信息平台实现网络互联、信息共享和实时发布。

（3）公告的变更

《建筑市场诚信行为信息管理办法》规定，对发布有误的信息，由发布该信息的省、自治区和直辖市建设行政主管部门进行修正；根据被曝光单位对不良行为的整改情况，调整其信息公布期限，保证信息的准确和有效。

行政处罚决定经行政复议、行政诉讼以及行政执法监督被变更或被撤销，应及时变更或删除该不良记录，并在相应诚信信息平台上予以公布，同时应依法妥善处理相关事宜。

《招标投标违法行为记录公告暂行办法》规定，被公告的招标投标当事人认为公告记录与行政处理决定的相关内容不符的，可向公告部门提出书面更正申请，并提供相关证据。公告部门接到书面申请后应在 5 个工作日内进行核对。公告的记录与行政处理决定的相关内容不一致的，应当给予更正并告知申请人；公告的记录与行政处理决定的相关内容一致的，应当告知申请人。公告部门在作出答复前不停止对违法行为记录的公告。

行政处理决定在被行政复议或行政诉讼期间，公告部门依法不停止对违法行为记录的公告，但行政处理决定被依法停止执行的除外。原行政处理决定被依法变更或撤销的，公告部门应当及时对公告记录予以变更或撤销，并在公告平台上予以声明。

2. 建筑市场诚信行为的奖惩机制

《建筑市场诚信行为信息管理办法》《关于加快推进建筑市场信用体系建设工作的意见》规定，应当依据国家有关法律、法规和规章，按照诚信激励和失信惩戒的原则，逐步建立诚信奖惩机制，在行政许可、市场准入、招标投标、资质管理、工程担保和保险、表彰评优等工作中充分利用已公布的建筑市场各方主体的诚信行为信息，依法对守信行为给予激励，对失信行为进行惩处。

对于一般失信行为，要对相关单位和人员进行诚信法制教育，促使其知法、懂法、守法；对有严重失信行为的企业和人员，要会同有关部门，采取行政、经济、法律和社会舆论等综合惩治措施，对其依法公布、曝光或予以行政处罚、经济制裁；行为特别恶劣的，要坚决追究失信者的法律责任，提高失信成本，使失信者得不偿失。

《招标投标违法行为记录公告暂行办法》规定，公告的招标投标违法行为记录应当作为招标代理机构资格认定、依法必须招标项目资质审查、招标代理机构选择、中标人推荐和确定、评标委员会成员确定和评标专家考核等活动的重要参考。

3. 建筑市场主体诚信评价的基本规定

住房和城乡建设部《关于加快推进建筑市场信用体系建设工作的意见》提出，同步推进政府对市场主体的守法诚信评价和社会中介信用机构开展的综合信用评价。

（1）政府对市场主体的守法诚信评价

政府对市场主体的守法诚信评价是政府主导，以守法为基础，根据违法违规行为的行政处罚记录，对市场主体进行诚信评价。评价内容包括对市场主体违反各类行政法律规定强制义务的行政处罚记录以及其他不良失信行为记录。评价标准以建筑市场有关的法律责任为主要依据，对社会关注的焦点、热点问题可有所侧重，如拖欠工程款和农民工工资、转包、违法分包、挂靠、招标投标弄虚作假、质量安全问题、违反法定基本建设程序等。

（2）社会中介信用机构的综合信用评价

社会中介信用机构的综合信用评价是市场主导，以守法、守信（主要指经济信用，包括市场交易信用和合同履行信用）、守德（主要指道德、伦理信用）、综合实力（主要包括经营、资本、管理、技术等）为基础进行综合评价。综合评价中有关建筑市场各方责任主体的优良和不良行为记录等信息要以建筑市场信用信息平台的记录为基础。

行业协会要协助政府部门做好诚信行为记录、信息发布和信用评价等工作，推进建筑市场动态监管；要完善行业内部监督和协调机制，建立以会员单位为基础的自律维权信息平台，加强行业自律，提高企业及从业人员的诚信意识。

主要法规索引：

1. 《建筑法》（2011 年 4 月 22 日修正）
2. 《住房和城乡建设部关于印发〈建筑工程施工转包违法分包等违法行为认定查处管理办法（试行）〉的通知》（建市〔2014〕118 号，2014 年 10 月 1 日生效）

3.《建筑市场诚信行为信息管理办法》（2007年1月12日发布）

4.《招标投标违法行为记录公告暂行办法》（发改法规〔2008〕1531号，2008年6月18日发布）

思考与练习

一、单项选择题（每题的备选项中，只有1个最符合题意）

1. 某建筑公司与某安装公司共同承包工程，并约定质量缺陷引起的赔偿责任由双方各自承担50%。施工中由于安装公司技术问题导致质量缺陷，造成工程20万元损失，则以下说法正确的是（　　）。

A. 建设单位可以向建筑公司索赔20万元

B. 建设单位只能向安装公司索赔20万元

C. 建设单位只能向建筑公司和安装公司分别索赔10万元

D. 建设单位不可以向安装公司索赔20万元

2. 关于建设工程分包的说法，正确的是（　　）。

A. 劳务作业的分包可以不经建设单位认可

B. 承包单位可将其承包的全部工程进行分包

C. 建设工程主体结构的施工可以分包

D. 建设单位有权直接指定分包工程的承包人

3. 关于建设工程分包的说法，正确的有（　　）。

A. 总承包单位可以按照合同约定将建设工程部分非主体、非关键性工作分包给其他企业

B. 总承包单位可以将全部建设工程拆分成若干部分后全部分包给其他施工企业

C. 总承包单位可以将建设工程主体结构中技术较为复杂的部分分包给其他企业

D. 总承包单位经建设单位同意后，可以将建设工程的关键性工作分包给其他企业

二、多项选择题（每题的备选项中，有2个或2个以上符合题意，至少有1个错项）

1. 甲施工单位（总包单位）将部分非主体工程分包给具有相应资质条件的乙施工单位，且已征得建设单位同意。下面关于该分包行为的说法正确的是（　　）。

A. 甲必须向上级主管部门批准备案

B. 甲就分包工程质量和安全对建设单位承担连带责任

C. 乙应按照分包合同的约定对甲负责

D. 建设单位必须与乙重新签订分包合同

E. 建设单位必须重新为分包工程办理施工许可证

2. 关于总承包单位与分包单位对建设工程承担质量责任的说法，正确的有（　　）。

A. 分包单位按照分包合同的约定对其分包工程的质量向总承包单位及建设单位负责

B. 分包单位对分包工程的质量负责，总承包单位未尽到相应监管义务的，承担相应的补充责任

C. 建设工程实行总承包的，总承包单位应当对全部建设工程质量负责

D. 当分包工程发生质量责任或者违约责任，建设单位可以向总承包单位或分包单位请求赔偿；总承包单位或分包单位赔偿后，有权就不属于自己责任的赔偿向另一方追偿

E. 当分包工程发生质量责任或者违约责任，建设单位应当向总承包单位请求赔偿；总承包单位赔偿后，有权要求分包单位赔偿

3. 根据《建设工程施工转包违法分包等违法行为认定查处管理办法（试行）》，属于合法分包的有（   ）。

A. 经建设单位认可，施工企业将其承包的部分工程分包给个人

B. 施工总承包企业将钢结构工程分包给具有相应资质的企业

C. 施工企业将工程分包给未申领安全生产许可证的企业

D. 劳务分包企业将其承包的劳务再分包

E. 专业分包企业将其承包的专业工程中的劳务作业分包

三、思考题

1. 施工企业如何实施内部承包才能避免工程转包、挂靠的嫌疑？

2. 举例说明肢解发包的情形。

3. 如何区分劳务分包与转包、挂靠？

第四章　建设工程招标投标法

4.1　工程招投标法概述

4.1.1　招标投标法的概念

招标投标法是调整招标投标活动中产生的社会关系的法律规范的总称，有狭义和广义之分。狭义的招标投标法是指《中华人民共和国招标投标法》（以下简称《招标投标法》）。广义的招标投标法是指招标投标活动的所有法律、法规与规章，即除《招标投标法》外还包括《合同法》《反不正当竞争法》等法律中有关招标投标事项的规定，以及《工程建设项目施工招标投标办法》《工程建设项目招标范围和规模标准规定》《评标委员会和评标方法暂行规定》等部门规章。

政府采购工程进行招标投标的，适用招标投标法；政府采购工程依法不进行招标投标的，按照《政府采购法》规定的竞争性谈判或者单一来源采购方式采购。

4.1.2　招标投标活动的基本原则

《招标投标法》第五条规定："招标投标活动应当遵循公开、公平、公正和诚实信用原则。"这一规定是指导招标投标活动的基本准则。

根据《招标投标法》第五条、第六条规定，招标投标活动应当遵循公开、公平、公正和诚实信用原则。依法必须进行招标的项目，其招标投标活动不受地区或者部门的限制。任何单位和个人不得违法限制或者排斥本地区、本系统以外的法人或者其他组织参加投标，不得以任何方式非法干涉招标投标活动。

（1）公开原则

招标投标活动应当遵循公开原则，这是为了保证招标活动的广泛性、竞争性和透明性。公开原则，首先要求招标信息公开。例如，《招标投标法》规定，依法必须进行招标的项目的招标公告，应当通过国家指定的报刊、信息网络或者其他媒介发布。无论是招标公告、资格预审公告还是投标邀请书，都应当载明招标人的名称和地址、招标项目的性质、数量、实施地点和时间以及获取招标文件的办法等事项。其次，公开原则还要求招标投标过程公开。例如，《招标投标法》规定开标时招标人应当邀请所有投标人参加，招标人在招标文件要求提交截止时间前收到的所有投标文件，开标时都应当当众予以拆封、宣读。中标人确定后，招标人应当在向中标人发出中标通知书的同时将中标结果通知所有未中标的投标人。

（2）公平原则

公平原则，要求给予所有投标人平等的机会，使其享有同等的权利，履行同等的义务，招标人不得以任何理由排斥或者歧视任何投标人。《招标投标法》第六条明确规定："依法必须进行招标的项目，其招标投标活动不受地区或者部门的限制，任何单位和个人不得违法限制或者排斥本地区、本系统以外的法人或者其他组织参加投标，不得以任何方式非法干涉招标投标活动。"

（3）公正原则

公正原则，要求招标人在招标投标活动中应当按照统一的标准衡量每一个投标人的优劣。进行资格审查时，招标人应当按照资格预审文件或招标文件中载明的资格审查的条件、标准和方法对潜在投标人或者投标人进行资格审查，不得改变载明的条件或者以没有载明的资格条件进行资格审查。《招标投标法》还规定，评标委员会应当按照招标文件确定的评标标准和方法对投标文件进行评审和比较。评标委员会成员应当客观、公正地履行职务，遵守职业道德。

（4）诚实信用原则

诚实信用原则是我国民事活动应当遵循的一项重要基本原则。我国《民法通则》第四条规定："民事活动应当遵循自愿、平等、等价有偿、诚实信用的原则。"《合同法》第六条也明确规定："当事人行使权利、履行义务应当遵循诚实信用原则。"招标投标活动作为订立合同的一种特殊方式，同样应当遵循诚实信用原则。例如，在招标过程中，招标人不得发布虚假的招标信息，不得擅自终止招标。在投标过程中，投标人不得以他人名义投标，不得与招标人或其他投标人串通投标。中标通知书发出后，招标人不得擅自改变中标结果，中标人不得擅自放弃中标项目。

4.1.3 强制招标工程建设项目的界定

《招标投标法》第三条规定，在中华人民共和国境内进行工程建设项目，包括项目的勘察、设计、施工、监理以及与工程建设有关的重要设备、材料等的采购，必须依照《招标投标法》进行招标。

1. 工程建设项目强制招标范围

1）全部或者部分使用国有资金投资或者国家融资的项目，包括：使用预算资金200万元人民币以上，并且该资金占投资额10%以上的项目；使用国有企业事业单位资金，并且该资金占控股或者主导地位的项目。

2）使用国际组织或者外国政府贷款、援助资金的项目，包括：使用世界银行、亚洲开发银行等国际组织贷款、援助资金的项目；使用外国政府及其机构贷款、援助资金的项目。

3）大型基础设施、公用事业等关系社会公共利益、公众安全的项目，必须招标的具体范围由国务院发展改革部门会同国务院有关部门按照确有必要、严格限定的原则制订，报国务院批准。

2. 工程建设项目强制招标规模标准

勘察、设计、施工、监理以及与工程建设有关的重要设备、材料等的采购达到下列标准之一的，必须招标：

1）施工单项合同估算价在 400 万元人民币以上。

2）重要设备、材料等货物的采购，单项合同估算价在 200 万元人民币以上。

3）勘察、设计、监理等服务的采购，单项合同估算价在 100 万元人民币以上。

同一项目中可以合并进行的勘察、设计、施工、监理以及与工程建设有关的重要设备、材料等的采购，合同估算价合计达到前款规定标准的，必须招标。

3. 例外情形

《招标投标法》规定，涉及国家安全、国家秘密、抢险救灾或者属于利用扶贫资金实行以工代赈、需要雇用农民工等特殊情况，不适宜进行招标的项目，依法可以不进行招标。《招标投标法实施条例》进一步规定，有下列情形之一的，可以不进行招标：

1）需要采用不可替代的专利或者专有技术。

2）采购人依法能够自行建设、生产或者提供。

3）已通过招标方式选定的特许经营项目，投资人依法能够自行建设、生产或者提供。

4）需要向原中标人采购工程、货物或者服务，否则将影响施工或者功能配套要求。

5）国家规定的其他特殊情形。

4.1.4 建设工程招标方式

根据《招标投标法》的规定，招标方式分为公开招标和邀请招标两种。只有不属于法律规定必须招标的项目，如涉及国家安全、国家秘密、抢险救灾、低于国家规定必须招标标准的小型工程等，才可以采用直接委托方式。

公开招标，也称无限竞争招标，是指招标人以招标公告的方式邀请不特定的法人或者其他组织投标。采用公开招标方式，可以为所有符合投标条件的潜在投标人提供一个平等参与和充分竞争的机会，这样有利于招标人选择最优的中标人。但是公开招标方式也可能导致招标人的资格审查和评标工作量繁冗，增加招标成本；同时，也使投标人的中标概率降低，可能影响真正有实力的潜在投标人的投标积极性。

邀请招标，也称有限竞争招标，是指招标人以投标邀请书的方式邀请特定的法人或者其他组织投标。采用这种招标方式，由于被邀请参加竞争的潜在投标人数量有限，而且事先已经过招标人的调查了解，因此不仅可以节省招标人的招标成本，而且能提高投标人的中标概率，因此潜在投标人的投标积极性会较高。当然，由于邀请招标的对象被限定在特定范围内，因此采用邀请招标方式可能使其他优秀的潜在投标人被排斥在外，最终的中标人并不一定是最优的。

《招标投标法》第十一条规定："国务院发展计划部门确定的国家重点项目和省、自治区、直辖市人民政府确定的地方重点项目不适宜公开招标的，经国务院发展计划部门或者省、自治区、直辖市人民政府批准，可以进行邀请招标。"

《招标投标法实施条例》进一步规定，国有资金控股或者占主导地位的依法必须进行招标的项目，应当公开招标；但有下列情形之一的，可以邀请招标：

1）技术复杂、有特殊要求或者受自然环境限制，只有少量潜在投标人可供选择。

2）采用公开招标方式的费用占项目合同金额的比例过大。

4.1.5　建设工程招标投标交易场所

设区的市级以上地方人民政府可以根据实际需要，建立统一规范的招标投标交易场所，为招标投标活动提供服务。招标投标交易场所不得与行政监督部门存在隶属关系，不得以营利为目的。国家鼓励利用信息网络进行电子招标投标。

2013 年 2 月 4 日，国家发展和改革委员会令第 20 号公布《电子招标投标办法》。电子招标投标活动是指以数据电文形式，依托电子招标投标系统完成的全部或者部分招标投标交易、公共服务和行政监督活动。数据电文形式与纸质形式的招标投标活动具有同等法律效力。

投标人应当在投标截止时间前完成投标文件的传输递交，并可以补充、修改或者撤回投标文件。投标截止时间前未完成投标文件传输的，视为撤回投标文件。投标截止时间后送达的投标文件，电子招标投标交易平台应当拒收。

4.2　建设工程招标

4.2.1　履行项目审批手续

建设工程招标必须具备一定的条件，不具备这些条件就不能进行招标。

《招标投标法》第九条规定："招标项目按照国家有关规定需要履行项目审批手续的，应当先履行审批手续，取得批准。招标人应当有进行招标项目的相应资金或者资金来源已经落实，并应当在招标文件中如实载明。"

《招标投标法实施条例》进一步规定，按照国家有关规定需要履行项目审批、核准手续的依法必须进行招标的项目，其招标范围、招标方式、招标组织形式应当报项目审批、核准部门审批、核准。项目审批、核准部门应当及时将审批、核准确定的招标范围、招标方式、招标组织形式通报有关行政监督部门。

4.2.2　招标程序

1. 成立招标组织，由建设单位自行招标或委托招标

根据招标人是否具有招标的条件与能力，可以将组织招标分为自行招标和委托招标两种情况。

（1）招标人自行招标

《招标投标法》第十二条规定："招标人具有编制招标文件和组织评标能力的，可以自行办理招标事宜。任何单位和个人不得强制其委托招标代理机构办理招标事宜。"招标人自行办理招标事宜的，应当向有关行政监督部门备案。

根据国家计划委员会 2001 年 7 月 1 日发布的《工程建设项目自行招标试行办法》第四条的规定，招标人自行办理招标事宜，应当具有编制招标文件和组织评标的能力，

具体包括：①具有项目法人资格（或者法人资格）；②具有与招标项目规模和复杂程度相适应的工程技术、概预算、财务和工程管理等方面专业技术力量；③有从事同类工程建设项目招标的经验；④设有专门的招标机构或者拥有三名以上专职招标业务人员；⑤熟悉和掌握招标投标法及有关法规规章。

（2）招标人委托招标

招标人不具备自行招标能力的，必须委托具备相应资质的招标代理机构代为办理招标事宜。《招标投标法》第十二条规定："招标人有权自行选择招标代理机构，委托其办理招标事宜。任何单位和个人不得以任何方式为招标人指定招标代理机构。"招标人不具备自行招标能力，或者不愿自行招标的，应当委托具有相应资格条件的专业招标代理机构，由其代理招标人进行招标。

2. 资格审查（如果需要）

资格审查是招标人的一项重要权利，其主要内容是审查潜在投标人或者投标人的资质、业绩、经验，以及信誉、财务状况、人员、设备、分包、诉讼等履约标准，其根本目的是审查潜在投标人或投标人是否具有承担招标项目的能力，以保证投标人中标后能切实履行合同义务，完成招标项目。资格审查分为资格预审和资格后审。

（1）资格预审

招标人采用资格预审办法对潜在投标人进行资格审查的，应当发布资格预审公告、编制资格预审文件。

依法必须进行招标的项目的资格预审公告，应当在国务院发展改革部门依法指定的媒介发布。在不同媒介发布的同一招标项目的资格预审公告内容应当一致。指定媒介发布依法必须进行招标的项目的境内资格预审公告，不得收取费用。

编制依法必须进行招标的项目的资格预审文件，应当使用国务院发展改革部门会同有关行政监督部门制定的标准文本。

招标人应当按照资格预审公告规定的时间、地点发售资格预审文件。招标人应当合理确定提交资格预审申请文件的时间。依法必须进行招标的项目提交资格预审申请文件的时间，自资格预审文件停止发售之日起不得少于5日。

招标人可以对已发出的资格预审文件进行必要的澄清或者修改。澄清或者修改的内容可能影响资格预审申请文件编制的，招标人应当在提交资格预审申请文件截止时间至少3日前，以书面形式通知所有获取资格预审文件的潜在投标人；不足3日的，招标人应当顺延提交资格预审申请文件的截止时间。

招标人应当合理确定提交资格预审申请文件的时间。依法必须进行招标的项目提交资格预审申请文件的时间，自资格预审文件停止发售之日起不得少于5日。

潜在投标人或者其他利害关系人对资格预审文件有异议的，应当在提交资格预审申请文件截止时间2日前提出；对招标文件有异议的，应当在投标截止时间10日前提出。招标人应当自收到异议之日起3日内作出答复；作出答复前，应当暂停招标投标活动。

资格预审应当按照资格预审文件载明的标准和方法进行。国有资金控股或者占主导地位的依法必须进行招标的项目，招标人应当组建资格审查委员会审查资格预审申请文件。资格审查委员会及其成员应当遵守招标投标法和《招标投标法实施条例》有关评标委员会及其成员的规定。

资格预审结束后，招标人应当及时向资格预审申请人发出资格预审结果通知书。未通过资格预审的申请人不具有投标资格。通过资格预审的申请人少于 3 个的，应当重新招标。

（2）资格后审

资格后审，是指在开标后对投标人进行的资格审查。

招标人采用资格后审办法对投标人进行资格审查的，应当在开标后由评标委员会按照招标文件规定的标准和方法对投标人的资格进行审查。

3. 编制招标文件和标底（如果有）

（1）编制招标文件

《招标投标法》第十九条规定："招标人应当根据招标项目的特点和需要编制招标文件。招标文件应当包括招标项目的技术要求、对投标人资格审查的标准、投标报价要求和评标标准等所有实质性要求和条件以及拟签订合同的主要条款。国家对招标项目的技术、标准有规定的，招标人应当按照其规定在招标文件中提出相应要求。招标项目需要划分标段、确定工期的，投标人应当合理划分标段、确定工期，并在招标文件中载明。"

编制依法必须进行招标的项目的招标文件，应当使用国务院发展改革部门会同有关行政监督部门制定的标准文本。

招标人应当确定投标人编制投标文件所需要的合理时间；但是依法必须进行招标的项目，自招标文件开始发出之日起至投标人提交投标文件截止之日止，最短不得少于 20 日。

招标人可以对已发出的招标文件进行必要的澄清或者修改。澄清或者修改的内容可能影响投标文件编制的，招标人应当在投标截止时间至少 15 日前，以书面形式通知所有招标文件的潜在投标人；不足 15 日的，招标人应当顺延提交资格投标文件的截止时间。

招标人应当在招标文件中载明投标有效期。投标有效期从提交投标文件的截止之日起算。

（2）编制标底

根据我国现行《招标投标法》及有关规定，编制标底并不是强制性的，招标人可以自行决定是否编制标底。标底由招标人自行编制或委托中介机构编制，一个工程只能编制一个标底，标底必须保密。招标人设有标底的，标底在评标中应当作为参考，但不得作为评标的唯一依据。

为了规范标底的编制，确保标底的科学性、合理性，《工程建设项目施工招标投标办法》进一步规定：招标项目编制标底的，应根据批准的初步设计、投资概算，依据有关计价办法，参照有关工期定额，结合市场供求状况，综合考虑投资、工期和质量等方面的因素合理确定。

接受委托编制标底的中介机构不得参加受托编制标底项目的投标，也不得为该项目的投标人编制投标文件或者提供咨询。招标人设有最高投标限价的，应当在招标文件中明确最高投标限价或者最高投标限价的计算方法。招标人不得规定最低投标限价。

《建筑工程施工发包与承包计价管理办法》规定，国有资金投资的建筑工程招标的，应当设有最高投标限价；非国有资金投资的建筑工程招标的，可以设有最高投标限价。投标报价高于最高投标限价的，评标委员会应当否决投标人的投标。

4. 发布招标公告或发出投标邀请书

招标人采用公开招标方式的，应当发布招标公告。依法必须招标的项目的招标公告，应当通过国家指定的报刊、信息网络或者其他媒介发布。招标人采用邀请招标方式的，应当向三个以上具备承担招标项目的能力、资信良好的特定法人或者其他组织发出投标邀请书。

5. 发售招标文件

招标文件的发售期不得少于 5 日。招标人发售资格预审文件、招标文件收取的费用应当限于补偿印刷、邮寄的成本支出，不得以营利为目的。

6. 签收投标文件

招标人在收到投标文件后，应当签收保存，不得开启。投标人少于 3 人的，招标人应当依法重新招标。在招标文件要求提交投标文件截止时间后送达的投标文件，招标人应当拒收。

未通过资格预审的申请人提交的投标文件，以及逾期送达或者不按照招标文件要求密封的投标文件，招标人应当拒收。招标人应当如实记载投标文件的送达时间和密封情况，并存档备查。

4.2.3 依法重新招标的情形

除因招标无效而应当重新招标的情形之外，如果出现以下法定情形，也需要重新招标：

1）投标截止期满后，投标人少于 3 个的。

2）所有投标均被评标委员会否决的。

3）依法必须进行施工招标的项目违反法律规定，中标无效的。

4）招标人编制的资格预审文件、招标文件的内容违反法律、行政法规的强制性规定，违反公开、公平、公正和诚实信用原则，影响资格预审结果或者潜在投标人投标的，依法必须进行招标的项目的招标人应当在修改资格预审文件或者招标文件后重新招标。

4.2.4 招标人以不合理的条件限制、排斥潜在投标人或者投标人的情形

招标人有下列行为之一的，属于以不合理条件限制、排斥潜在投标人或者投标人：

1）就同一招标项目向潜在投标人或者投标人提供有差别的项目信息。

2）设定的资格、技术、商务条件与招标项目的具体特点和实际需要不相适应或者与合同履行无关。

3）依法必须进行招标的项目以特定行政区域或者特定行业的业绩、奖项作为加分条件或者中标条件。

4）对潜在投标人或者投标人采取不同的资格审查或者评标标准。

5）限定或者指定特定的专利、商标、品牌、原产地或者供应商。

6）依法必须进行招标的项目非法限定潜在投标人或者投标人的所有制形式或者组织形式。

7）以其他不合理条件限制、排斥潜在投标人或者投标人。

4.3　建设工程投标

4.3.1　投标人的概念

投标人是指响应招标、参加投标竞争的法人或其他组织。

4.3.2　投标人的资格要求

1. 投标人应符合资质等级条件

投标人具备承担招标项目的能力主要表现在企业的资质等级上。资质等级证书是企业进入建筑市场最重要的合法证件。禁止任何企业采取资质等级以外的其他任何资信、许可等手段进行准入限制。

2. 投标人应符合的其他条件

招标文件对投标人的资格条件有规定的，投标人应当符合该规定条件。但招标人不得以不合理条件限制或排斥潜在投标人，不得对潜在投标人实行歧视待遇。

3. 投标联合体

在工程实践中，尤其是在国际工程承包中，联合投标是实现不同投标人优势互补、跨地区市场竞争的有效方法。

（1）联合投标的含义

根据《招标投标法》第三十一条第一款的规定，联合投标是指两个以上法人或者其他组织可以组成一个联合体以一个投标人的身份共同投标。

（2）联合体各方的资格要求

《招标投标法》第三十一条第二款规定："联合体各方均应当具备承担招标项目的相应能力；国家有关规定或者招标文件对投标人资格条件有规定的，联合体各方均应当具备规定的相应资格条件。由同一专业的单位组成的联合体，按照资质等级较低的单位确定资质等级。"

（3）联合体协议的效力

《招标投标法》第三十一条规定："联合体各方应当签订共同投标协议，明确约定各方拟承担的工作和责任，并将共同投标协议连同投标文件一并提交招标人。联合体中标的，联合体各方应当共同与招标人签订合同，就中标项目向招标人承担连带责任。"

联合体各方签订共同投标协议后，不得再以自己的名义单独投标，也不得组成新的联合体或参加其他联合体在同一项目中投标。

联合体协议签订后，若参加资格预审并获通过，其主体的变更必须在提交投标文件截止之日前征得招标人的同意。

（4）投标人的意思自治

《招标投标法》第三十一条第四款规定："招标人不得强制投标人组成联合体，不得限制投标人之间的竞争。"这说明投标人是否组成联合体以及与谁组成联合体都由投标人自行决定，任何人不得干涉。

4.3.3 投标文件

1. 投标文件的内容

《招标投标法》第二十七条第一款规定："投标人应当按照招标文件的要求编制投标文件。投标文件应当对招标文件提出的实质性要求和条件作出响应。"

施工投标文件一般包括以下内容：

1）投标函。

2）施工组织设计或者施工方案。

3）投标报价。

4）商务和技术偏差表。

投标报价不得低于工程成本，不得高于最高投标限价。

2. 提交投标文件的时间要求

投标人应当在招标人要求提交投标文件的截止时间前将投标文件送达投标地点。在截止时间后送达的投标文件，招标人应当拒收。如发生地点方面的误送，由投标人自行承担后果。

3. 投标文件的补充、修改和撤回

《招标投标法》第二十九条规定："投标人在招标文件要求提交投标文件的截止时间前，可以补充、修改或者撤回已提交的投标文件，并书面通知招标人。补充、修改的内容为投标文件的组成部分。"在提交投标文件截止时间后，投标人不得补充、修改、替代或者撤回其投标文件。投标人补充、修改、替代投标文件的，招标人不予接受；投标人撤回投标文件的，其投标保证金将被没收。

4.3.4 投标保证金

1. 投标保证金的概念

所谓投标保证金，是投标人保证其在投标有效期内不随意撤回投标文件或中标后提交履约保证金和签署合同而提交的担保金。

从法律角度上，投标属于要约。设立投标保证金，就是对要约应承担法律责任的担保，约束投标人在投标有效期内不能撤出投标，或中标后按时与业主签订合同。一旦违反，投标保证金就将被没收。投标人应当按照招标文件要求的方式和金额，将投标保证金随投标文件提交招标人。未提交投标保证金或未按规定方式、额度提交的或提交的投标保证金不符合招标文件约定的情况，则该投标文件被拒绝，作为否决投标处理。招标人要求投标人提交投标保证金的，应当在招标第二阶段提出。

2. 投标保证金的额度

施工招标或货物招标的，投标保证金一般不得超过投标总价的 2%，但最高不得超过 80 万元人民币。勘察设计招标的，保证金数额一般不超过勘察设计费投标报价的 2%，最多不超过 10 万元人民币。

3. 投标保证金的形式

依法必须进行招标的项目的境内投标单位，以现金或者支票形式提交的投标保证金应当从其基本账户转出。

4. 投标保证金的期限

投标保证金有效期应当与投标有效期一致。

5. 投标保证金的退回

招标人最迟应当在与中标人签订书面合同后 5 日内向中标人与未中标的投标人退还投标保证金及银行同期存款利息。

6. 投标保证金没收的情形

当发生以下情况时，招标人有权没收投标人递交的投标保证金：

1）投标人在招标文件规定的投标有效期内撤回其投标的。

2）中标人未能在招标文件规定期限内提交履约保证金或签署合同协议的。

4.3.5 投标无效

1）与招标人存在利害关系，可能影响招标公正性的法人、其他组织或者个人参加投标。

2）单位负责人为同一人或者存在控股、管理关系的不同单位，参加同一标段投标或者未划分标段的同一招标项目投标。

3）招标人接受联合体投标并进行资格预审的，联合体应当在提交资格预审申请文件前组成。资格预审后联合体增减、更换成员的，投标无效。

4）联合体各方在同一招标项目中以自己的名义单独投标或者参加其他联合体投标的。

5）投标人发生合并、分立、破产等重大变化的，应当及时书面告知招标人。投标人不再具备资格预审文件、招标文件规定的资格条件或者其投标影响招标公正性的，投标无效。

4.3.6 投标人的禁止行为

1. 投标人相互串通投标报价

有下列情形之一的，属于投标人相互串通投标：

1）投标人之间协商投标报价等投标文件的实质性内容。

2）投标人之间约定中标人。

3）投标人之间约定部分投标人放弃投标或者中标。

4）属于同一集团、协会、商会等组织成员的投标人按照该组织要求协同投标。

5）投标人之间为谋取中标或者排斥特定投标人而采取的其他联合行动。

有下列情形之一的，视为投标人相互串通投标：

1）不同投标人的投标文件由同一单位或者个人编制。

2）不同投标人委托同一单位或者个人办理投标事宜。

3）不同投标人的投标文件载明的项目管理成员为同一人。

4）不同投标人的投标文件异常一致或者投标报价呈规律性差异。

5）不同投标人的投标文件相互混装。

6）不同投标人的投标保证金从同一单位或者个人的账户转出。

2. 投标人与招标人串通投标

1）招标人在开标前开启投标文件并将有关信息泄露给其他投标人。

2）招标人直接或者间接向投标人泄露标底、评标委员会成员等信息。

3）招标人明示或者暗示投标人压低或者抬高投标报价。

4）招标人授意投标人撤换、修改投标文件。

5）招标人明示或者暗示投标人为特定投标人中标提供方便。

6）招标人与投标人为谋求特定投标人中标而采取的其他串通行为。

3. 以向招标人或者评委会成员行贿的手段谋取中标

《招标投标法》第三十二条第三款规定："禁止投标人以向招标人或者评标委员会成员行贿的手段谋取中标。"

投标人以行贿的手段谋取中标是严重违背《招标投标法》基本原则的违法行为，对其他投标人是不公平的。投标人以行贿手段谋取中标的法律后果是中标无效，有关责任人和单位应当承担相应的行政责任或刑事责任，给他人造成损失的还应当承担民事赔偿责任。

4. 以低于成本的报价竞标

《招标投标法》第三十三条规定："投标人不得以低于成本的报价竞标。"在这里，所谓"成本"，应指投标人的个别成本，该成本一般应根据投标人的企业定额测定。投标报价由成本、利润和税金三部分组成。其中，成本又可分为直接成本和间接成本。如果投标人以低于成本、甚至低于直接成本的报价竞标时，将很难保证建设工程的安全和质量，各种偷工减料、以次充好等问题将难以避免。因此，投标人以低于成本的报价竞标的手段是法律所禁止的。

5. 以他人名义投标或以其他方式弄虚作假，骗取中标

《招标投标法》第三十三条规定，投标人不得以他人名义投标或者以其他方式弄虚作假，骗取中标，包括：

1）使用伪造、变造的许可证件。

2）提供虚假的财务状况或者业绩。

3）提供虚假的项目负责人或者主要技术人员简历、劳动关系证明。

4）提供虚假的信用状况。

5）其他弄虚作假的行为。

4.4 建设工程开标、评标、中标

4.4.1 开标

1. 开标的概念

开标是投标截止之时，招标人按招标文件规定的时间和地点，开启投标人提交的投标文件，公开宣布投标人的名称、投标价格及投标文件中其他主要内容的活动（图4.1）。《招标投标法实施条例》规定，投标人少于三个的，不得开标；招标人应当重新招标。

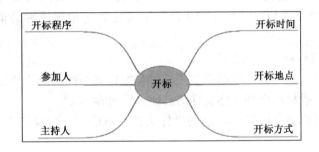

图 4.1 开标的有关内容

2. 开标时间

开标应当在招标文件确定的提交投标文件截止时间的同一时间公开进行。这一时间应精确到"分"。

任何人都不得在提交投标文件截止的时间之前或之后开标。明确"投标截止时间就是开标时间"，是为了在投标截止与开标之间不留时间空隙，以避免因开标时间离投标截止时间过长而可能为发生泄露或涂改标书内容等作弊行为留下时间，防止招标活动出现不公平竞争，损害其他投标人的合法权益。

3. 开标地点

开标地点应当为招标文件中预先确定的地点。开标地点必须在招标文件中预先确定，一旦到了提交投标文件的截止时间，招标人就必须在预定的地点，而不得在其他任何地方开标。公布的地点应精确到房间号。

4. 开标应当公开进行

开标，是指在邀请所有投标人参加的情况下，当众公开开启投标人提交的投标文件，公开宣布投标人的名称、投标价格及其他主要内容。这意味着开标应当公开进行，招标人不得在不邀请所有投标人参加的情况下自行秘密开标。

5. 开标主持人

开标主持人是招标人。当委托有招标代理机构时，主持人也可以是招标人委托的招标代理机构。

6. 开标参加人

除邀请所有投标人参加外，还可邀请招标监督部门、监察部门的有关人员参加，也可委托公证部门参加。

注意：遵守投标人自愿参加原则。投标人不参加开标不能成为废标的理由，但招标人必须邀请全体投标人参加。

7. 开标程序

（1）开标前检查

开标时由参加开标会的全体投标人或者其推选的代表检查投标文件的密封情况，也可以由招标人委托的公证机构检查并进行公证。招标人委托公证机构公证的，应当遵守司法部 1992 年 10 月 19 日制定实施的《招标投标公证程序细则》的有关规定。

（2）投标文件拆封、当众宣读

经确认无误后，投标截止日期前收到的所有投标文件都应当于开标现场当众拆封，宣读投标人名称、投标价格和投标文件的其他主要内容。

凡是没有在开标会上拆封和宣读的投标文件，不论何种情况均不得进入进一步的评审中。

（3）开标过程的记录和存档

开标过程应当记录，并存档备查。在宣读投标人名称、投标的价格和投标文件的其他主要内容时，招标主持人对公开开标所读的每一页，按照开标时间的先后顺序进行记录。开标机构应当事先准备好开标记录的登记表册，开标填写后作为正式记录，保存于开标机构。

开标记录的内容包括项目名称、投标号、刊登招标公告的日期、发售招标文件的日期、购买招标文件的单位名称、投标人的名称及报价、投标截止后收到投标文件的处理情况等。开标记录由主持人和其他工作人员签字确认后存档备案。

（4）异议

投标人对开标有异议的应当在开标现场提出，招标人应当当场作出答复，并制作记录。

4.4.2 评标

1. 评标的概念

评标就是由评标委员会依据招标文件的要求和规定，对投标文件进行审查、评审和比较。

评标工作由招标人依法组建的评标委员会负责。业主必须从评标委员会推荐的中标人名单中确定中标人，任何时候业主均不得在推荐的中标人名单之外再另行确定中标人，更不得将合同授予不响应招标文件的投标人。

2. 评标委员会

（1）评标委员会的组成

评标委员会由招标人依法组建，负责评标活动。评标委员会成员名单一般在开标前确定，在中标结果确定前应当保密。评标委员会由招标人或其委托的招标代理机构的代表，以及技术、经济等方面的专家组成，评标委员会成员的人数应为 5 人以上的单数，其中技术、经济等方面专家人数不得少于成员总数的 2/3。

（2）评标委员会专家的选取

评标委员会的专家成员应当从省级以上人民政府有关部门提供的专家名册或招标代理机构的专家名册中选取。

一般招标项目，可采取随机抽取的方式；技术特别复杂、专业性要求特别高或国家有特殊要求的招标项目，如果采取随机抽取方式所确定的专家难以胜任的，可以由招标人直接确定。

（3）评标委员会成员的回避与更换

有下列情形之一的，不得担任该项目的评标委员会成员，已经担任的应当主动提出回避或更换：

1）招标人或者招标主要负责人的近亲属。

2）项目主管部门或者行政监督部门的人员。

3）与投标人有经济利益关系，可能影响对投标公正评审的。

4）曾经在招标、评标以及其他与招标投标有关活动中从事过违法行为而受过行政处罚或刑事处罚的。

（4）评标委员会的职权

1）独立评审权。评标委员会的独立活动不受外界的非法干预与影响。

2）要求澄清权。评标委员会可以要求投标人对投标文件中含义不明确的内容作必要的澄清或者说明，以确认其正确内容，但不得超出投标文件的范围或改变投标文件的实质内容。

3）推荐权或确定权。评标委员会可在评标报告中推荐 1~3 个中标候选人或根据招标人的授权在评标报告中直接确定中标人。

4）否决权。评标委员会经评审，认为所有投标都不符合招标文件的要求，可以否决所有投标。这时，强制招标的项目应重新招标。

（5）评标委员会的职责

1）评标委员会成员应当客观、公正地履行职务，遵守职业道德，对所有的评审意见承担个人责任；招标文件没有规定的评标标准和方法不得作为评标的依据。

2）评标委员会成员不得私下接触投标人，不得收受投标人给予的财物或其他好处。

3）不得透露对投标文件的评审和比较、中标候选人的推荐情况以及与评标有关的其他情况。

4）不得向招标人征询确定中标人的意向，不得接受任何单位或者个人明示或者暗示提出的倾向或者排斥特定投标人的要求，不得有其他不客观、不公正履行职务的行为。

5）评标委员会完成评标后向招标人提出书面评标报告。

6）必须严格按照招标文件确定的评标标准和方法评标对投标文件进行评审和比较；设有标底的，应当参考标底。

3. 否决投标情形

《招标投标法实施条例》规定有下列情形之一的，评标委员会应当否决其投标：

1）投标文件未经投标单位盖章和单位负责人签字。

2）投标联合体没有提交共同投标协议。

3）投标人不符合国家或者招标文件规定的资格条件。

4）同一投标人提交两个以上不同的投标文件或者投标报价，但招标文件要求提交备选投标的除外。

5）投标报价低于成本或者高于招标文件设定的最高投标限价。

6）投标文件没有对招标文件的实质性要求和条件作出响应。

7）投标人有串通投标、弄虚作假、行贿等违法行为。

4. 评标注意事项

1）招标项目设有标底的，招标人应当在开标时公布。标底只能作为评标的参考，不得以投标报价是否接近标底作为中标条件，也不得以投标报价超过标底上下浮动范围作为否决投标的条件。

2）投标文件中有含义不明确的内容、明显文字或者计算错误，评标委员会认为需要投标人作出必要澄清、说明的，应当书面通知该投标人。投标人的澄清、说明应当采用书面形式，并不得超出投标文件的范围或者改变投标文件的实质性内容。

5. 评标报告与推荐中标候选人

（1）评标报告

评标委员会完成评标后应当向招标人提出书面评标报告，并抄送有关行政监督部门。评标报告由评标委员会全体成员签字。对评标结论持有异议的评标委员会成员可以书面方式阐述其不同意见和理由。评标委员会成员拒绝在评标报告上签字且不陈述其不同意见和理由的，视为同意评标结论。评标委员会应当对此作出书面说明并记录在案。

（2）推荐中标候选人

评标委员会推荐的中标候选人应当限定在1~3人，并标明排列顺序。招标人应当接受评标委员会推荐的中标候选人，不得在评标委员会推荐的中标候选人之外确定中标人。

4.4.3 中标

1. 公示中标候选人

依法必须进行招标的项目，招标人应当自收到评标报告之日起3日内公示中标候选人，公示期不得少于 3 日。

投标人或者其他利害关系人对依法必须进行招标的项目的评标结果有异议的，应当在中标候选人公示期间提出。招标人应当自收到异议之日起 3 日内作出答复；作出答复前，应当暂停招标投标活动。

2. 确定中标人

招标人根据评标委员会提出的书面报告和推荐的中标候选人确定中标人，招标人也可以授权评标委员会确定中标人。中标人的投标应当符合下列条件之一：

1）能够最大限度满足招标文件中规定的各项综合评价标准。

2）能够满足招标文件的实质性要求，并且经评审的投标价格最低，但是投标价格低于成本的除外。

招标人应在接到评标委员会的书面评标报告后 15 日内根据评标委员会的推荐结果确定中标人，或者授权评标委员会直接确定中标人。

招标人应当接受评标委员会推荐的中标候选人，不得在评标委员会推荐的中标候选人之外确定中标人。如果所有投标都被评标委员会否决，招标人应重新招标，在此情况下招标人不得再自行确定中标人。

国有资金控股或者占主导地位的依法必须进行招标的项目，招标人应当确定排名第一的中标候选人为中标人。排名第一的中标候选人放弃中标、因不可抗力提出不能履行合同、不按照招标文件的要求提交履约保证金，或者被查实存在影响中标结果的违法行为等情形，不符合中标条件的，招标人可以按照评标委员会提出的中标候选人名单排序依次确定其他中标候选人为中标人。依次确定其他中标候选人与招标人预期差距较大，或者对招标人明显不利的，招标人可以重新招标。

中标候选人的经营、财务状况发生较大变化或者存在违法行为，招标人认为可能影响其履约能力的，应当在发出中标通知书前由原评标委员会按照招标文件规定的标准和方法审查确认。

3. 中标通知书

中标通知书，是指招标人在确定中标人后向中标人发出的通知其中标的书面凭证。中标通知书由招标人发出。《招标投标法》第四十五条第一款规定："中标人确定后，招标人应当向中标人发出中标通知书，同时通知未中标人。"

《招标投标法》第四十五条第二款规定："中标通知书对招标人和中标人具有法律效力。中标通知书发出后，招标人改变中标结果的，或者中标人放弃中标项目的，应当依法承担法律责任。"但《合同法》第三十二条规定："当事人采取合同书形式订立合同的，自双方当事人签字或者盖章时合同成立。"发出中标通知书是招标人同意某投标人的要约的意思表示，属于承诺。但此承诺非合同成立意义的承诺，并不产生合同成立的法律效力，只产生招标人和中标人之间订立合同的拘束力；若中标人不与招标人订立合同或招标人无正当理由不与中标人签订合同，应承担缔约过失责任。

中标通知书发出的另一个法律后果是招标人和中标人应当在法律规定的时间内订立书面合同。《招标投标法》第四十六条规定："招标人和中标人应当自中标通知书发出之日起三十日内，按照招标文件和中标人的投标文件订立书面合同。招标人与中标人不得再行订立背离合同实质性内容的其他协议。"

招标人不按规定期限确定中标人的，或者中标通知书发出后，改变中标结果的，无正当理由不与中标人签订合同的，或者在签订合同时向中标人提出附加条件或者更改合同实质性内容的，有关行政监督部门应当根据情节轻重给予警告、责令改正、处3万元以下的罚款；造成中标人损失的，并应当赔偿损失。

中标通知书发出后，中标人放弃中标项目的，无正当理由不与招标人签订合同的，在签订合同时向招标人提出附加条件或者更改合同实质性内容的，或者拒不提交所要求的履约保证金的，招标人可取消其中标资格，并没收其投标保证金；给招标人造成的损失超过投标保证金数额的，中标人应当对超过部分予以赔偿；没有提交投标保证金的，应当对招标人的损失承担赔偿责任。

4. 履约保证金

所谓履约保证金，是指招标人在招标文件中规定的要求中标的投标人提交的保证履行合同义务的保证金。履约保证金属于定金，具备立约定金性质，适用双倍返还的定金罚则。

（1）提交的时间

提交时间为招标文件规定的时间。

（2）履约保证金的具体形式

履约担保除可以采用履约保证金这种形式外，还可以采用银行、保险公司或担保公司出具的履约保函。

（3）履约保证金的额度

履约保证金的具体数额为合同专用条件规定的数额，一般为中标合同价的10%以内，招标人不得擅自提高履约保证金的额度。

（4）履约保证金的有效期

应在竣工验收合格之日的合理时间内。

（5）履约保证金的效力

1）招标人要求中标人提交履约保证金的，中标人应当提交；拒绝提交履约保证金的，视为放弃中标项目，招标人可取消其中标资格，并没收其投标保证金；给招标人造成的损失超过投标保证金数额的，还应当对超过部分予以赔偿。

2）中标人不履行与招标人订立的合同，除不可抗力外，履约保证金不予退还；给招标人造成的损失超过履约保证金数额的，中标人还应当对给超过部分予以赔偿。没有提交履约保证金的，应当对给招标人造成的损失承担赔偿责任。（**注意**：情节严重的，取消其二至五年内参加依法必须招标项目的投标资格并予以公告，直至由工商行政管理机关吊销营业执照。）

3）招标人不履行与中标人订立的合同时，除不可抗力外，应当双倍返还中标人的履约保证金；给中标人造成的损失超过履约保证金数额的，还应当对超过部分予以赔偿。

5. 签订合同

招标人和中标人应当在投标有效期内并自中标通知书发出之日起 30 日内，按照招标文件和中标人的投标文件订立书面合同。招标人和中标人不得再行订立背离合同实质性内容的其他协议。合同的标的、价款、质量、履行期限等主要条款应当与招标文件和中标人的投标文件的内容一致。

6. 合同备案

当事人就同一建设工程另行订立的建设工程施工合同与经过备案的中标合同实质性内容不一致的，应当以备案的中标合同作为结算工程价款的根据。

7. 无效中标的情况

1）中标通知书发出后招标人改变中标结果的。

2）招标代理机构违反保密义务或者招标人、投标人串通危害国家利益、社会公共利益或者他人合法权益的。

3）弄虚作假，骗取中标的。

《招标投标法》第五十四条第一款规定："投标人以他人名义投标或者以其他方式弄虚作假，骗取中标的，中标无效，给招标人造成损失的，依法承担赔偿责任。"

4）违法进行实质性内容谈判的。

《招标投标法》第五十五条第二款规定："依法必须进行招标的项目，招标人违反本法规定，与投标人就投标价格、投标方案等实质性内容进行谈判，其行为影响中标结果的，中标无效。"

5）在中标候选人之外确定中标人的，依法必须招标的项目在所有投标被评标委员会否决后确定中标人的。

《招标投标法》第五十七条规定："招标人在评标委员会依法推荐的中标候选人以外确定中标人的，依法必须进行招标的项目在所有投标被评标委员会否决后自行确定中标人的，中标无效。"

4.5　招　标　监　督

4.5.1　招标投标监督机构

《招标投标法》第七条规定："招标投标活动及其当事人应当接受依法实施的监督。有关行政监督部门依法对招标投标活动实施监督，依法查处招标投标活动中的违法行为。对招标投标活动的行政监督及有关部门的具体职权划分，由国务院规定。"

4.5.2　监督的主要内容

1. 招标备案

工程项目的建设应当按照建设管理程序进行。为了保证工程项目的建设符合国家或地方总体发展规划，以及能使招标工作顺利进行，不同标的的招标均须满足相应的条件。

（1）前期准备应满足的要求

1）建设工程已批准立项。

2）向建设行政主管部门履行了报建手续，并获得批准。

3）建设资金能满足建设工程的要求，符合规定的资金到位率。

4）建设用地已依法取得，并领取了建设工程规划许可证。

5）技术资料能满足招标投标的要求。

6）法律、法规、规章规定的其他条件。

（2）对招标人的招标能力要求

《招标投标法》规定，招标人具有编制招标文件和组织评标能力的，可以自行办理招标事宜，向有关行政监督部门进行备案即可。如果招标单位不具备上述要求，则须委托具有相应资质的中介机构代理招标。

（3）招标代理机构的资质条件

招标代理机构是依法成立的组织，与行政机关和其他国家机关没有隶属关系。为了保证圆满地完成代理业务，招标代理机构必须取得建设行政主管部门的资质认定。

委托代理机构招标是招标人的自主行为，任何单位和个人不得强制委托代理或指定招标代理机构。招标人委托的代理机构应尊重招标人的要求，在委托范围内办理招标事宜，并遵守《招标投标法》对招标人的有关规定。

依法必须招标的建筑工程项目，无论是招标人自行组织招标还是委托代理招标，均应当按照法规，在发布招标公告或者发出招标邀请书前，持有关材料到县级以上地方人民政府建设行政主管部门备案。

2. 对招标有关文件的核查备案

招标人有权依据工程项目特点编写与招标有关的各类文件，但内容不得违反法律规范的相关规定。建设行政主管部门的核查主要包括对投标人资格审查文件的核查和对招标文件的核查。

（1）对投标人资格审查文件的核查

1）不得以不合理条件限制或排斥潜在投标人。为了使招标人能在较广泛范围内优选最佳投标人，以及维护投标人进行平等竞争的合法权益，不允许在资格审查文件中以任何方式限制或排斥本地区、本系统以外的法人或组织参与投标。

2）不得对潜在投标人实行歧视待遇。为了维护招标投标的公平、公正原则，不允许在资格审查标准中针对外地区或外系统投标人设立压低分数的条件。

3）不得强制投标人组成联合体投标。以何种方式参与投标竞争是投标人的自主行为，投标人可以选择单独投标，也可以作为联合体成员与其他人共同投标，但不允许既参加联合体又单独投标。

（2）对招标文件的核查

1）招标文件的组成是否包括招标项目的所有实质性要求和条件，以及拟签订合同的主要条款，使投标人明确承包工作范围和责任，并能够合理预见风险，从而编制投标文件。

2）招标项目需要划分标段时，承包工作范围的合同界限是否合理。承包工作范围可以是包括勘察设计、施工、供货的一揽子交钥匙工程承包，也可以按工作性质划分成勘察、设计、施工、物资供应、设备制造、监理等分项工作内容承包。施工招标的独立合同承包工作范围应是整个工程、单位工程或特殊专业工程的施工内容，不允许肢解工程招标。

3）招标文件是否有限制公平竞争的条件。在招标文件中不得要求或标明特定的生产供应者以及含有倾向或排斥潜在投标人。主要核查是否有针对外地区或外系统设立的不公正评标条件。

3. 对投标活动的监督

全部使用国有资金投资、国有资金投资控股或者占主导地位，依法必须进行施工招标的工程项目，应当进入有形建筑市场进行招标投标活动。各地建设行政主管部门认可的建设工程交易中心，既为招标投标活动提供场所，又可以使行政主管部门对招标投标活动进行有效的监督。

4. 查处招标投标活动中的违法行为

《招标投标法》明确提出，国务院规定的有关行政监督部门有权依法对招标投标活动中的违法行为进行查处。视情节和对招标的影响程度，承担责任的形式可以为：判定招标无效，责令改正后重新招标；对单位负责人或其他直接责任者给予行政或纪律处分；没收非法所得，并处以罚金；构成犯罪的，依法追究刑事责任。

4.6　招标投标中的法律责任

4.6.1　招标投标中的缔约过失责任

招标投标中的缔约过失责任是指在招标投标过程中，一方当事人违背诚实信用原则致使对方当事人信赖利益受到损害时，依法应当承担的赔偿责任。承担招标投标缔约过失责任主要是赔偿信赖利益损失，包括招投标文件编制费、购买招标文件费、投标调查考察费、差旅费、投标保证金利息损失、施工准备所支出的费用及丧失机会损失等。

1. 招标人承担缔约过失责任的具体情形

（1）擅自终止招标

招标人在发布招标公告、发出投标邀请书后或者售出招标文件或资格预审文件后擅自终止招标。

（2）招标失败

招标人未履行招标项目审批手续，或者没有落实招标项目资金来源或资金，导致招标失败或招标合同无效，给投标人造成损失的。

（3）违规谈判

依法必须进行招标的项目，招标人违法与投标人就投标价格、投标方案等实质性内容谈判，影响中标结果，中标无效的。

（4）招标人泄密

《招标投标法》第二十二条第一款规定："招标人不得向他人透露已获取招标文件的潜在投标人的名称、数量以及可能影响公平竞争的有关招标投标的其他情况。"依法必须进行招标的项目的招标人向他人透露已获取招标文件的潜在投标人的名称、数量或者可能影响公平竞争的有关招标投标的其他情况的，或者泄露标底，造成中标无效的，应当承担相应的法律责任。

（5）变更或修改招标文件未履行通知义务

招标人对已发出的招标文件进行必要的澄清或者修改的，应当在招标文件要求提交投标文件截止时间至少十五日前，以书面形式通知所有招标文件收受人。该澄清或者修改的内容为招标文件的组成部分。不按照此规定执行，应当承担相应的法律责任。

（6）不按规定确定中标人

招标人不按规定确定中标人包括不按规定期限、在评标委员会依法推荐的中标候选人以外确定中标人、依法必须进行招标的项目在所有投标被评标委员会否决后自行确定中标人等情形。

（7）无正当理由不发出中标通知书

中标人确定后，招标人应当向中标人发出中标通知书，并同时将中标结果通知所有未中标的投标人。

（8）中标通知书发出后无正当理由改变中标结果

中标通知书对招标人和中标人具有法律效力。中标通知书发出后，招标人改变中标结果的，要承担法律责任。

（9）在订立合同时向中标人提出附加条件或更改合同实质内容

在订立合同时向招标人提出附加条件或更改合同质量标准、价格、工期等实质性内容都是违反诚实信用原则的行为，应当承担法律责任。

（10）招标人与投标人串通

招标人与投标人串通损害国家利益、社会公共利益或者他人合法权益，给他人造成损失的，依法承担赔偿责任。

（11）招标人违反附随义务

根据诚实信用原则，在合同订立过程中，当事人负有告知、通知、保护、照顾、协作、注意等义务。违反这些义务，给另一方当事人造成损失的，应当承担缔约过失责任。在建设工程招标中，招标人违反附随义务的行为有招标人隐瞒工程真实情况（如建设条件、技术条件、投资）等需要协作的事项。

2. 投标人承担缔约过失责任的情形

（1）投标人以他人名义投标、弄虚作假行为

以他人名义投标，是指使用、通过受让或者租借等方式获取他人资格、资质证书投标的行为。

（2）投标人串通投标行为

所谓串通投标，是指投标者之间采用不正当手段，对招标投标事项进行串通，以排挤竞争对手或者损害招标者利益的行为。投标人之间串通造成他人损失的，应当承

担赔偿责任。

（3）投标人以行贿的手段牟取中标

投标人以向招标人或者评标委员会成员行贿的手段牟取中标是一种严重违法行为，中标无效，给他人造成损失的还应承担民事赔偿责任。

4.6.2　招标投标中的违约责任

招标投标中的违约责任是指招标人与中标人不履行与对方订立的合同义务所应承担的民事责任，包括中标人不履行与招标人订立的合同义务而要承担的责任和招标人不履行与中标人订立的合同义务所要承担的责任。

《招标投标法》第六十条规定："中标人不履行与招标人订立的合同的，履约保证金不予退还，给招标人造成的损失超过履约保证金数额的，还应当对超过部分予以赔偿；没有提交履约保证金的，应当对招标人的损失承担赔偿责任。"

《工程建设项目施工招标投标办法》第八十五条规定："招标人不履行与中标人订立的合同的，应当返还中标人的履约保证金，并承担相应的赔偿责任；没有提交履约保证金的，应当对中标人的损失承担赔偿责任。"

4.6.3　招标投标中的侵权行为

招投标中的侵权行为是指一方给对方造成损失的，受害方可向加害方提出侵权赔偿。招标投标侵权责任的承担方式是赔偿损失，而且属于财产损害赔偿，不存在精神损害赔偿问题。其损失按照《侵权责任法》第十九条的规定：侵害他人财产的，财产损失按照损失发生时的市场价格或者其他方式计算。

招标投标中常见的侵权行为有以下几种。

（1）招标人违法收取保证金

《招标投标法实施条例》第六十六条规定："招标人超过本条例规定的比例收取投标保证金、履约保证金或者不按照规定退还投标保证金及银行同期存款利息的，由有关行政监督部门责令改正，可以处5万元以下的罚款；给他人造成损失的，依法承担赔偿责任。"

（2）招标人没有及时退费

《工程建设项目施工招标投标办法》第七十二条规定："招标人在发布招标公告、发出投标邀请书或者售出招标文件或资格预审文件后终止招标的，应当及时退还所收取的资格预审文件、招标文件的费用，以及所收取的投标保证金及银行同期存款利息。给潜在投标人或者投标人造成损失的，应当赔偿损失。"

（3）投标人违法投诉

《招标投标法实施条例》第七十七条规定："投标人或者其他利害关系人捏造事实、伪造材料或者以非法手段取得证明材料进行投诉，给他人造成损失的，依法承担赔偿责任。"

（4）招标代理机构泄密

招标代理机构泄露应当保密的与招标投标活动有关的情况与资料，给他人造成损失的，依法承担赔偿责任。

招标代理机构在所代理的招标项目中投标、代理投标或者向该项目投标人提供咨询的，接受委托编制标底的中介机构参加受托编制标底项目的投标或者为该项目的投标人编制投标文件、提供咨询的，依照《招标投标法》第五十条的规定追究法律责任。

（5）串标行为

招标投标活动中，串通招标投标造成中标无效，可承担缔约过失责任，同时串通招标投标是侵权法上的一种共同侵权行为，要承担侵权责任。串通投标包括投标人之间串通投标、招标人与投标人之间串通投标和招标代理机构串通投标，前已论述，此处不再赘述。

4.6.4 招标投标中缔约过失责任、违约责任与侵权责任竞合

招标投标侵权责任与违约责任、侵权责任与缔约过失责任也存在着竞合现象，由受害人选择追究加害人的何种责任。选择追究何种责任，对于受害人来说意义重大。因为侵权责任与缔约过失责任、违约责任在责任的构成、责任形式、责任范围、诉讼时效、诉讼管辖、举证责任等方面均有差异，受害人选择不同的责任形式会产生不同的法律后果。

4.6.5 建设工程招标投标中的行政责任

为了更加清晰地展示建设工程招投标违法行为的种类及处罚的依据，表 4.1 列出了招投标违法行为行政责任。

表 4.1　招投标违法行为行政责任清单

违法行为	法律责任	法律依据
必须进行招标的项目而不招标的，将必须进行招标的项目化整为零或者以其他任何方式规避招标的	责令限期改正，可以处项目合同金额 5‰以上 10‰以下的罚款；对全部或者部分使用国有资金的项目，可以暂停项目执行或者暂停资金拨付；对单位直接负责的主管人员和其他直接责任人员依法给予处分	《招标投标法》第四十九条
招标代理机构泄露应当保密的与招标投标活动有关的情况和资料的，或者与招标人、投标人串通损害国家利益、社会公共利益或者他人合法权益的	处 5 万元以上 25 万元以下的罚款，对单位直接负责的主管人员和其他直接责任人员处单位罚款数额 5% 以上 10% 以下的罚款；有违法所得的，并处没收违法所得；情节严重的，暂停直至取消招标代理资格；构成犯罪的，依法追究刑事责任	《招标投标法》第五十条
招标人以不合理的条件限制或者排斥潜在投标人的，对潜在投标人实行歧视待遇的，强制要求投标人组成联合体共同投标的，或者限制投标人之间竞争的	责令改正，可以处 1 万元以上 5 万元以下的罚款	《招标投标法》第五十一条；《招标投标法实施条例》第六十三条

违法行为	法律责任	法律依据
依法必须进行招标的项目的招标人向他人透露已获取招标文件的潜在投标人的名称、数量或者可能影响公平竞争的有关招标投标的其他情况的，或者泄露标底的	警告，可以并处1万元以上10万元以下的罚款；对单位直接负责的主管人员和其他直接责任人员依法给予处分	《招标投标法》第五十二条
投标人相互串通投标或者与招标人串通投标的，投标人以向招标人或者评标委员会成员行贿的手段谋取中标的	中标无效，处中标项目金额5‰以上10‰以下的罚款，对单位直接负责的主管人员和其他直接责任人员处单位罚款数额5%以上10%以下的罚款；有违法所得的，并处没收违法所得；情节严重的，取消其一年至二年内参加依法必须进行招标的项目的投标资格并予以公告，直至由工商行政管理机关吊销营业执照	《招标投标法》第五十三条；《招标投标法实施条例》第六十七条
投标人以他人名义投标或者以其他方式弄虚作假，骗取中标的	中标无效，给招标人造成损失的，依法承担赔偿责任；构成犯罪的，依法追究刑事责任	《招标投标法》第五十四条第一款；《招标投标法实施条例》第六十八条
依法必须进行招标的项目的投标人有以他人名义投标或者以其他方式弄虚作假，骗取中标的行为尚未构成犯罪的	处中标项目金额5‰以上10‰以下的罚款，对单位直接负责的主管人员和其他直接责任人员处单位罚款数额5%以上10%以下的罚款；有违法所得的，并处没收违法所得；情节严重的，取消其一年至三年内参加依法必须进行招标的项目的投标资格并予以公告，直至由工商行政管理机关吊销营业执照	《招标投标法》第五十四条第二款；《招标投标法实施条例》第六十八条
依法必须进行招标的项目，招标人违反本法规定，与投标人就投标价格、投标方案等实质性内容进行谈判的	警告，对单位直接负责的主管人员和其他直接责任人员依法给予处分	《招标投标法》第五十五条
评标委员会成员收受投标人的财物或者其他好处的，评标委员会成员或者参加评标的有关工作人员向他人透露对投标文件的评审和比较、中标候选人的推荐以及与评标有关的其他情况的	警告，没收收受的财物，可以并处3000元以上5万元以下的罚款，对有所列违法行为的评标委员会成员取消担任评标委员会成员的资格，不得再参加任何依法必须进行招标的项目的评标	《招标投标法》第五十六条；《招标投标法实施条例》第七十二条
招标人在评标委员会依法推荐的中标候选人以外确定中标人的，依法必须进行招标的项目在所有投标被评标委员会否决后自行确定中标人的	中标无效，责令改正，可以处中标项目金额5‰以上10‰以下的罚款；对单位直接负责的主管人员和其他直接责任人员依法给予处分	《招标投标法》第五十七条
中标人将中标项目转让给他人的，将中标项目肢解后分别转让给他人的，违反本法规定将中标项目的部分主体、关键性工作分包给他人的，或者分包人再次分包的	转让、分包无效，处转让、分包项目金额5‰以上10‰以下的罚款；有违法所得的，并处没收违法所得；可以责令停业整顿；情节严重的，由工商行政管理机关吊销营业执照	《招标投标法》第五十八条；《招标投标法实施条例》第七十六条

第四章　建设工程招标投标法

违法行为	法律责任	法律依据
招标人与中标人不按照招标文件和中标人的投标文件订立合同的，或者招标人、中标人订立背离合同实质性内容的协议的	责令改正；可以处中标项目金额5‰以上10‰以下的罚款	《招标投标法》第五十九条；《招标投标法实施条例》第七十五条
中标人不履行与招标人订立的合同的	履约保证金不予退还，给招标人造成的损失超过履约保证金数额的，还应当对超过部分予以赔偿；没有提交履约保证金的，应当对招标人的损失承担赔偿责任	《招标投标法》第六十条第一款；《招标投标法实施条例》第七十四条
中标人不按照与招标人订立的合同履行义务，情节严重的	取消其二至五年内参加依法必须进行招标的项目的投标资格并予以公告，直至由工商行政管理机关吊销营业执照	《招标投标法》第六十条第二款
限制或者排斥本地区、本系统以外的法人或者其他组织参加投标的，为招标人指定招标代理机构的，强制招标人委托招标代理机构办理招标事宜的，或者以其他方式干涉招标投标活动的	责令改正；对单位直接负责的主管人员和其他直接责任人员依法给予警告、记过、记大过的处分，情节较重的，依法给予降级、撤职、开除的处分	《招标投标法》第六十二条
招标人超过本条例规定的比例收取投标保证金、履约保证金或者不按照规定退还投标保证金及银行同期存款利息的	由有关行政监督部门责令改正，可以处5万元以下的罚款；给他人造成损失的，依法承担赔偿责任	《招标投标法实施条例》第六十六条
出让或者出租资格、资质证书供他人投标的	依照法律、行政法规的规定给予行政处罚；构成犯罪的，依法追究刑事责任	《招标投标法实施条例》第六十九条
依法必须进行招标的项目的招标人不按照规定组建评标委员会，或者确定、更换评标委员会成员违反招标投标法和本条例规定的	由有关行政监督部门责令改正，可以处10万元以下的罚款，对单位直接负责的主管人员和其他直接责任人员依法给予处分；违法确定或者更换的评标委员会成员作出的评审结论无效，依法重新进行评审	《招标投标法实施条例》第七十条
投标人或者其他利害关系人捏造事实、伪造材料或以非法手段取得证明材料进行投诉，给他人造成损失的	依法承担赔偿责任	《招标投标法实施条例》第七十七条第一款
招标人不按照规定对异议作出答复，继续进行招标投标活动的	由有关行政监督部门责令改正，拒不改正或者不能改正并影响中标结果的，依照本条例第八十二条的规定处理	《招标投标法实施条例》第七十七条第二款
取得招标执业资格的专业人员违反国家有关规定办理招标业务的	责令改正，给予警告；情节严重的，暂停一定期限内从事招标业务；情节特别严重的，取消招标执业资格	《招标投标法实施条例》第七十八条
项目审批、核准部门不依法审批、核准项目招标范围、招标方式、招标组织形式的	对单位直接负责的主管人员和其他直接责任人员依法给予处分	《招标投标法实施条例》第八十条第一款

违法行为	法律责任	法律依据
有关行政监督部门不依法履行职责，对违反招标投标法和本条例规定的行为不依法查处，或者不按照规定处理投诉、不依法公告对招标投标当事人违法行为的行政处理决定的	对直接负责的主管人员和其他直接责任人员依法给予处分	《招标投标法实施条例》第八十条第二款
国家工作人员利用职务便利，以直接或者间接、明示或者暗示等任何方式非法干涉招标投标活动，要求对依法必须进行招标的项目不招标，或者要求对依法应当公开招标的项目不公开招标的	依法给予记过或者记大过处分；情节严重的，依法给予降级或者撤职处分；情节特别严重的，依法给予开除处分；构成犯罪的，依法追究刑事责任	《招标投标法实施条例》第八十一条第一项
国家工作人员利用职务便利，以直接或者间接、明示或者暗示等任何方式非法干涉招标投标活动，要求评标委员会成员或者招标人以其指定的投标人作为中标候选人或者中标人，或者以其他方式非法干涉评标活动，影响中标结果的	依法给予记过或者记大过处分；情节严重的，依法给予降级或者撤职处分；情节特别严重的，依法给予开除处分；构成犯罪的，依法追究刑事责任	《招标投标法实施条例》第八十一条第二项
国家工作人员利用职务便利，以直接或者间接、明示或者暗示等任何方式非法干涉招标投标活动，以其他方式非法干涉招标投标活动的	依法给予记过或者记大过处分；情节严重的，依法给予降级或者撤职处分；情节特别严重的，依法给予开除处分；构成犯罪的，依法追究刑事责任	《招标投标法实施条例》第八十一条第三项

4.6.6　串通投标罪

《刑法》第二百二十三条规定："投标人相互串通投标报价，损害招标人或者其他投标人利益，情节严重的，处三年以下有期徒刑或者拘役，并处或者单处罚金。"第二百三十一条规定：单位犯串通投标罪的，对单位判处罚金，并对其直接负责的主管人员和其他直接责任人员，依照第二百二十三条的规定处罚，即处以 3 年以下有期徒刑或者拘役，并处或者单处罚金。

根据上述法律规定，串通投标罪，指投标者相互串通投标报价，损害招标人或者其他投标人利益，或者投标者与招标者串通投标，损害国家、集体、公民的合法权益，情节严重的行为。

本罪属情节犯罪，只有情节严重的串通投标报价，损害招标人或者其他投标人利益的行为才能构成本罪；情节不属严重，即使实施了串通投标、损害招标人或者其他投标人利益的行为，也不能以本罪论处。根据 2010 年 5 月 7 日最高人民检察院、公安部《关于公安机关管辖的刑事案件立案追诉标准的规定（二）》第七十六条的规定，投标人相互串通投标报价，或者投标人与招标人串通投标，涉嫌下列情形之一的，属于刑法第二百二十三条的"情节严重"，应予立案追诉：

1）损害招标人、投标人或者国家、集体、公民的合法权益，造成直接经济损失在50万元以上的。

2）违法所得额在10万元以上的。

3）中标项目金额在200万元以上的。

4）采取威胁、欺骗或者贿赂等非法手段的。

5）虽未达到上述数额标准，但2年内因串通投标，受过行政处罚2次以上，又串通投标的。

6）其他情节严重的情形。

主要法规索引：

一、国家法律

1.《中华人民共和国招标投标法》（国家主席第21号令，2000年1月1日起施行）

2.《中华人民共和国采购法》（国家主席第68号令，2003年1月1日起施行）

二、行政法规

1.《工程建设项目招标范围和规模标准规定》（国家计委3号令，2000年5月1日起施行）

2.《中华人民共和国招标投标法实施条例》（国务院第613号令，2012年2月1日起施行）

三、部门规章

1.《房屋建筑和市政基础设施工程施工招标投标管理办法》（建设部第89号令，2001年6月1日起施行）

2.《水利工程建设项目施工招标投标管理规定》（水利部第14号令，2002年1月1日起施行）

3.《工程建设项目勘察设计招标投标办法》（八部委第2号令，2013年3月11日起施行）

4.《招标公告发布暂行办法》（2013年3月11日修订版，国家发展计划委员会4号令，2013年5月1日起施行）

5.《工程建设项目自行招标试行办法》（2013年3月11日修订版，国家发展计划委员会5号令，2013年5月1日起施行）

6.《评标委员会和评标方法暂行规定》（2013年3月11日修订版，七部委第12号令，2013年5月1日起施行）

7.《国家重大建设项目招标投标监督暂行办法》（2013年3月11日修订版，国家发展计划委员会18号令，2013年5月1日起施行）

8.《工程建设项目货物招标投标办法》（2013年3月11日修订版，七部委第27号令，2013年5月1日起施行）

9. 《工程建设项目施工招标投标办法》（2013年3月11日修订版，七部委第30号令，2013年5月1日起施行）

10. 《公路工程建设项目招标投标管理办法》（交通部第24号令，2016年2月1日起施行）

11. 《建筑工程设计招标投标管理办法》（2017年1月24日修订版，住房和城乡建设部令第33号，2017年5月1日起施行）

12. 《电子招标投标办法》（国家发展和改革委员会第20号令，2013年5月1日起施行）

13. 《公共资源交易平台管理暂行办法》（国家发展改革委员会等令第39号，2016年8月1日起施行）

思考与练习

一、单项选择题（每题的备选项中，只有1个最符合题意）

1. 下列建设项目中可以不招标的是（　　）。

A. 个人捐资的教育项目中合同估算价为80万元的监理合同

B. 外商投资的供水项目中合同估算价为1000万元的施工合同

C. 使用财政预算资金的体育项目中合同估算价为80万元的材料采购合同

D. 上市公司投资的商品房项目中合同估算价为500万元的材料采购合同

2. 根据《工程建设项目施工招标投标办法》，对于应当招标的工程建设项目，经批准可以不采用招标发包的情形是（　　）。

A. 拟公开招标的费用与项目价值相比，不值得

B. 当地投标企业较少

C. 施工主要技术采用特定专利或专有技术

D. 军队建设项目

3. 某建设项目递交投标文件的截止时间为2008年3月1日上午9点，某投标人由于交通拥堵于2008年3月1日上午9点5分将投标文件送达，开标当时的正确做法是（　　）。

A. 招标人不予受理，该投标文件作为无效标书处理

B. 经招标办审查批准后，该投标有效，可以进入开标程序

C. 经其他全部投标人过半数同意，该投标可以进入开标程序

D. 由评标委员会按废标处理

4. 某招标人2005年4月1日向中标人发出了中标通知书，根据相关法律规定，招标人和投标人应在（　　）前按照招标文件和中标人的投标文件订立书面合同。

A. 2005年4月15日　　　　　　B. 2005年5月1日

C. 2005年5月15日　　　　　　D. 2005年6月1日

5. 关于招标文件的说法，正确的是（　　）。

A. 招标人可以在招标文件中设定最高投标限价和最低投标限价

B. 潜在招标人对招标文件有异议的，应当在投标截止时间 15 日前提出

C. 招标人应当在招标文件中载明投标有效期，投标有效期从提交投标文件的截止之日算起

D. 招标人对已经发出的招标文件进行必要的澄清的，应当在投标截止时间至少 10 日之前，通知所有获取招标文件的潜在招标人

6. 在某项目的招投标中，甲公司依法提交了投标文件后，由于报价失误准备修改投标文件，以下关于此事的表述正确的是（　　）。

A. 经招标人同意可以修改

B. 在招标文件要求提交投标文件截止时间前，可以自由修改

C. 在招标文件要求提交投标文件截止时间前，可以修改，但不得修改其中的实质性内容

D. 甲公司可以在法定期限内口头通知招标人对投标文件的修改

7. 关于投标保证金的说法，正确的是（　　）。

A. 投标保证金有效期应当与投标有效期一致

B. 投标保证金不得超过招标项目估算价的 10%

C. 实行两阶段招标的，招标人要求投标人提交投标保证金的，应当在第一阶段提出

D. 投标截止后投标人撤销投标文件的，招标人应当退还投标保证金，但无需支付银行同期存款利息

8. 关于建设工程施工承包联合体的说法，正确的是（　　）。

A. 联合体的资质等级按照联合体中资质等级较高的单位确定

B. 联合体属于非法人组织

C. 联合体各方独立承担相应责任

D. 组成联合体的成员可以对同一工程单独投标

9. 某建设工程施工项目招标文件要求中标人提交履约担保，中标人拒绝提交，则应（　　）。

A. 按中标无效处理　　　　　B. 视为放弃投标

C. 按废标处理　　　　　　　D. 视为放弃中标项目

10. 根据《招标投标实施条例》，国有资金占控股或主导地位的依法必须进行招标的项目，关于确定中标人的说法，正确的是（　　）。

A. 评标委员会应当确定投标价格最低的投标人为中标人

B. 评标委员会应当以最接近标底价格的投标人为中标人

C. 招标人应该确定排名第一的中标候选人为中标人

D. 招标人可以从评标委员会推荐的前三名中标候选人中确定中标人

11. 根据《招标投标法实施条例》，国有资金占控股地位的依法必须进行招标的项目，关于如何确定中标人的说法，正确的是（　　）。

A. 招标人可以确定任何一名中标候选人为中标人

B. 招标人可以授权评标委员会直接确定中标人

C. 排名第一的中标候选人放弃中标，必须重新招标

D. 排名第一的中标候选人被查实不符合条件的，应当重新招标

二、多项选择题（每题的备选项中，有2个或2个以上符合题意，至少有1个错项）

1. 下面关于项目招标的说法错误的是（　　　）。

A. 施工单项合同估算价在200万元人民币以上的项目必须招标

B. 个人投资的项目不需要招标

C. 施工主要技术采用特定专利的项目可以招标

D. 涉及公众安全的项目必须招标

E. 符合工程招标范围，重要材料采购单项合同估算价在100万元人民币以上的项目必须招标

2.《招标投标法》规定，投标文件有下列情形，招标人应当拒收的有（　　　）。

A. 逾期送达的

B. 未送达指定地点的

C. 未按规定格式填写的

D. 无单位盖章并无法定代表人或法定代表人授权的代理人签字或盖章的

E. 未按招标文件要求密封的

3. 某港口建设项目向社会公开招标，招标文件中明确规定提交投标文件的截止时间为2006年6月2日上午9点，则下列说法正确的有（　　　）。

A. 开标时间为2006年6月2日上午9点至2006年6月3日上午9点

B. 开标由该市建设行政主管部门主持

C. 邀请所有投标人参加开标会

D. 开标时，由投标人当众检查投标文件的密封情况

E. 招标人对2006年6月2日上午9点15分送达的投标文件不予受理

4. 某建设项目招标，评标委员会由两位招标人代表和三名技术、经济等方面的专家组成，这一组成不符合《招标投标法》的规定，则下列关于评标委员会重新组成的做法中正确的有（　　　）。

A. 减少一名招标人代表，专家不再增加

B. 减少一名招标人代表，再从专家库中抽取一名专家

C. 不减少招标人代表，再从专家库中抽取一名专家

D. 不减少招标人代表，再从专家库中抽取两名专家

E. 不减少招标人代表，再从专家库中抽取三名专家

5. 根据《招标投标法》和相关法律法规，下列评标委员会的做法中正确的有（　　　）。

A. 以所有投标都不符合招标文件的要求为由，否决所有投标

B. 拒绝招标人在评标时提出新的评标要求

C. 按照招标人的要求倾向选定投标人

D. 在评标报告中注明评标委员会成员对评标结果的不同意见

E. 以投标报价超过标底上下浮动范围为由否决投标

6. 在某大型基础设施工程的招标活动中存在下述现象，其中属于投标人与招标人串通投标的行为有（　　）。

A. 招标人组织投标人踏勘项目现场

B. 招标人向其中的某投标人透露标底

C. 招标人在开标前开启了标书，并将投标情况透露给了某投标人

D. 招标人与投标人商定，在招标投标时压低标价，中标后再给投标人一定的额外补偿

E. 招标人在要求某投标人就其投标文件澄清时故意作引导性提问，促使其中标

7. 下列情形之中，视为投标人相互串通投标的有（　　）。

A. 不同投标人的投标文件相互混装

B. 属于同一集团、协会、商会等组织成员的投标人按照该组织要求协同投标

C. 招标人授意投标人撤换、修改投标文件

D. 不同投标人委托同一单位办理投标

E. 单位负责人为同一人或者存在控股、管理关系的不同单位参加同一招标项目不同阶段的投标

8. 甲、乙两个施工单位组成联合体投标，双方约定，如因施工质量问题导致建设单位索赔，各自承担索赔额的50%。施工过程中建设单位确因质量原因索赔12万元，则下列关于此索赔和赔偿责任承担的说法中正确的有（　　）。

A. 如甲无过错，则其有权拒绝先行赔付

B. 建设单位可直接要求甲承担12万元

C. 建设单位可直接要求乙承担12万元

D. 建设单位应当要求质量缺陷的过错方承担主要责任

E. 先行赔付的一方有权就超出50%的部分向另一方追偿

9. 在甲公司作为招标人的办公大楼招标中，乙、丙、丁三家建筑公司决定组成联合体进行投标，以下做法错误的是（　　）。

A. 甲公司要求此三家公司必须组成联合体

B. 乙、丙、丁三家虽组成联合体，但仍是以三个投标人身份共同投标

C. 乙公司不具备承建该工程的资质，但可以与符合资质等级要求的丙、丁组成联合体

D. 乙、丙、丁组成联合体后不得再以自己的名义单独投标

E. 乙、丙、丁就中标项目对甲承担按份责任

三、思考题

1. 哪些工程依法必须招标？哪些工程依法必须公开招标？

2. 工程项目中中标无效的情形有哪些？

3. 如何防范招标投标中的法律风险？

4. 如何认定"黑合同"与"白合同"的实质性内容不一致？

第五章 工程建设前期相关管理

5.1 工程建设项目前期行政审批相关制度

根据国务院《关于印发清理规范投资项目报建审批事项实施方案的通知》（国发 2016 第 29 号文件），65 项报建审批事项中，保留 34 项，整合 24 项为 8 项，报建行政审批事项合计 42 项；另改为部门间征求意见 2 项，涉及安全的强制性评估 5 项，不列入行政审批事项。本节仅对常用审批事项进行介绍。

5.1.1 工程项目立项审查法律制度

《政府核准的投资项目目录》由国务院投资主管部门会同有关部门研究提出，报国务院批准后实施。我国建设工程立项审查由单一的审批制改为审批、核准、备案制。

1. 工程项目立项审批、核准

审批制适用于法律法规和国务院有关部门规定的项目或者使用政府资金的项目。核准制适用于依据《政府核准的投资项目目录》规定，对不使用政府性资金投资建设的重大和限制类固定资产投资项目从维护社会公共利益角度进行审查。企业投资建设实行核准制的项目仅需向政府提交项目申请报告，不再经过批准项目建议书、可行性研究报告和开工报告的程序。政府对企业提交的项目申请报告，主要从维护经济安全、合理开发利用资源、保护生态环境、优化重大布局、保障公共利益、防止出现垄断等方面进行核准。对于外商投资项目，政府还要从市场准入、资本项目管理等方面进行核准。项目申请单位依据项目核准文件依法办理土地使用、资源利用、城市规划、安全生产、设备进口和减免税确认等手续。

项目核准文件有效期 2 年，自发布之日起计算。项目在核准文件有效期内未开工建设的，项目建设单位应在核准文件有效期届满前 30 日向原项目核准机关申请延期，原项目核准机关应在核准文件有效期届满前作出是否准予延期的决定。项目在核准文件有效期内未开工建设也未向原项目核准机关申请延期的，原项目核准文件自动失效。已经核准的项目，如需对项目核准文件所规定的内容进行调整，项目单位应及时以书面形式向原项目核准机关报告。原项目核准机关应根据项目调整的具体情况出具书面确认意见或要求其重新办理核准手续。对应报项目核准机关核准未申报的项目，或者虽然申报但未经核准的项目，国土资源、环境保护、城市规划、质量监督、证券监管、外汇管理、安全生产监管、水资源管理、海关等部门不得办理相关手续，金融机构不得发放贷款。

2. 工程项目备案

对企业投资项目实行备案制是投资体制改革的重要内容，是真正确立企业投资主体地位、落实企业投资决策自主权的关键所在。对于《政府核准的投资项目目录》以外的企业投资项目实行备案制，除国家另有规定外，由企业按照属地原则向地方政府投资主管部门备案。备案制的具体实施办法由省级人民政府自行制定。国务院投资主管部门对备案工作加强指导和监督，防止以备案的名义变相审批。项目的市场前景、经济效益、资金来源和产品技术方案等均由企业自主决策、自担风险，并依法办理环境保护、土地使用、资源利用、安全生产、城市规划等许可手续和减免税确认手续。对于企业使用政府补助、转贷、贴息投资建设的项目，政府只审批资金申请报告。

企业投资项目备案制既不同于传统的审批制，也不同于核准制。与后两项制度相比，备案制的程序更加简便，内容也更简略。省级人民政府应当在备案制办法中对备案内容作出明确规定。除不符合法律法规的规定、产业政策禁止发展、需报政府核准或审批的项目外，应当予以备案；对于不予备案的项目，应当向提交备案的企业说明法规政策依据。对上述原则，各级地方政府投资主管部门在办理备案时要严格执行。环境保护、国土资源、城市规划、建设管理、银行等部门应按照职能分工，对投资主管部门予以备案的项目依法独立进行审查和办理相关手续，对投资主管部门不予备案的项目以及应备案而未备案的项目，不应办理相关手续。

5.1.2　工程建设项目规划许可

1. 简述

城乡规划经法定程序批准生效后即具有了法律效力，城乡规划区内的任何土地利用及各项建设活动都必须符合城乡规划，使生效的城乡规划得以实现。建设单位必须向城乡规划管理部门申领选址意见书、建设用地规划许可证、建设工程规划许可证等文件后方可进行有关建设活动。申请选址意见书仅限于使用国有划拨土地的情况。

2. 选址意见书制度

选址意见书是指建设工程（主要是新建的大、中型工业与民用项目）在立项过程中，由城市规划行政主管部门出具的该建设项目是否符合城市规划要求的意见书。

建设项目选址是城市规划实施的首要环节，也是建设用地和建设工程规划管理的前期工作。建设项目的规划选址、定点过程也是城市规划行政主管部门与计划行政主管部门、土地行政主管部门、其他行政主管部门和城市地方政府相联系、相协调的过程。城市规划划行政主管部门在建设项目规划选址定点中，只有使建设项目既符合规划、遵守法规又满足技术经济要求时，才能核发《建设项目选址意见书》。

3. 建设用地规划（含临时用地）许可证制度

建设用地规划许可是城乡规划行政主管部门依据城乡规划的要求及建设工程功能和利用要求，按照一定的管理程序，对城乡规划区内的建设项目用地进行审查，确定其建设地址，核定其用地范围及土地规划要求，核发建设用地规划许可证的行为。

规划管理部门在建设用地规划许可时主要审核以下内容。

（1）审核土地使用性质

土地使用性质的控制是保证城市规划布局合理的重要手段。

（2）核定土地开发强度

核定土地开发强度是通过核定建筑容积率和建筑密度两个指标来实现的。建筑容积率是控制城市土地使用强度和保证城市土地合理利用的最重要指标。容积率过低，会造成城市土地资源的浪费和经济效益的下降；容积率过高，会带来市政公用基础设施负荷过重、交通负荷过高、环境质量下降等负面影响，从而影响建设项目效能的发挥，城市的综合功能和集聚效应也会受到影响。建筑密度是影响建设项目建成后的城市环境质量的重要指标。核定建筑密度可以保证建设项目能满足绿化、地面停车场地、消防车作业场地、人流集散空间和变电站、煤气调压站等配套设施用地面积的要求。建筑密度指标和建筑物的性质有密切的关系。

（3）确定建设用地位置与范围

建设单位应当预先向城市规划管理部门申请选址定点，只有根据规划要求，明确可以使用哪一块土地、土地的具体位置和范围，才具备申请用地和取得土地使用权的基本条件。

城市规划行政管理部门应当根据建设工程的性质、规模、使用要求和外部关系，综合研究其与周围环境的协调，现状条件的制约，地形和工程、水文地质状况，征用土地的具体条件，以及市政、交通、园林绿化、环境保护、日照通风、防洪、消防、人防、抗震等方面的技术要求，提出建设用地方案，具体确定建设用地的位置和范围，划出规划红线，并提供有关规划设计条件，作为进行总平面设计的重要依据。

（4）核定土地使用其他规划要求

规划管理部门还应当根据城市规划要求核定建设场地规划道路、建筑退界、绿化隔离、建筑高度、建筑间距、保护性建筑等其他规划管理要求。

4. 建设工程规划（含临时建设）许可证制度

建设工程规划许可证是城市规划行政主管部门向建设单位或个人核发的，确认其建设工程符合城市规划要求的证件，也是申请工程开工的必备证件。建设工程规划管理是城市规划管理过程中的重要环节，是落实城市总体规划、详细规划及城市设计的具体行政行为。

建筑工程规划许可的内容主要包括以下方面。

（1）建筑物使用性质的控制

根据建筑工程规划的特点，建筑物的使用性质取决于该建筑用地的使用性质。在用地规划许可阶段，城市规划管理部门对土地使用性质已经做过审核，保证建筑物使用性质符合城市规划对土地使用性质的要求，也就是保证土地利用符合城市规划布局的要求。

（2）建筑容积率和建筑密度的控制

在工程规划许可管理阶段，需要依据规划要求对工程设计方案中的建筑容积率作进一步审核和精确计算。对于单项建筑工程和成片开发的建筑工程、不同性质的建筑物，其容积率一般分开计算、分别核定。

（3）建筑（层数）高度的控制

建筑高度的控制是核定建筑规划设计要求和审核建筑设计方案的一项重要内容。建筑高度应当按照已经批准的详细规划或者城市设计要求控制。在尚未编制详细规划或者城市设计的地区，建筑高度的核定应充分考虑视觉环境、文物保护和建筑保护、航空、微波通信、消防、抗震等制约因素。

（4）建筑间距的控制

建筑间距包括建筑物之间的正面间距和侧面间距，日照、交通空间关系以及工程管线布置和施工安全要求。

（5）建筑范围的控制

建筑间距应满足消防、卫生防疫等要求，建筑范围在核定的用地范围以内，并且建筑物、构筑物与用地范围控制线（包括建筑物、构筑物退让道路红线、用地红线、河道蓝线、铁路线、高压线）应当保留一定的距离。

（6）绿地率的控制

绿地率是指建筑基地内的绿地面积占基地总面积的比例。控制绿地率是为了改善城市绿化环境质量。绿地包括集中绿地和分散在房前屋后、基地内道路两侧及建筑间距内的绿化面积，也包括用于美化环境的小块水面。成片开发的建设基地和面积较大的单项建筑工程应当设置集中绿地。

（7）道路交通的控制

建设基地出入口、停车场地的设备和交通组织应尽量减少对城市道路交通的影响，合理确定建设基地机动车、非机动车出入口方位，保持与交叉口有一定的距离，组织好行人、机动车、非机动车的交通，并按照规定设置停车泊位。

（8）基地标高的控制

建筑物的室外地面标高必须符合地区详细规划要求。没有编制详细规划的地区，可参考该地区的城市排水设施情况和附近道路、建筑物的现状确定标高，不得妨碍相邻地段的排水。

（9）建筑空间环境的控制

城市规划管理部门应当按照城市设计的要求或者与周围城市景观相协调的原则，对建筑物的造型、立面、色彩进行审核，控制好城市景观。成片开发的建筑工程应当审核环境设计。

（10）配套公共设施和无障碍设施的控制

在居住区建设开发项目的规划管理中，要根据批准的详细规划和有关规定，对中小学、幼托及商业服务设施的用地指标进行审核，并考虑居住区内的人口增长和发展要求，留有一定的公建和社区服务设施发展备用地，使其符合城市规划和有关规定，以保证居住小区的公共服务设施满足使用和发展的要求。不允许挤占配套公建用地。

对于办公、商业、文化娱乐等公共建筑的相关部位，应按照规定设置无障碍设施。规划管理部门在审查建筑工程设计方案时应当审核其中的无障碍设计。

（11）综合其他相关专业管理部门的意见

城市建筑工程涉及的相关专业管理部门较多，在建筑工程规划许可管理阶段，城市规划管理部门应当征求消防、环保、卫生防疫、交通、绿化等部门的意见。

5.1.3 非重特大项目环评审批、消防设计审核和节能审核

1. 非重特大项目环评审批

建设项目环境影响评价制度是有关建设项目环境影响评价的范围、内容、编制和

填报环境影响报告书以及审批和备案的程序、违反环境影响评价要求的法律责任等方面规定的总称。

环境影响评价必须从客观实际出发，调查建设项目周围地区的环境质量状况，进行环境监测，并考察建设活动中的各种人为活动，了解其对建设项目所在地的环境可能产生的影响，将各种替代方案进行比较，提出各种减缓措施，从而得以对环境的不利影响进行控制，将其减少到最小程度，并在项目设计中予以落实与反应，作出科学、合理的预测和评价。

（1）环境影响评价制度的内容

建设项目对环境可能造成重大影响的，应当编制环境影响报告书，对建设项目产生的污染和对环境的影响进行全面、详细的评价。建设项目对环境可能造成轻度影响的，应当编制环境影响报告表，对建设项目产生的污染和对环境的影响进行分析或者专项评价。建设项目对环境影响很小，不需要进行环境影响评价的，应当填报环境影响登记表。

（2）环境保护行政部门审批

建设项目的环境影响报告书或报告表应在可行性研究阶段完成。建设项目的环境影响评价文件由建设单位按照国务院的规定报有审批权的环境保护行政主管部门审批；建设项目有行业主管部门的，其环境影响报告书或者环境影响报告表应当经行业主管部门预审后，报有审批权的环境保护行政主管部门审批。

新修改的《环境影响评价法》第二十五条规定，建设项目的环境影响评价文件未依法经审批部门审查或者审查后未予批准的，建设单位不得开工建设。

审批部门应当自收到环境影响报告书之日起 60 日内，收到环境影响报告表之日起 30 日内，分别作出审批决定并书面通知建设单位，国家对环境影响登记表实行备案管理。审核、审批建设项目环境影响报告书、报告表以及备案环境影响登记表，不得收取任何费用。

（3）审批后管理

建设项目的环境影响评价文件经批准后，建设项目的性质、规模、地点、采用的生产工艺或者防治污染、防止生态破坏的措施发生重大变动的，建设单位应当重新报批建设项目的环境影响评价文件。

建设项目的环境影响评价文件自批准之日起超过五年方决定该项目开工建设的，其环境影响评价文件应当报原审批部门重新审核；原审批部门应当自收到建设项目环境影响评价文件之日起 10 日内将审核意见书面通知建设单位。

2. 建设工程消防设计审核

《消防法》规定，国务院公安部门规定的大型人员密集场所和其他特殊建设工程，建设单位应当将消防设计文件报送公安机关消防机构审核。公安机关消防机构依法对审核的结果负责。未经依法审核或者审核不合格的，负责审批该工程施工许可的部门不得给予施工许可，建设单位、施工单位不得施工；其他建设工程取得施工许可后经依法抽查不合格的，应当停止施工。

3. 节能审核

《节约能源法》规定，国家实行固定资产投资项目节能评估和审查制度。不符合强制性节能标准的项目，建设单位不得开工建设；已经建成的，不得投入生产、使用。政府投资项目不符合强制性节能标准的，依法负责项目审批的机关不得批准建设。《民用建筑节能条例》规定，施工图设计文件审查机构应当按照民用建筑节能强制性标准对施工图设计文件进行审查；经审查不符合民用建筑节能强制性标准的，县级以上地方人民政府建设主管部门不得颁发施工许可证。

5.1.4 涉及安全的强制性评估

1. 建设项目安全预评价

安全预评价是根据建设项目可行性研究报告的内容，分析和预测该建设项目可能存在的危险、有害因素的种类和程度，提出合理可行的安全对策及建议。开展安全预评价的目的是落实生产经营单位新建、改建、扩建工程项目安全设施"三同时"工作，主要内容包括危险、有害因素识别、危险度评价和安全对策措施。根据我国《安全生产法》的规定，矿山建设项目和用于生产、储存危险物品的建设项目，应当分别按照国家有关规定进行安全条件论证和安全评价，项目投入生产或使用前，还必须依照有关法律、行政法规的规定对安全设施进行验收。

建设工程中危险化学品生产、储存装置和设施，伴有危险化学品生产装置和设施的建设项目还应按照《危险化学品建设项目安全许可实施办法》的规定进行建设项目安全许可，即建设项目设立（审批、核准、备案）前的安全审查、建设项目安全设施设计的审查和竣工验收。

2. 职业病危害预评价

《职业病防治法》规定，新建、扩建、改建建设项目和技术改造、技术引进项目可能产生职业病危害的，建设单位在可行性论证阶段应当进行职业病危害预评价。医疗机构建设项目可能产生放射性职业病危害的，建设单位应当向卫生行政部门提交放射性职业病危害预评价报告。卫生行政部门应当自收到预评价报告之日起三十日内作出审核决定，并书面通知建设单位。未提交预评价报告或者预评价报告未经卫生行政部门审核同意的，不得开工建设。

职业病危害预评价是指取得省级以上人民政府卫生行政部门资质认证的职业卫生评价机构，依照国家有关职业卫生方面的法律和规范，对新建、改建、扩建和技术改造、技术引进项目可能产生的职业病危害因素进行识别、分析、预测，确定对劳动者健康的危害程度及职业病防护设施，作出客观真实的评价结论。

根据《建设项目职业病危害分类管理办法》第六条的规定，国家对职业病危害建设项目实行分类管理，将可能产生职业病危害的建设项目分为职业病危害轻微、职业病危害一般和职业病危害严重三类。

职业病危害轻微的建设项目，其职业病危害预评价报告、控制效果评价报告应当向卫生行政部门备案；

职业病危害一般的建设项目，其职业病危害预评价、控制效果评价应当进行审核、竣工验收；

职业病危害严重的建设项目，除进行前项规定的卫生审核和竣工验收外，还应当进行设计阶段的职业病防护设施设计的卫生审查。

3. 地震安全性评价

地震安全性评价是指在对具体建设工程场址及其周围地区的地震地质条件、地球物理场环境、地震活动规律、现代地形变及应力场等方面深入研究的基础上，采用先进的地震危险性概率分析方法，按照工程需要采用的风险水平，科学地给出相应的工程规划或设计所需要的一定概率水准下的地震动参数（加速度、设计反应谱、地震动时程等）和相应的资料。

《地震安全性评价管理条例》第十一条规定，下列建设工程必须进行地震安全性评价：

1）国家重大建设工程。

2）受地震破坏后可能引发水灾、火灾、爆炸、剧毒或者强腐蚀性物质大量泄漏或者其他严重次生灾害的建设工程，包括水库大坝、堤防、贮油、贮气和贮存易燃易爆、剧毒或者强腐蚀性物质的设施以及其他可能发生严重次生灾害的建设工程。

3）受地震破坏后可能引发放射性污染的核电站和核设施建设工程。

4）省、自治区、直辖市认为对本行政区域有重大价值或者有重大影响的其他建设工程。

建设单位按照有关规定将评价报告上报政府地震工作主管部门。地震主管部门收到报告之日起 15 日内对评价结果进行审定，确定建设工程的抗震设防要求，并将审批结果书面告知建设单位，通知建设工程所在地的市、县人民政府负责管理地震工作的部门或机构。

4. 地质灾害危险性评估

《地质灾害防治条例》规定，在地质灾害易发区进行工程建设，应当在可行性研究阶段进行地质灾害危险性评估。编制地质灾害易发区内的城市总体规划、村庄和集镇规划时，应当对规划区进行地质灾害危险性评估。《地质灾害防治管理办法》规定，城市建设、有可能导致地质灾害发生的工程项目建设和在地质灾害易发区内进行的工程建设，在申请建设用地之前必须进行地质灾害危险性评估。

对承担地质灾害危险性评估工作的单位实行资质管理制度；评估报告应经具有资质的灾害防治专家审查；对评估成果实行备案制度。

评估成果根据评估级别的不同分别由县级、市级和省级国土资源行政主管部门认定，并按要求抄报部、省、市级国土资源主管部门。不符合条件的，国土资源行政主管部门不予办理建设用地审批手续。地质灾害危险性评估包括下列内容：

1）阐明工程建设区和规划区的地质环境条件基本特征。

2）分析论证工程建设区和规划区各种地质灾害的危险性，进行现状评估、预测评估和综合评估。

3) 提出防治地质灾害的措施与建议，并作出建设场地适宜性评价结论。

5. 重大规划、重大工程项目气候可行性论证

《气候可行性论证管理办法》规定，项目建设单位在组织与气候条件密切相关的下列规划和建设项目时应当进行气候可行性论证：

1) 重大基础设施、公共工程和大型工程建设项目。
2) 重大区域性经济开发、区域农（牧）业结构调整建设项目。
3) 大型太阳能、风能等气候资源开发利用建设项目。
4) 其他依法应当进行气候可行性论证的规划和建设项目。

气象主管机构应当根据城乡规划、重点领域或者区域发展建设规划编制需要，组织开展气候可行性论证。规划编制单位在编制规划时应当充分考虑气候可行性论证结论。

建设项目的气候可行性论证应当由国务院气象主管机构确认的具备相应论证能力的机构（以下简称论证机构）进行。

论证机构进行建设项目的气候可行性论证时应当编制气候可行性论证报告，并保证报告的真实性、科学性。

必须进行气候可行性论证的建设项目，属于审批制和核准制的，由政府投资主管部门在审核项目可行性研究报告和申请报告前征求同级气象主管机构的专业性意见；属于备案制的，按照相关备案管理办法执行。

5.1.5 投资项目报建审批清理规范清单

国务院 2016 年 5 月 26 日印发了《清理规范投资项目报建审批事项实施方案》（以下简称《方案》），投资项目报建审批事项清理规范清单见表 5.1。

表 5.1 投资项目报建审批事项清理规范清单

序号	主管部门	事项名称	设定依据	审批部门	备注
一、保留事项（34项）					
1	住房和城乡建设部	建设用地（含临时用地）规划许可证核发	《中华人民共和国城乡规划法》	城市、县城乡规划主管部门	
2	住房和城乡建设部	乡村建设规划许可证核发	《中华人民共和国城乡规划法》	城市、县城乡规划主管部门	
3	住房和城乡建设部	建筑工程施工许可证核发	《中华人民共和国建筑法》	省、市、县级建设行政主管部门	
4	住房和城乡建设部	超限高层建筑工程抗震设防审批	《国务院对确需保留的行政审批项目设定行政许可的决定》（国务院令第 412 号）	省级建设行政主管部门	
5	住房和城乡建设部	风景名胜区内建设活动审批	《风景名胜区条例》	风景名胜区管理机构	
6	交通运输部	水运工程设计文件审查	《中华人民共和国港口法》《中华人民共和国航道法》《建设工程勘察设计管理条例》《港口建设管理规定》（交通部令 2007 年第 5 号）《航道建设管理规定》（交通部令 2007 年第 3 号）	县级以上交通运输行政主管部门	

序号	主管部门	事项名称	设定依据	审批部门	备注
7	交通运输部	公路建设项目设计审批	《建设工程勘察设计管理条例》《建设工程质量管理条例》《公路建设市场管理办法》（交通部令2004年第14号，2011年11月30日予以修改）	县级以上交通运输行政主管部门	
8	交通运输部	公路建设项目施工许可	《中华人民共和国公路法》《建设工程质量管理条例》《建设工程安全生产管理条例》《国务院关于取消和调整一批行政审批项目等事项的决定》（国发〔2014〕50号）《公路建设市场管理办法》（交通部令2004年第14号，2011年11月30日予以修改）	省、市、县级交通运输行政主管部门	
9	交通运输部	航道通航条件影响评价审核	《中华人民共和国航道法》	交通运输行政主管部门或者航道管理机构	
10	交通运输部	港口岸线使用审批	《中华人民共和国港口法》	交通运输部或者港口行政管理部门	
11	国土资源部	农用地转用审批	《中华人民共和国土地管理法》《中华人民共和国土地管理法实施条例》	国务院、省级人民政府	
12	国土资源部	土地征收审批	《中华人民共和国土地管理法》《中华人民共和国土地管理法实施条例》	国务院、省级人民政府	
13	国土资源部	供地方案审批	《中华人民共和国土地管理法》《中华人民共和国土地管理法实施条例》《中华人民共和国城市房地产管理法》《中华人民共和国物权法》	市、县或上级人民政府	
14	国土资源部	建设项目压覆重要矿床审批	《中华人民共和国矿产资源法》	省级以上地质矿产主管部门	
15	水利部	农业灌排影响意见书	《中华人民共和国水法》《国务院关于取消和下放一批行政审批项目的决定》（国发〔2014〕5号）	地方水行政主管部门和流域管理机构	

序号	主管部门	事项名称	设定依据	审批部门	备注
16	水利部	生产建设项目水土保持方案审批	《中华人民共和国水土保持法》《开发建设项目水土保持方案编报审批管理规定》（水利部令第5号，2005年7月8日予以修改）	水行政主管部门	
17	水利部	水利基建项目初步设计文件审批	《国务院对确需保留的行政审批项目设定行政许可的决定》（国务院令第412号）《水利基本建设投资计划管理暂行办法》（水规计〔2003〕344号）	县级以上水行政主管部门	
18	国家海洋局	海域使用权证书核发	《中华人民共和国海域使用管理法》《国务院关于国土资源部〈报国务院批准的项目用海审批办法〉的批复》（国函〔2003〕44号）	县级以上人民政府	
19	国家海洋局	无居民海岛开发利用审核	《中华人民共和国海岛保护法》	省级以上人民政府	
20	国家海洋局	海洋工程建设项目环境影响报告书核准（非重特大项目）	《中华人民共和国海洋环境保护法》《国务院办公厅关于印发精简审批事项规范中介服务实行企业投资项目网上并联核准制度工作方案的通知》（国办发〔2014〕59号）	海洋行政主管部门	
21	环境保护部	非重特大项目环评审批	《中华人民共和国环境影响评价法》	环境保护行政主管部门	
22	环境保护部	核设施建造许可证核发	《中华人民共和国放射性污染防治法》	环境保护部	
23	中国气象局	新建、扩建、改建建设工程避免危害气象探测环境审批	《中华人民共和国气象法》《气象设施和气象探测环境保护条例》	省级以上气象主管机构	
24	中国气象局	防雷装置设计审核	《气象灾害防御条例》《国务院对确需保留的行政审批项目设定行政许可的决定》（国务院令第412号）	省、市、县级气象主管机构	
25	国家能源局	煤矿项目核准后开工前地方煤炭行业管理部门实施的初步设计审批	《中华人民共和国矿山安全法》	管理矿山企业的主管部门	

序号	主管部门	事项名称	设定依据	审批部门	备注
26	国家能源局	核电厂工程消防初步设计审批	《中华人民共和国消防法》《国务院对确需保留的行政审批项目设定行政许可的决定》(国务院令第412号)	国家能源局	
27	国家发展改革委员会	节能审查意见	《中华人民共和国节约能源法》《公共机构节能条例》	县级以上发展改革部门	
28	公安部	建设工程消防设计审核	《中华人民共和国消防法》《建设工程消防监督管理规定》(公安部令第106号,2012年7月17日予以修改)	直辖市、市、县公安机关消防机构	
29	安全部	涉及国家安全事项的建设项目审批	《中华人民共和国国家安全法》《国务院对确需保留的行政审批项目设定行政许可的决定》(国务院令第412号)	国家安全机关	
30	国家国防科技工业局	军用核设施(含铀尾矿[渣]库选址、建造)安全许可	《中华人民共和国放射性污染防治法》《国务院对确需保留的行政审批项目设定行政许可的决定》(国务院令第412号)《国防科技工业军用核设施安全监督管理规定》(国防科工委令第1号)	国家国防科工局	
31	中国民航局	民航专业工程及含有中央投资的民航建设项目初步设计审批	《民用机场管理条例》《国务院对确需保留的行政审批项目设定行政许可的决定》(国务院令第412号)	中国民航局、民航地区管理局	
32	国家宗教局	宗教活动场所内改建或者新建建筑物审批	《宗教事务条例》	省、市、县级宗教事务部门	
33	移民管理机构	移民安置规划及审核意见	《大中型水利水电工程建设征地补偿和移民安置条例》	省级以上移民管理机构	
34	国家人防办	应建防空地下室的民用建筑项目报建审批	《中华人民共和国人民防空法》《人民防空工程建设管理规定》(〔2003〕国人防办字第18号)	县级以上人民防空主管部门	

序号	主管部门	事项名称	设定依据	审批部门	备注
二、整合事项（24项整合为8项）					
1	住房和城乡建设部	建设工程（含临时建设）规划许可证核发	《中华人民共和国城乡规划法》	城市、县城乡规划主管部门，省级人民政府确定的镇人民政府	1~4项合并为"建设工程规划类许可证核发"
2	住房和城乡建设部	历史文化街区、名镇、名村核心保护范围内拆除历史建筑以外的建筑物、构筑物或者其他设施审批	《历史文化名城名镇名村保护条例》	城市、县城乡规划主管部门会同同级文物主管部门	
3	住房和城乡建设部	历史建筑实施原址保护审批	《历史文化名城名镇名村保护条例》	城市、县城乡规划主管部门会同同级文物主管部门	
4	住房和城乡建设部	历史建筑外部修缮装饰、添加设施以及改变历史建筑的结构或者使用性质审批	《历史文化名城名镇名村保护条例》	城市、县城乡规划主管部门会同同级文物主管部门	
5	住房和城乡建设部	临时占用城市绿地审批	《城市绿化条例》	城市绿化行政主管部门	5、6项合并为"工程建设涉及城市绿地、树木审批"
6	住房和城乡建设部	砍伐城市树木、迁移古树名木审批	《城市绿化条例》	城市绿化行政主管部门	
7	住房和城乡建设部	占用、挖掘城市道路审批	《城市道路管理条例》	城市市政工程行政主管部门和公安交通管理部门、县级以上城市人民政府	7~9项合并为"市政设施建设类审批"
8	住房和城乡建设部	依附于城市道路建设各种管线、杆线等设施审批	《城市道路管理条例》	城市市政工程行政主管部门	

序号	主管部门	事项名称	设定依据	审批部门	备注
9	住房和城乡建设部	城市桥梁上架设各类市政管线审批	《国务院对确需保留的行政审批项目设定行政许可的决定》（国务院令第412号）	城市市政工程设施行政主管部门	7~9项合并为"市政设施建设类审批"
10	住房和城乡建设部	因工程建设确需改装、拆除或者迁移城市公共供水设施审批	《城市供水条例》《城市道路管理条例》	城市规划行政主管部门和城市供水行政主管部门	10、11项合并为"因工程建设需要拆除、改动、迁移供水、排水与污水处理设施审核"
11	住房和城乡建设部	拆除、移动城镇排水与污水处理设施方案审核	《城镇排水与污水处理条例》	县级以上城镇排水与污水处理主管部门	
12	水利部	非防洪建设项目洪水影响评价报告审批	《中华人民共和国防洪法》	水利部、流域管理机构和地方水行政主管部门	12~15项合并为"洪水影响评价审批"
13	水利部	水工程建设规划同意书审核	《中华人民共和国水法》《中华人民共和国防洪法》	流域管理机构和县级以上地方水行政主管部门	
14	水利部	河道管理范围内建设项目工程建设方案审批	《中华人民共和国防洪法》《中华人民共和国河道管理条例》	河道主管机关和地方水行政主管部门	
15	水利部	国家基本水文测站上下游建设影响水文监测工程的审批	《中华人民共和国水文条例》	水行政主管部门	
16	水利部	建设项目水资源论证报告书审批	《取水许可和水资源费征收管理条例》《建设项目水资源论证管理办法》（水利部、国家计委令第15号）	水行政主管部门或流域管理机构	16、17项合并为"取水许可"

序号	主管部门	事项名称	设定依据	审批部门	备注
17	水利部	取水许可	《取水许可和水资源费征收管理条例》	水行政主管部门	16、17项合并为"取水许可"
18	国家文物局	文物保护单位的保护范围内进行其他建设工程或者爆破、钻探、挖掘等作业的许可	《中华人民共和国文物保护法》	文物主管部门	18~21项合并为"建设工程文物保护和考古许可"
19	国家文物局	文物保护单位的建设控制地带内进行建设工程的许可	《中华人民共和国文物保护法》	文物主管部门	
20	国家文物局	进行大型基本建设工程前在工程范围内有可能埋藏文物的地方进行考古调查、勘探的许可	《中华人民共和国文物保护法》《中华人民共和国文物保护法实施条例》	文物主管部门	
21	国家文物局	配合建设工程进行考古发掘的许可	《中华人民共和国文物保护法》	文物主管部门	
22	国家林业局	勘察、开采矿藏和各项建设工程占用或者征收、征用林地审核	《中华人民共和国森林法》《中华人民共和国森林法实施条例》	县级以上林业主管部门	22~24项合并为"建设项目使用林地及在林业部门管理的自然保护区、沙化土地封禁保护区建设审批（核）"

序号	主管部门	事项名称	设定依据	审批部门	备注
23	国家林业局	在林业部门管理的自然保护区建立机构和修筑设施审批	《中华人民共和国自然保护区条例》《森林和野生动物类型自然保护区管理办法》（1985年6月21日国务院批准，1985年7月6日林业部发布）	省级以上林业主管部门	22～24项合并为"建设项目使用林地及在林业部门管理的自然保护区、沙化土地封禁保护区建设审批（核）"
24	国家林业局	在沙化土地封禁保护区范围内修建铁路、公路等建设活动审批	《中华人民共和国防沙治沙法》《国务院关于进一步加强防沙治沙工作的决定》（国发〔2005〕29号）	林业主管部门	

三、改为部门间征求意见（2项）

序号	主管部门	事项名称	设定依据	审批部门	备注
1	军队有关部门	贯彻国防要求	《中华人民共和国国防动员法》		
2	军队有关部门	军事设施保护意见	《中华人民共和国军事设施保护法》《中华人民共和国军事设施保护法实施办法》（国务院、中央军委令第298号）		

四、涉及安全的强制性评估（5项）

序号	主管部门	事项名称	设定依据	审批部门	备注
1	安全生产监督管理总局	职业病危害预评价	《中华人民共和国职业病防治法》		
2	安全监管总局	建设项目安全预评价	《中华人民共和国安全生产法》《建设项目安全设施"三同时"监督管理暂行办法》（安全监管总局令第36号）、《危险化学品建设项目安全监督管理办法》（安全监管总局令第45号）		
3	国土资源部	地质灾害危险性评估	《地质灾害防治条例》		

序号	主管部门	事项名称	设定依据	审批部门	备注
4	中国气象局	重大规划、重点工程项目气候可行性论证	《中华人民共和国气象法》《气象灾害防御条例》		
5	中国地震局	地震安全性评价	《中华人民共和国防震减灾法》		

5.2　建设用地管理制度

根据土地的用途，我国将土地分为农用地、建设用地和未利用土地三类。农用地是指直接用于农业生产的用地，包括耕地、林地、草地、农田水利用地、养殖水面等。建设用地是指建造建筑物、构筑物的土地，包括城乡住宅和公共设施用地、工矿用地、交通水利设施用地、旅游用地、军事设施用地等。未利用土地是指农用地和建设用地以外的土地。

5.2.1　建设用地

1. 建设用地的概念

建设用地是指建造构造物、构筑物的土地，包括城乡住宅和公共设施用地、工矿用地、交通水利设施用地、旅游用地、军事设施用地等。建设用地包括土地利用总体规划中已确定的建设用地和因经济及社会发展的需要，由规划中的非建设用地转成的建设用地。前者可称为规划内建设用地，后者则可称为规划外建设用地。

2. 规划内建设用地

土地利用总体规划内的建设用地可用于工程项目建设。我国土地分属国家和农民集体所有，所以又有国家所有的建设用地和农民集体所有的建设用地。《土地管理法》及《土地管理法实施条例》规定：

1) 农民集体所有的建设用地只可用于村民住宅建设、乡镇企业建设和乡（镇）村公共设施及公益事业建设等与农业有关的乡村建设，不得出让、转让或出租给他人用于非农业建设。非农业建设确需占用农民集体所有的土地时，必须先由国家将所需土地征为国有，再依法交由用地者使用。

2) 对于规划为建设用地，而现在实为农用地的土地，在土地利用总体规划确定的建设用地规模范围内，由原批准土地利用总体规划的机关审批，按土地利用年度计划，分批次将农用地批转为建设用地。在为实施城市规划而占用土地时，必须先由市县人民政府按土地利用年度计划拟订农用地转用方案，补充耕地方案、征收土地方案，分批次上报给有批准权的人民政府，由其土地行政主管部门先行审查，提出意见，再经其批准后方可实施。为实施村庄集镇规划而占用土地的，也需按上述规定报批，但报批方案中没有征收土地方案。在已批准的农用地转为建设用地的范围内，具体建设项目用地可由市、县人民政府批准。

3）具体建设项目需占用国有城市建设用地的，其可行性论证中的用地事项须交土地行政主管部门审查并出具预审报告；其可行性报告报批时，必须附具该预审报告。在项目批准后，建设单位需持有关批准文件向市、县人民政府土地行政主管部门提出用地申请，由该土地行政主管部门审查通过后再拟订供地方案，报市、县人民政府批准，然后由市、县人民政府向建设单位颁发建设用地批准书。

3. 规划外建设用地

土地利用总体规划中，除建设用地外，土地还分为农用地和未利用土地。将国有未利用土地转为建设用地，按各省、自治区、直辖市的相关规定办理，国家重点建设项目、军事设施和跨省、自治区、直辖市的建设项目以及国务院规定的其他建设项目用地需报国务院批准。但将农用地转为建设用地，对于耕地稀缺的我国来说会严重影响国民经济的发展和社会的稳定，也与我国切实保护耕地的基本国策不符，因此《土地管理法》对此作了严格的限制，也规定了严格的审批程序：

1）省、自治区、直辖市人民政府批准的道路、管线工程和大型基础设施建设项目、国务院批准的建设项目的用地，涉及农用地转为建设用地的，须经国务院批准。

2）其他建设项目的用地，涉及农用地转为建设用地的，由省、自治区、直辖市人民政府批准。

5.2.2 国有建设用地的取得

国有建设用地包括属国家所有的建设用地和国家征收的原属于农民集体所有的土地。经批准的建设项目需要使用国有建设用地的，建设单位应持法律、行政法规规定的有关文件，向有批准权的县级以上人民政府土地行政主管部门提出建设用地申请，经土地行政主管部门审查，报本级人民政府批准，国有建设用地可通过有偿使用和划拨两种方式交由建设单位使用。

1. 土地使用权划拨

（1）土地使用权划拨的概念

《城市房地产管理法》规定，土地使用权划拨，是指县级以上人民政府依法批准，在土地使用者交纳补偿、安置等费用后将该幅土地交付其使用，或者将国有土地使用权无偿交付给土地使用者使用的行为。以划拨方式取得土地使用权的，除法律、行政法规另有规定外，没有使用期限的限制。

土地使用权的划拨有两种形式：一是在土地使用者缴纳补偿、安置等费用后，将该幅土地交付其使用，这主要是国家划拨的土地，是征用城市规划区内集体所有的土地或是收回其他单位具有使用权的土地，将发生补偿、安置问题，其费用应由经划拨而取得土地使用权的单位支付；二是将国有土地使用权无偿交付给土地使用者使用。也就是说，土地使用者完全无偿地取得国有土地使用权，征地、拆迁中所需要的补偿和安置等费用全部由国家承担。

第五章 工程建设前期
相关管理

（2）土地使用权划拨的范围

《城市房地产管理法》规定，下列建设用地的土地使用权，确属必要的，可以由县级以上人民政府依法批准划拨：

1）国家机关用地和军事用地。

2）城市基础设施用地和公益事业用地。

3）国家重点扶持的能源、交通、水利等项目用地。

4）法律、行政法规规定的其他用地。

（3）划拨土地使用权的特征

划拨土地使用权具有行政性、无偿性和无期性，因此应当严格限于公益目的和国家重点工程，并不得随意转让、出租或者抵押。《城镇国有土地使用权出让和转让暂行条例》第四十四条对此有明确规定。也就是说，划拨土地使用权被排除在交易之外。

2. 土地使用权出让

（1）土地使用权出让的概念

土地使用权出让，是指国家将国有土地使用权（以下简称土地使用权）在一定年限内出让给土地使用者，由土地使用者向国家支付土地使用权出让金的行为。土地使用权出让具有以下几个特征：

1）土地使用权出让是国家的行为。

土地使用权出让是一种国家垄断行为。因为国家是国有土地的所有者，只有国家能以土地所有者的身份出让土地。城市规划区内集体所有的土地，经依法征用转为国有土地后，方可出让该幅土地的使用权，这是为维护国家对土地管理的权威性，有效地控制出让土地的范围和数量。

2）土地使用权出让是有期限的。

我国是实行土地公有制的社会主义国家，这就决定了土地使用权只能在一定年限内出让给土地使用者。土地使用权出让的最高年限是由国家法律按照土地的不同用途规定的，它是指一次出让签约的最高年限。土地使用权出让年限届满时，土地使用者可以申请延期。

3）土地使用权出让是有偿的。

土地使用者取得一定年限内的国有土地使用权，须向国家支付土地使用权出让金。土地使用权出让金是土地使用权有偿出让的货币表现形成，其本质是国家凭借土地所有权取得的土地经济效益。土地使用权出让金主要包括一定年限内的地租，还包括土地使用权出让前国家对土地的开发成本以及有关的征地拆迁补偿安置等费用。

4）土地使用者享有权利的范围不含地下之物。

土地使用者对地下的资源、埋藏物和市政公用设施等，不因其享有土地的使用权而对其享有权利。

（2）土地使用权出让的法律限制

我国对土地使用权出让采取国家垄断经营的方式，即由国家垄断土地的一级市场，其目的在于加强政府对土地使用权出让的管理，保证土地使用权出让有计划、有步骤地进行。

1）土地使用权出让的批准权限。

《土地管理法》规定，土地使用权出让的批准权限为：凡征用基本农田或基本农田以外的耕地 35 公顷以上的，或其他土地 70 公顷以上的，由国务院批准。除此之外的由省、自治区、直辖市人民政府批准，并报国务院备案。

政府对出让土地使用权的批准，不仅仅是对土地使用权出让面积的批准，实际上是对整个出让方案的批准。因为在审批过程中，政府必须对出让方案所涉及的出让地块的用途、年限和其他条件等一并审查。所以，出让方案应当由市、县人民政府土地管理部门会同城市规划、建设、房产管理部门共同拟定。

2）土地使用权出让的宏观调控。

《城市房地产管理法》规定，县级以上地方人民政府出让土地使用权用于房地产开发的，须根据省级以上人民政府下达的控制指标拟定年度出让土地使用权总面积方案，按照国务院规定，报国务院或者省级人民政府批准。这是国家对土地使用权出让实行总量控制和宏观调控的重要法律规定。根据这一规定，各级政府必须将出让土地的总面积严格控制在下达的指标之内。

（3）土地使用权出让的方式

《城市房地产管理法》规定，我国的国有土地使用权出让有拍卖、招标、协议三种基本方式。在国土资源部 2002 年 7 月 1 日施行的《招标拍卖挂牌出让国有土地使用权规定》中又提出了一种新的公开出让方式，即挂牌出让方式。

1）拍卖出让。

拍卖出让，是指土地管理部门在指定的时间、地点，利用公开场合，就所出让土地使用权的地块公开叫价竞投，按"价高者得"的原则确定土地使用权受让者的一种方式。

拍卖出让方式充分引进了竞争机制，排除了任何主观因素，有利于公平竞争，可以使国家最大限度地获得土地收益，增加财政收入。这种方式主要适用于投资环境好、赢利大、竞争性很强的房地产业、金融业、旅游业、商业和娱乐用地。

2）招标出让。

招标出让，是指在规定的期限以内，由符合规定条件的单位和个人，以书面投标形式竞投某一块土地的使用权，由招标方择优确定土地使用者的出让方式。招标出让分为公开招标和邀请招标两种形式。公开招标是通过广播、电视、报刊等新闻媒介发布招标广告，有意获取土地使用权的受让方均可申请投标。这种招标方式也称为无限制竞争性招标。邀请招标则由招标方选择符合条件的单位和个人，并向其发出招标通知书和招标文件，邀请其参加投标。这种招标方式也称为限制竞争性招标。

3）挂牌出让。

挂牌出让国有土地使用权，是指出让人发布挂牌公告，按公告规定的期限将拟出让宗地的交易条件在指定的土地交易场所挂牌公布，接受竞买人的报价申请并更新挂牌价格，根据挂牌期限截止时的出价结果确定土地使用者的行为。

4）协议出让。

协议出让，是指土地所有者即出让方与土地使用者即有意受让方在没有第三者参与竞争的情况下，通过谈判、协商，达成出让土地使用权一致意见的一种方式。以协议方式出让土地使用权是双方协商的结果，没有引入竞争机制，人为因素较多，主观随意性较大，容易产生土地出让中的不正之风，导致国有土地收益流失。但是目前特别是在我国社会主义市场经济发展的初期，协议出让方式还是一种重要的出让方式，它主要用于工业仓储、市政公益事业项目、非营利项目及政府为调整经济结构、实施产业政策而需要给予优惠、扶持的建设项目等。

（4）土地使用权出让的最高年限

土地使用权出让的最高年限，是指法律规定的土地使用者可以使用国有土地的最高年限。国务院颁布的《中华人民共和国城镇国有土地使用权出让和转让暂行条例》规定，土地使用权出让最高年限按用途分别为：①居住用地70年；②工业用地50年；③教育、科技、文化、卫生、体育50年；④商业、旅游、娱乐用地40年；⑤综合或其他用地50年。

将土地使用权出让最高年限按不同用途分别定为50年、70年等，主要是考虑土地收益，其次是考虑地上房屋的折旧期一般都在50年左右，即土地使用期届满时房屋残值已所剩无几。

（5）土地使用权出让合同

1）土地使用权出让合同的概念。

《城市房地产管理法》第十四条规定："土地使用权出让，应当签订书面出让合同"。"土地使用权出让合同由市、县人民政府土地管理部门与土地使用者签订"。因为只有签订合同，出让行为才能成立，出让双方的权利义务才能明确，才能受法律保护。土地使用权出让合同，是指市、县人民政府土地管理部门与土地使用者之间就出让城市国有土地使用权所达成的、明确相互之间权利义务关系的协议。

土地使用权出让合同可分为三种类型：

一是宗地出让合同，是指市、县人民政府土地管理部门根据有关规定，出让某一宗地的国有土地使用权，与土地使用者签订的合同。

二是成片开发土地出让合同，是指市、县人民政府土地管理部门根据有关规定，将国有土地使用权出让给外商，与外商签订的投资从事开发经营成片土地的合同。

三是划拨土地使用权补办出让合同，是指将已经由国家通过行政划拨方式分配给土地使用者使用的土地纳入有偿、有限期、可流通轨道，市、县人民政府土地管理部门根据有关规定，与土地使用者补签的土地使用权出让合同。

2）土地使用权出让合同的变更和解除。

一般地说，土地使用权出让合同一经订立就具有法律约束力，任何部门、单位和个人不得擅自变更和解除。由于土地出让合同的期限很长，一般都为几十年，在合同履行过程中，因为种种原因，或者需要修正部分条款的内容，或者原订的出让合同继续履行已不必要或不可能，法律允许当事人在特定情况下可以依法变更和解除出让合同。

在土地使用权出让合同变更中，比较多见的是土地使用者提出改变土地用途。为此，《城市房地产管理法》规定了变更土地用途的批准程序和处理方法。

在土地使用权出让合同解除中，比较多见的是当事人双方违约，或土地使用者不按法律规定开发、利用、经营土地而导致土地管理部门将土地使用权收回。

5.2.3 土地使用权终止、续期和收回

1. 土地使用权的终止

所谓土地使用权终止，根据《城市房地产管理法》和《城镇国有土地使用权出让和转让暂行条例》规定，是指因土地的灭失而导致使用者不再享有土地使用权，土地使用权出让年限届满即土地使用权出让合同期满而由国家收回土地使用权，或者土地使用权出让期满前国家因社会公共利益的需要而提前收回土地使用权的情形。

需要说明的是，提前终止土地使用权，地上建筑物和其他附着物亦一并收归国有，除土地使用权出让合同规定必须拆除的技术设备等外，土地使用者不得损坏一切地上建筑物及其他附着物。但是国家必须根据土地使用者使用土地的实际年限和开发土地的实际情况以及地上建筑物和其他附着物的现存价值等情况，给土地使用者以公平补偿，从而保护土地使用者的合法权益。

2. 土地使用权的延期

土地使用权出让合同约定的使用年限届满时，如果土地使用者需要继续使用该土地，就必须申请续期，经批准后，重新签订土地使用权出让合同，支付土地使用权出让金，并办理登记，方能继续享有土地使用权。《城市房地产管理法》规定，土地使用者"应当提前一年申请延期"。土地使用权出让合同约定的使用年限届满后，如土地使用者未申请延期或虽申请续期但未获批准的，土地使用权由国家无偿收回。

《城市房地产管理法》还规定，土地使用者申请续期并重新办理出让手续，补交出让金的，地上建筑物、其他附着物的产权仍归土地使用者所有；土地使用权出让合同约定的使用年限届满，土地使用者未申请续期或者虽申请续期但按国家有关规定未获批准的，土地使用权由国家无偿收回。

3. 国家建设用地使用权的收回

（1）收回土地使用权的法定条件

1）为公共利益需要使用土地的，包括城市基础设施、公益事业建设、国家重点扶持的能源、交通、水利、矿山、军事设施等建设需要使用土地的，不管是划拨土地还是出让未到期的土地，经过政府批准都可以行使国有土地收回权。

2）为实施城市规划进行旧城区改建，需要调整使用的。城市国有土地使用权是城市旧城改造中的难题。实际上旧城改造中不是将土地使用权收回，而是要对土地使用权进行重新调整。当然，由于旧城改造后公共设施的面积增加，相对原土地使用者，使用土地的数量就要减少，甚至有一些还需外迁，这需要在制订改建方案时予以明确。

3）土地出让等有偿使用合同约定的使用期限届满，土地使用者未申请续期或者申请续期未获批准的。这在《城市房地产管理法》中作了规定，并且规定，"土地使用权出让合同约定的使用年限届满，土地使用者需要继续使用土地的，应当至迟于届满前一年申请续期，除根据社会公共利益需要收回该幅土地的，应当予以批准。"关于这类

土地使用权收回的，国家将不予补偿。

4）因单位撤销、迁移等原因停止使用原划拨的国有土地的。因法律规定，国有划拨土地不得出租、转让等，只能供批准的用地单位按批准的用途使用，如果单位撤销，或迁移不再使用的，则交回国家。因划拨土地不是有偿使用的，土地也不予补偿。如果单位需要将土地和地上建筑物转让，应当补办出让手续，对土地按有偿使用的办法处理。

5）公路、铁路、机场、矿场等经核准报废的。这与上一种情况的不同之处在于单位还存在，但公路、铁路、机场、矿场等报废不再需要这部分土地的，国家应当将这部分土地收回。按规定这部分土地是采用划拨方式提供的，也将不给予补偿。如果这部分土地是有偿使用的，按第一或第三种情况的办法处理。

（2）收回土地使用权的程序

土地使用权是一种很重要的民事权利，收回这种权利会给使用权人在经济上造成很大损失，因此必须十分慎重，严格按法律规定的程序办理。

1）收回土地使用权，必须经依法批准。收回土地使用权必须经原批准用地或有批准权的人民政府批准，所谓有批准权的人民政府，是指现行法律规定有权批准占用该收回土地的人民政府。

2）造成损失应当赔偿。因为公共利益和为实施城市规划进行旧城区改建而收回国有土地使用权的，因乡（镇）村公共设施和公益事业建设需要收回集体土地使用权的，若使用者无过错，由此造成的损失，国家或集体土地所有者应当给予适当补偿。

5.2.4　临时用地

临时用地是指工程建设施工和地质勘查需要临时使用国有或农民集体所有的农用地、空闲地或未利用地，施工或勘查完毕后不再需要使用的土地。临时用地严格地说既不属于建设用地，也不属于农用地，而是一种临时改变用途的行为，不改变原有土地的使用性质，即原属农用地的仍为农用地，原是建设用地的仍为建设用地，原来是国有土地的仍属于国有土地，原来是集体土地的仍属集体所有。因此，临时使用土地的行为结束后必须恢复原状。

临时用地应符合下列条件：

1）必须经过县级以上土地行政主管部门批准，并与土地所有者（国有土地由土地行政主管部门代表）签订临时使用土地合同。其内容包括使用的范围、用途、补偿标准及补偿方式、使用期限、对土地恢复措施等。

2）必须给土地所有者或原土地使用者补偿。因临时用地将会使土地权利人不能继续使用而造成经济上的损失，应予以补偿。

3）不得建永久性建筑物。因为临时用地不改变原有土地的地类，即如果原来是农用地，一旦建成永久性建筑，就改变了用地的性质，很难恢复，因此规定不得建永久性建筑物，只可以建一些临时建筑。

4）使用期限一般为 2 年。因临时用地的时间因工程建设和勘测的需要不同而不同，有的只需几个月或更短的时间，有的需要长达 3~5 年，甚至 10 年，所以规定使用期限一般为2年。需要更短时间的可以根据需要在合同中约定。需要时间超过2年的，可以经批准机关批准，或2年后重新办理临时用地手续。

另外，抢险救灾等紧急状态下使用的土地有些也是临时性的，但不能按照临时用地的一般要求办理审批手续和签订补偿合同，灾后应立即恢复原状并交还原土地使用者使用。属于灾后继续使用的永久性建设用地的建设单位应当在灾情结束后6个月内申请补办建设用地审批手续。

5.3   施工许可制度

5.3.1   施工许可证的概念

建筑工程施工许可，是建筑工程开工前建设单位向建设行政主管部门申请的可以施工的证明。

建筑工程施工许可证制度是行政许可制度的一种。行政许可制度涉及两方面主体，一方是行政机关，另一方是申请人。就建筑工程许可证制度而言，这两方面主体分别是建设行政主管部门或有关专业部门和建设单位。

设立和实施建筑工程施工许可证制度的目的，是通过对建筑工程施工所应具备的基本条件的审查，避免不具备条件的建筑工程盲目开工，而给相关当事人造成损失和社会财富的浪费，保证建筑工程开工后顺利建设。

5.3.2   施工许可证申领的时间与范围

1. 施工许可证的申领时间

根据《建筑法》第七条规定，施工许可证应在建筑工程开工前申请领取。由此可以看出，建筑工程施工许可证应当在施工准备工作基本就绪后、组织施工之前申请领取。

2. 施工许可证的申请范围

根据《建筑法》第七条规定，国务院建设行政主管部门确定的限额以下的小型工程，除以国务院规定的权限和程序批准开工报告的建筑工程外，均应领取施工许可证；未领取施工许可证的工程，不得开工。

从以上规定可以看出，并不是所有的建筑工程都必须申领施工许可证，而只是投资额较大、结构复杂的工程才领取施工许可证；工程投资额在30万元以下或者建筑面积在300平方米以下的建筑工程，可以不申请办理施工许可证。省、自治区、直辖市人民政府建设行政主管部门可以根据当地的实际情况对限额进行调整，并报国务院建设行政主管部门备案。另外，已按国家有关规定领取了开工报告的不需要领取施工许可证。

5.3.3   申请领取施工许可证的条件

依照《建筑法》第八条及其他有关规定，申请领取施工许可证应当具备下列条件。

1. 已经办理该建筑工程用地批准手续

根据《城市房地产管理法》《土地管理法》的规定，建设单位在国有土地上建设的，可以通过出让或行政划拨的方式取得土地使用权；建设单位在集体所有土地上建设的，应当遵守《土地管理法》的相关规定。

2. 在城市规划区的建筑工程应取得规划许可证

根据《城市规划法》的规定，规划许可证包括建设用地规划许可证和建设工程规划许可证。

3. 需要拆迁的，其拆迁进度符合施工要求

这里的拆迁一般是指房屋拆迁。房屋拆迁是拆迁人根据《城市房屋拆迁管理条例》的有关规定，拆除或迁移建设用地范围内的房屋及其附属物，并由拆迁人对原房屋及其附属物的所有人或使用人进行补偿和安置，取得建设用地使用权的行为。

4. 已经确定建筑施工企业

建筑工程的施工必须由具备相应资质的建筑施工企业承担。在建筑工程开工前建设单位必须确定承包该建筑工程的建筑施工企业。建设单位确定施工企业可以通过招标发包或者直接发包两种方式。依法必须招标的工程必须按照《招标投标法》的有关规定确定施工企业。

5. 有满足施工需要的施工图纸及技术资料

施工图纸是实现建筑工程的最根本的技术文件，是施工的依据；技术资料是建筑工程施工的重要前提条件。施工图纸经过相关部门审查后才可作为施工的依据；施工图未进行审查批准的，该图纸不能作为施工的依据。

6. 有保证工程质量和安全的具体措施

保证工程质量和安全的具体措施是施工组织设计的一项重要内容。

7. 建设资金已经落实

建设资金落实是建筑工程顺利实施的关键。建设工期不足一年的，到位资金原则上不得少于工程合同价的50%；建设工期超过一年的，到位资金原则上不得少于工程合同价的30%。建设单位应当提供银行出具的到位资金证明，有条件的可以实行银行付款保函或者其他第三方担保。

8. 法律、行政法规规定的其他条件

《建筑工程施工许可证管理规定》进一步规定，建设单位申请领取施工许可证应当具备下列条件，并提交相应的证明文件：

1）依法应当办理用地批准手续的，已经办理该建筑工程用地批准手续。

2）在城市、镇规划区的建筑工程已经取得建设工程规划许可证。

3）施工场地已经基本具备施工条件，需要征收房屋的，其进度符合施工要求。

4）已经确定施工企业。按照规定应当招标的工程没有招标，应当公开招标的工程没有公开招标，或者肢解发包工程，以及将工程发包给不具备相应资质条件的企业的，

所确定的施工企业无效。

5) 有满足施工需要的技术资料，施工图设计文件已按规定审查合格。

6) 有保证工程质量和安全的具体措施。施工企业编制的施工组织设计中有根据建筑工程特点制定的相应质量、安全技术措施。建立工程质量安全责任制并落实到人。专业性较强的工程项目编制了专项质量、安全施工组织设计，并按照规定办理了工程质量、安全监督手续。

7) 按照规定应当委托监理的工程已委托监理。

8) 建设资金已经落实。建设工期不足一年的，到位资金原则上不得少于工程合同价的50%；建设工期超过一年的，到位资金原则上不得少于工程合同价的30%。建设单位应当提供本单位截至申请之日无拖欠工程款情形的承诺书或者能够表明其无拖欠工程款情形的其他材料，以及银行出具的到位资金证明，有条件的可以实行银行付款保函或者其他第三方担保。

9) 法律、行政法规规定的其他条件。

县级以上地方人民政府住房城乡建设主管部门不得违反法律法规规定增设办理施工许可证的其他条件。

5.3.4 施工许可证的时间效力

施工许可证的时间效力，是指施工许可证在一定的时间范围内有效，超过该期限即丧失效力。

1) 建设单位应当自领取施工许可证之日起三个月内施工。

2) 建设单位因客观原因可以延期，但不得无故拖延开工。

3) 延期最多为两次，每次期限均为三个月。

延期必须有原因，也应当是合理的，如因不可抗力而允许延期就是合理的原因。建设单位延期申请是否能够获得批准，由建设行政主管部门审查认定后根据情况作出决定。延期最多是两次，每次为三个月，延期最长为六个月，再加上领取施工许可证之日起三个月内开工时间，建设单位开工最长期限为九个月。超过九个月的，该证即自行废止。

4) 施工许可证自行废止的两种情况：

① 三个月内不开工，又不向发证机关申请延期。

② 超过延期期限。

施工许可证废止后，建设单位须按规定重新领取施工许可证方可开工。

5.3.5 中止施工和恢复施工

1. 中止施工

在建的建筑工程因故中止施工的，建设单位应当自中止施工之日起一个月内向发证机关报告，报告内容包括中止施工的时间、原因、在施部位、维修管理措施等，并按照规定做好建筑工程的维护管理工作。

2. 恢复施工

恢复施工是指建筑工程中止施工后，造成中断施工的情况消除而继续施工的一种行为。恢复施工时，中止施工不满一年的，建设单位应当向该建筑工程颁发施工许可证的建设行政主管部门报告恢复施工的有关情况；中止施工满一年的，建筑工程恢复施工前，建设单位应当报发证机关检验施工许可证。建设行政主管部门对中止施工满一年的建筑工程应进行审查。符合条件的，应允许恢复施工，施工许可证继续有效；不符合条件的，不允许施工，施工许可证收回，待具备条件后建设单位重新申领施工许可证。

5.3.6 开工报告

《国务院办公厅关于加强和规范新开工项目管理的通知》国办发〔2007〕64号规定，实行审批制的政府投资项目，项目单位应首先向发展改革等项目审批部门报送项目建议书，依据项目建议书批复文件分别向城乡规划、国土资源和环境保护部门申请办理规划选址、用地预审和环境影响评价审批手续。完成相关手续后，项目单位根据项目论证情况向发展改革等项目审批部门报送可行性研究报告，并附规划选址、用地预审和环评审批文件。项目单位依据可行性研究报告批复文件向城乡规划部门申请办理规划许可手续，向国土资源部门申请办理正式用地手续。

实行核准制的企业投资项目，项目单位分别向城乡规划、国土资源和环境保护部门申请办理规划选址、用地预审和环评审批手续。完成相关手续后，项目单位向发展改革等项目核准部门报送项目申请报告，并附规划选址、用地预审和环评审批文件。项目单位依据项目核准文件向城乡规划部门申请办理规划许可手续，向国土资源部门申请办理正式用地手续。

实行备案制的企业投资项目，项目单位必须首先向发展改革等备案管理部门办理备案手续，备案后分别向城乡规划、国土资源和环境保护部门申请办理规划选址、用地和环评审批手续。

主要法规索引：

1. 《城乡规划法》（2008年1月1日起施行）
2. 《土地管理法》（2004年修订）
3. 《土地管理法实施条例》（2014年修订）
4. 《建筑工程施工许可管理办法》（2014年10月25日起施行）

思考与练习

一、单项选择题（每题的备选项中，只有1个最符合题意）

1. 关于建筑工程施工许可证管理的说法，错误的是（　　）。

A. 申请施工许可证是取得用地规划许可证的前置条件

B. 保证工程质量和安全的施工措施在申请施工许可证前编制完成

C. 只有法律和行政法规才有权设定施工许可证的申领条件

D. 消防设计审核不合格的，不予颁发施工许可证

2. 某建设单位于2014年2月1日领取施工许可证，由于某种原因工程未能按期开工，该建设单位按照《建筑法》规定向发证机关申请延期，该工程最迟应当在（　　）开工。

A. 2014年3月1日　　　　　　　　B. 2014年5月1日

C. 2014年8月1日　　　　　　　　D. 2014年11月1日

二、多项选择题（每题的备选项中，有2个或2个以上符合题意，至少有1个错项）

1. 根据《建筑工程施工许可管理办法》，不需要办理施工许可证的建筑工程有（　　）。

A. 建筑面积200平方米的房屋　　　B. 城市大型立交桥

C. 抢险救灾工程　　　　　　　　D. 实行开工报告审批制度的建筑工程

E. 城市居住小区

2. 甲建设单位改建办公大楼，该工程由乙施工单位承建，根据《建筑法》关于施工许可证的有关规定，下列说法正确的有（　　）。

A. 拆迁工作必须全部完成

B. 应由甲向建设行政主管部门申请领取施工许可证

C. 应由乙向建设行政主管部门申请领取施工许可证

D. 领取施工许可证前，建设资金必须全部到位

E. 领取施工许可证前，该工程应有满足施工需要的施工图纸

3. 关于申请领取施工许可证的说法，正确的有（　　）。

A. 应当委托监理的工程已委托监理后才能申请领取施工许可证

B. 领取施工许可证是确定建筑施工企业的前提条件

C. 法律、行政法规和省、自治区、直辖市人民政府规章可以规定申请施工许可证的其他条件

D. 在申请领取施工许可证之前需要落实建设资金

E. 在城市、镇规划区的建筑工程，需要同时取得建设用地规划许可证和建设工程规划许可证后，才能申请办理施工许可

三、思考题

国务院《关于印发清理规范投资项目报建审批事项实施方案的通知》对工程审批机制会产生什么影响？

第六章 工程建设勘察设计管理制度

6.1 勘察设计文件的编制与审批

6.1.1 编制工程勘察设计文件的依据

《建设工程勘察设计管理条例》第二十五条规定，编制建设工程勘察、设计文件，应当以项目批准文件、城乡规划、工程建设强制性标准及国家规定的建设工程勘察、设计深度要求为依据，铁路、交通、水利等专业建设工程还应当以专业规划的要求为依据。

1. 项目批准文件

各阶段工程勘察设计文件的编制应当以前一阶段成果的批准文件为依据；没有前一阶段的批准文件，不得交付本阶段的工程勘察设计文件。编制初步设计的项目批准文件，指的是项目建议书或可行性研究报告的批准文件；编制施工图设计的项目批准文件，指的是初步设计批准文件。城市建筑方案设计的项目批准文件，指的也是项目建议书或可行性研究报告的批准文件。

2. 城乡规划

凡新建、扩建和改建建筑物、构筑物、道路、管线和其他工程设施，必须提出申请，由城乡规划行政主管部门根据城乡规划提出的规划设计要求，核发建设工程规划许可证或乡村规划许可证。建设工程勘察设计文件的编制以城乡规划为依据；其目的是使建设工程符合城乡的经济和社会发展目标，合理地进行城乡建设，适应社会主义现代化建设的需要。

3. 工程建设强制性标准

国务院颁发的《建设工程质量管理条例》规定："工程勘察设计单位必须按工程建设强制性标准进行工程勘察设计，并对其工程勘察设计的质量负责。"工程建设强制性标准是指直接涉及工程质量、安全、卫生及环境保护等方面的工程建设标准强制性条文。把工程建设强制性标准列为编制工程勘察设计文件的依据，目的是保证建设工程质量，保障人民的生命财产安全，维护社会公共利益。

4. 国家规定的工程勘察设计深度要求

各阶段编制的工程勘察设计文件应当按规定达到相应的深度，用文字、表格、图样充分表达工程勘察设计的依据、规模、范围、设计原则和方案、设备材料的规格数量、技术经济指标和分析、施工安装的要求等，满足设计审批和下一阶段工作的需要。如果设计文件过于粗浅，计算不够详尽，或图纸交代不清，将致使施工安装出现困难并发生错误，造成不应有的损失。工程勘察设计文件的深度要求由有关专业主管部门组织制订，是编制设计文件的重要依据。

5. 铁路、交通、水利等专业建设工程还应以专业规划的要求为依据

工程勘察设计文件的编制还应当以相应专业规划的要求为依据，如水利电力工程还应当以江河流域规划为依据，铁路、交通工程还应当以全国路网规划为依据，工业建设项目还应当充分考虑本行业生产力布局、产业政策、市场需求、产品和技术的发展等因素。

6.1.2　编制工程勘察设计文件的原则

编制工程勘察设计文件总的原则是：建设工程勘察设计应当与社会、经济发展水平相适应，做到经济效益、社会效益和环境效益相统一。

经济效益是建设工程勘察设计活动直接的主要目标，也是推动建设工程勘察设计发展的直接原因。通过建设工程勘察设计活动，绘制建设蓝图，才能使业主对建设工程的投资实现经济效益，促进国民经济的发展。社会效益是建设工程勘察设计活动对全社会产生的效果和利益；只有取得明显的社会效益，才能得到全社会的承认和肯定，才能得到各方面的积极支持和帮助，才有蓬勃发展的可能，并为全社会做出更大的贡献。环境效益是建设工程勘察设计活动中必须首先考虑的问题。因为环境问题影响到国民经济和社会的可持续发展，关系到子孙后代的生存空间和长远利益。所有建设项目中，凡涉及对环境造成污染的设施，要做到与主体工程同时设计、同时施工建设、同时投入使用。

工程勘察设计单位在勘察设计中要努力追求经济效益、社会效益和环境效益相统一。政府及其有关部门在对建设工程勘察设计活动的监督管理中应当通过政策和法律、经济、行政手段加以引导和控制，确保建设工程勘察设计活动中经济效益、社会效益、环境效益的统一。

6.1.3　编制工程勘察设计文件的质量要求

1. 编制工程勘察文件的基本要求

编制工程勘察文件应当真实、准确，满足建设工程规划、选址、设计、岩土治理和施工的需要。"真实性、准确性"的基本要求是：勘察纲要应做到体现规划、设计意图，如实反映现场的地形和地质概况，符合规范、规程的规定；原始资料必须符合规范、规程的规定；成果资料必须做到数据准确、论证有据、结论明确、建议具体。勘察文件是规划、选址、设计、岩土治理和施工的依据，因此其内容和深度必须满足建设工程规划、选址、设计、岩土治理和施工的需要。

2. 编制工程设计文件的质量要求

编制方案设计文件，应当满足编制初步设计文件和控制概算的需要。编制初步设计文件，应当满足编制施工招标文件、主要设备材料订货和施工图设计文件的需要。编制施工图设计文件，应当满足设备材料采购、非标准设备制作和施工的需要，并注明建设工程合理使用年限。

方案设计文件是编制初步设计文件和控制概算批准的依据，因此必须满足这些方面的需要。初步设计文件是编制施工招标文件、主要设备材料订货和施工图设计文件的依据，因此必须满足这些方面的需要。施工图设计文件是设备材料采购、非标准设备制作和施工的依据，因此必须满足这些方面的需要。各专业、各类型工程都有设计内容和深度方面的规定，设计文件必须符合内容、深度等质量要求。

设计人员在施工图设计文件上注明"建设工程合理使用年限"，使设计人员的责任期限有了法规依据，也使工程质量终身责任制落到实处。这里所说的"合理使用年限"排除了对非合理使用造成质量事故承担责任的义务，体现实事求是的精神。

6.1.4 编制工程设计文件中选用设备、材料的规定

设计单位在设计文件中选用的建筑材料、建筑构配件和设备，应当注明规格、型号、性能等技术指标，其质量要求必须符合国家规定的标准，不得指定生产厂、供应商，但是工程本身对建筑材料、专用设备和工艺生产线等有特殊要求时除外。工程设计中允许指定生产厂、供应商，这也是保证建设工程质量和效益的客观需要。

6.1.5 编制的工程勘察设计文件采用新技术、新材料的规定

1）编制的工程勘察或工程设计文件中，采用超出国家现行技术标准，并且可能影响建设工程质量和安全的新技术、新工艺、新设备、新材料的，首先应当由国家认可的检测机构进行试验、论证，出具检测报告。检测报告是批准使用的重要依据，非国家认可的检测机构出具的检测报告不得作为批准使用的依据。其次，必须经过国务院有关部门或者省、自治区、直辖市人民政府有关部门组织的建设工程技术专家委员会审定后方可使用，省部级以下专家委员会或者其他组织的审定结论一律无效。

2）工程勘察设计文件中采用的新技术、新工艺、新设备、新材料，虽然超出了国家现行技术标准，但不会影响建设工程质量和安全的，由勘察设计单位自行论证判断其成熟性，决定是否采用，不必经过有关部门和机构的检测和审定程序，工程勘察设计单位对所采用的新技术、新工艺、新设备、新材料承担相应的质量责任。

3）工程勘察设计单位和工程勘察设计人员在工程勘察设计过程中积极采用新技术、新工艺、新设备、新材料和现代管理方法，不仅有利于工程勘察设计自身的技术进步，也有利于提高新建、改建、扩建和技术改造项目的技术含量，提高建设项目的投资效益，但是却要为此承担一定的风险。既要大力提倡技术创新，保护工程勘察设计单位和工程勘察设计人员技术创新的积极性，也要保障社会公众安全和公共利益。

工程勘察设计单位和工程勘察设计人员采用超出国家现行技术标准的新技术、新工艺、新设备、新材料，是要承担一定风险的；但是只要经过规定程序检测和审定，一旦发生质量事故，如无其他腐败行为，工程勘察设计单位和工程勘察设计人员只承担相应的技术质量责任和经济赔偿责任，不必承担刑事责任。

6.1.6 工程勘察设计文件的审批和修改规定

1. 设计文件的审批

我国建设项目设计文件的审批实行分级管理、分级审批原则。《基本建设设计工作

管理暂行办法》等对设计文件具体审批权限的规定如下：

1）大中型建设项目的初步设计，按隶属关系由国务院主管部门或省、自治区、直辖市审批。

2）小型建设项目由主管部门或省、自治区、直辖市规定的部门审批。

3）总体设计审批权限与初步设计审批权限相同。

2. 设计文件的修改

工程勘察设计文件是工程建设的依据。在某些情况下，工程勘察设计文件需要做适当的修改，例如，因建设单位的合理变更要求，施工方法变更的需要，设备、材料代用的需要，以及发现工程勘察设计图纸的差错等。按照"谁勘察，谁负责；谁设计，谁负责"的原则，工程勘察设计文件的修改应当由原工程勘察设计单位进行。未经原工程勘察设计单位同意，任何单位或个人都不得修改。这是保证实现设计意图和确保工程质量的前提，也是保证工程勘察设计单位履行质量责任的必要条件。

施工单位的职责是"按图施工"，在发现设计文件有错误时，有及时提出的义务，但没有修改的权利。监理单位的职责是代表建设单位在施工质量、建设工期和建设资金使用等方面实施监督，对工程设计的修改有建议权，同样也没有修改的权利。施工单位、监理单位发现建设工程勘察设计文件不符合工程建设强制性标准、合同约定的质量要求的，应当报告建设单位，建设单位有权要求建设工程勘察设计单位对建设工程勘察设计文件进行补充、修改。建设单位、施工单位、监理单位都不得自行修改建设工程勘察计文件。

当原工程勘察设计单位因为种种原因不能及时补充、修改工程勘察设计文件时，建设单位和原工程勘察设计单位协商同意，可以将补充、修改工程勘察设计文件等后期服务工作委托给其他具有相应资质的工程勘察设计单位承担，但三方必须签订书面协议。补充、修改工程勘察设计文件的单位对修改部分的工程勘察设计文件承担质量责任；因修改部分的原因影响到原工程勘察设计文件的质量的，还应当承担相应的连带责任。

工程勘察设计单位修改其工程勘察设计文件的权利也不是无限的。凡是经过政府有关主管部门审批并在项目批准文件中确定的建设地点、建设规模、规划控制等重大原则问题，工程勘察设计单位无权擅自修改，需经原审批机关批准后方可修改；未经批准，工程勘察设计单位不得擅自修改勘察设计文件中的重大原则问题。重新报批工作由建设单位负责。建设单位要求工程勘察设计单位擅自改变项目批准文件中确定的建设原则或者违反建设工程强制性技术标准修改工程勘察设计时，工程勘察设计单位应当坚持原则，予以拒绝。

6.2　施工图设计文件审查制度

6.2.1　施工图审查的概念

施工图审查是指施工图审查机构（以下简称审查机构）按照有关法律、行政法规对施工图涉及公共利益、公众安全和工程建设强制性标准的内容进行的审查。

国家实行施工图设计文件（含勘察文件，以下简称施工图）审查制度。施工图审查应当坚持先勘察后设计的原则。施工图未经审查合格的，不得使用。从事房屋建筑工程、市政基础设施工程施工、监理等活动，以及实施对房屋建筑和市政基础设施工程质量安全监督管理，应当以审查合格的施工图为依据。

6.2.2 审查机构

审查机构是专门从事施工图审查业务、不以营利为目的的独立法人。审查机构按承接业务的范围分为两类：一类机构承接房屋建筑、市政基础设施工程施工图审查业务范围不受限制；二类机构可以承接中型及以下房屋建筑、市政基础设施工程的施工图审查。建设单位应当将施工图送审查机构审查，但审查机构不得与所审查项目的建设单位、勘察设计企业有隶属关系或者其他利害关系。

6.2.3 审查范围

审查机构对施工图应当审查的内容有：是否符合工程建设强制性标准；地基基础和主体结构的安全性；是否符合民用建筑节能强制性标准，对执行绿色建筑标准的项目还应当审查是否符合绿色建筑标准；勘察设计企业和注册执业人员以及相关人员是否按规定在施工图上加盖相应的图章和签字；法律、行政法规、部门规章规定必须审查的其他内容。

6.2.4 审查结果

审查机构对施工图进行审查后，应当根据下列情况分别作出处理：

1）审查合格的，审查机构应当向建设单位出具审查合格书，并在全套施工图上加盖审查专用章。审查合格书应当有各专业的审查人员签字，经法定代表人签发，并加盖审查机构公章。审查机构应当在出具审查合格书后 5 个工作日内将审查情况报工程所在地县级以上地方人民政府住房城乡建设主管部门备案。

2）审查不合格的，审查机构应当将施工图退建设单位并出具审查意见告知书，说明不合格原因。同时，应当将审查意见告知书及审查中发现的建设单位、勘察设计企业和注册执业人员违反法律、行政法规和工程建设强制性标准的问题报工程所在地县级以上地方人民政府住房城乡建设主管部门。

施工图退建设单位后，建设单位应当要求原勘察设计企业修改，并将修改后的施工图送原审查机构复审。

6.2.5 其他设计审查

1. 超限高层建筑工程的抗震设防审批

国务院《对确需保留的行政审批项目设定行政许可的决定》（国务院令第 412 号）设置了此项审批。超限高层建筑工程，是指超出国家现行规范、规程所规定的适用高度和适用结构类型的高层建筑工程，体型特别不规则的高层建筑工程，以及有关规范、规程规定应进行抗震专项审查的高层建筑工程。省、自治区、直辖市人民政府建设行政主管部门负责本行政区内超限高层建筑工程抗震设防的管理工作。超限高层建筑工程所在地的省、自治区、直辖市人民政府建设行政主管部门负责组织省、自治区、直辖市超限高层建筑工程抗震设防专家委员会对超限高层建筑工程进行抗震设防专项审查。

未经超限高层建筑工程抗震设防专项审查，建设行政主管部门和其他有关部门不得对超限高层建筑工程施工图设计文件进行审查。

《超限高层建筑工程抗震设防管理规定》规定，超限高层建筑工程的抗震设防专项审查内容包括：建筑的抗震设防分类、抗震设防烈度（或者设计地震动参数）、场地抗震性能评价、抗震概念设计、主要结构布置、建筑与结构的协调、使用的计算程序、结构计算结果、地基基础和上部结构抗震性能评估等。

超限高层建筑工程的勘察、设计、施工、监理应当由具备甲级（一级及以上）资质的勘察、设计、施工和工程监理单位承担，其中建筑设计和结构设计应当分别由具有高层建筑设计经验的一级注册建筑师和一级注册结构工程师承担。

未经超限高层建筑工程抗震设防专项审查，建设行政主管部门和其他有关部门不得对超限高层建筑工程施工图设计文件进行审查。

超限高层建筑工程的施工图设计文件审查应当由经国务院建设行政主管部门认定的具有超限高层建筑工程审查资格的施工图设计文件审查机构承担。

施工图设计文件审查时应当检查设计图纸是否执行了抗震设防专项审查意见；未执行专项审查意见的，施工图设计文件审查不能通过。

2. 防雷审核

根据国务院《关于优化建设工程防雷许可的决定》，房屋建筑工程和市政基础设施工程防雷装置设计审核整合纳入建筑工程施工图审查，统一由住房城乡建设部门监管。

油库、气库、弹药库、化学品仓库、烟花爆竹、石化等易燃易爆建设工程和场所，雷电易发区内的矿区、旅游景点或者投入使用的建（构）筑物、设施等需要单独安装雷电防护装置的场所，以及雷电风险高且没有防雷标准规范、需要进行特殊论证的大型项目，仍由气象部门负责防雷装置设计审核和竣工验收许可。

公路、水路、铁路、民航、水利、电力、核电、通信等专业建设工程防雷管理由各专业部门负责。

3. 矿山等危险项目的设计审查

矿山、金属冶炼建设项目和用于生产、储存、装卸危险物品的建设项目的安全设施设计应当按照国家有关规定报经有关部门审查，审查部门及负责审查的人员对审查结果负责。

6.3　工程勘察设计招投标

1. 设计招标的范围

招标人可以依据工程建设项目的不同特点实行勘察设计一次性总体招标，也可以在保证项目完整性、连续性的前提下按照技术要求实行分段或分项招标。工程设计招标通常只对设计方案进行招标，并把设计阶段划分为方案设计阶段、初步设计阶段和施工图设计阶段。一些大型复杂工程或有特殊功能要求的大型工程也可只进行概念设计招标。

2. 勘察设计招标的条件

依法必须进行勘察设计招标的工程建设项目，在招标时应当具备下列条件：①招标人已经依法成立；②按照国家有关规定需要履行项目审批、核准或者备案手续的，已经审批、核准或者备案；③勘察设计有相应资金或者资金来源已经落实；④所必需的勘察设计基础资料已经收集完成；⑤法律法规规定的其他条件。

3. 勘察设计招标的方式

工程建设项目勘察设计招标分为公开招标和邀请招标。

国有资金投资占控股或者主导地位的工程建设项目，国务院发展和改革部门确定的国家重点项目，以及省、自治区、直辖市人民政府确定的地方重点项目，除符合《工程建设项目勘察设计招标投标办法》第十一条规定的条件并依法获得批准外，应当公开招标。

依法必须进行公开招标的项目在下列情况下可以进行邀请招标：

1）技术复杂、有特殊要求或者受自然环境限制，只有少量潜在投标人可供选择。

2）采用公开招标方式的费用占项目合同金额的比例过大。

招标人采用邀请招标方式的，应保证有三个以上具备承担招标项目勘察设计的能力并具有相应资质的特定法人或者其他组织参加投标。

4. 勘察设计招标的例外

下列建设工程的勘察设计经有关主管部门批准可以直接发包：

1）涉及国家安全、国家秘密、抢险救灾或者属于利用扶贫资金实行以工代赈、需要使用农民工等特殊情况，不适宜进行招标。

2）主要工艺、技术采用不可替代的专利或者专有技术，或者其建筑艺术造型有特殊要求。

3）采购人依法能够自行勘察、设计。

4）已通过招标方式选定的特许经营项目投资人依法能够自行勘察、设计。

5）技术复杂或专业性强，能够满足条件的勘察设计单位少于三家，不能形成有效竞争。

6）已建成项目需要改、扩建或者技术改造，由其他单位进行设计影响项目功能配套性。

7）国家规定的其他特殊情形。

5. 勘察设计招标文件

招标人应当根据招标项目的特点和需要编制招标文件。勘察设计招标文件应当包括下列内容：①投标须知；②投标文件格式及主要合同条款；③项目说明书，包括资金来源情况；④勘察设计范围，对勘察设计进度、阶段和深度的要求；⑤勘察设计基础资料；⑥勘察设计费用支付方式，对未中标人是否给予补偿及补偿标准；⑦投标报价要求；⑧对投标人资格审查的标准；⑨评标标准和方法；⑩投标有效期。

招标人可以要求投标人在提交符合招标文件规定的投标文件外提交备选投标文件，但应当在招标文件中做出说明，并提出相应的评审和比较办法。

6. 勘察设计评标方法

《建设工程勘察设计管理条例》第十四条规定，建设工程勘察、设计方案评标，应当以投标人的业绩、信誉和勘察、设计人员的能力以及勘察、设计方案的优劣为依据进行综合评定。

勘察设计评标应当采取综合评估法，不存在合理低价中标问题。评标委员会应当按照招标文件确定的评标标准和方法，结合经批准的项目建议书、可行性研究报告或者上阶段设计批复文件，对投标人的业绩、信誉和勘察设计人员的能力及勘察设计方案的优劣进行综合评定。勘察评标主要考察勘察方案是否合理、勘察技术水平是否先进、各种所需的勘察数据是否准确可靠、报价是否合理。设计评标更多关注所提供方案的技术先进性、所达到的技术指标、方案的合理性及对工程项目投资效益的影响。

6.4　工程建设勘察设计的法律责任

6.4.1　主要工程勘察、设计行政责任清单

1. 主要工程勘察行政责任清单

主要工程勘察行政责任清单见表 6.1。

表 6.1　主要工程勘察行政责任清单

序号	违法行为	处罚内容	处罚依据	责任主体
1	未依据项目批准文件、城乡规划及专业规划、国家规定的建设工程勘察、设计深度要求编制建设工程勘察、设计文件的	责令限期改正；逾期不改正的，对单位处 10 万元以上 30 万元以下的罚款；造成工程质量事故或者环境污染和生态破坏的，责令停业整顿，降低资质等级；情节严重的，吊销资质证书	《建设工程勘察设计管理条例》第四十条	勘察单位
2	勘察文件没有勘察项目负责人签字的	责令改正，对单位处 1 万元以上 3 万元以下的罚款；对负有直接责任的勘察项目负责人处企业罚款数额 5% 以上 10% 以下的罚款	《建设工程勘察质量管理办法》第二十五、二十七条	勘察单位和项目负责人

2. 主要设计行政责任清单

主要设计行政责任清单见表 6.2。

表6.2 主要设计行政责任清单

序号	违法行为	处罚内容	处罚依据	责任主体
1	将承包的工程转包的，或者违反规定分包工程的	责令改正，没收违法所得，对单位处合同约定的设计费25%以上50%以下的罚款；可以责令停业整顿，降低资质等级；情节严重的，吊销资质证书对负有直接责任的设计项目负责人处单位罚款数额5%以上10%以下的罚款	《建筑法》第六十九条；《建设工程质量管理条例》第六十二、七十三条；《建设工程勘察设计管理条例》第三十九条	设计单位和项目负责人
2	未依据项目批准文件、城乡规划及专业规划、国家规定的建设工程勘察、设计深度要求编制建设工程勘察、设计文件的	责令限期改正；逾期不改正的，处10万元以上30万元以下的罚款；造成工程质量事故或者环境污染和生态破坏的，责令停业整顿，降低资质等级；情节严重的，吊销资质证书	《建设工程勘察设计管理条例》第四十条	设计单位

6.4.2　勘察设计民事责任

勘察设计合同属于建设工程合同，其归责原则是严格责任原则，即只要违约方不履行合同或履行合同不符合约定，并不存在法定或约定的免责事由，不管主观上是否有过错，都要承担违约责任。即承担违约责任要件有二：一是有违约行为；二是无免责事由。《合同法》第二百八十条规定："勘察、设计的质量不符合要求或者未按照期限提交勘察、设计文件，拖延工期，造成发包人损失的，勘察人、设计人应当继续完善勘察、设计，减收或者免收勘察、设计费并赔偿损失。"具体违约行为根据双方签订的合同进行认定。

勘察设计单位的侵权责任属于一般侵权责任，适用过错责任原则，承担责任的主体是勘察设计单位。认定勘察设计侵权责任有四个要件：一是有违法行为；二是有损害事实；三是主观上有过错；四是侵权行为与损害事实有因果关系。

主要法规索引：

1. 《建筑法》（2011年7月1日起施行）
2. 《建设工程质量管理条例》（2004年5月19日起施行，2014年1月28日根据国务院《关于取消和下放一批行政审批项目的决定》进行调整或取消）
3. 《建设工程安全管理条例》（2004年2月1日起施行）
4. 《建设工程勘察设计管理条例》（2015年6月12日起施行）
5. 《工程建设项目勘察设计招标投标办法》（2013年4月修订）
6. 《建设工程勘察质量管理办法》（2007年修订）
7. 《房屋建筑和市政基础设施工程施工图设计文件审查管理办法》（2013年8月1

日起施行)

8. 《建筑工程设计文件编制深度规定》(2008年版)

9. 《工程勘察设计咨询业知识产权保护与管理导则》(2003年10月22日颁发实施)

10. 《超限高层建筑工程抗震设防管理规定》(2002年9月1日起施行)

11. 《建筑工程设计招标投标管理办法》(住房和城乡建设部令第33号,2017年5月1日起施行)

思考与练习

一、单项选择题(每题的备选项中,只有1个最符合题意)

1. 根据《建设工程质量管理条例》的规定,设计单位应当参与建设工程(   )分析,并提出相应的技术处理方案。

A. 工期延误　　　　　　B. 投资失控　　　　　C. 质量事故　　　　　D. 施工组织

2. 关于设计单位的权利的说法,正确的是(   )。

A. 为节约投资成本,设计单位可不依据勘察成果文件进行设计

B. 有特殊要求的专用设备,设计单位可以指定生产厂商或供应商

C. 设计单位有权将所承揽的工程交由资质等级更高的设计单位完成

D. 设计深度由设计单位酌定

二、多项选择题(每题的备选项中,有2个或2个以上符合题意,至少有1个错项)

1. 设计单位的安全责任包括(   )。

A. 按照法律、行政法规和工程建设强制性标准进行设计

B. 提出防范安全生产事故的指导意见和措施建议

C. 对安全技术措施或专项施工方案进行审查

D. 依法对施工安全事故隐患进行处理

E. 对设计成果承担责任

2. 关于勘察、设计单位的质量责任和义务的说法,正确的有(   )。

A. 依法对设计文件进行技术交底

B. 依法保证使用的建筑材料等符合要求

C. 依法审查施工图纸设计文件

D. 依法办理工程质量监督手续

E. 依法承揽工程的勘察、设计业务

3. 下列关于设计单位质量责任和义务的说法,正确的有(   )。

A. 为了保证工程质量,设计单位必须在设计文件中指定建筑设备的生产厂家

B. 为了保证设计进度,设计单位可以将部分任务转包给其他设计单位

C. 设计单位在设计文件中选用的建筑设备,应当注明规格、型号、生产厂家

D. 有特殊要求的设备，设计单位可以指定生产厂家

E. 设计单位应当就审查合格的施工图向施工单位说明

三、思考题

勘察设计单位及注册建筑师如何防控法律风险？

第七章　工程监理与其他咨询

7.1　概　　述

7.1.1　建设工程监理的概念

建设工程监理是指监理单位受建设单位的委托，依据法律、行政法规以及有关技术标准、设计文件和建设工程承包合同对施工质量实施的监督管理。建设工程监理是一种企业行为，是一种高智能的有偿技术服务。

《建设工程质量管理条例》规定，工程监理单位应当在其资质等级许可的监理范围内承担工程监理业务。工程监理单位应当根据建设单位的委托客观、公正地执行监理任务。工程监理单位与被监理工程的承包单位以及建筑材料、建筑构配件和设备供应单位不得有隶属关系或者其他利害关系。

7.1.2　建设工程强制监理的范围

一般来讲，建设工程监理是由建设单位委托专门化、社会化的监理单位进行的一种活动，它是由建设单位自愿发起的。为了维护社会公众利益、确保工程质量、防止国有资产的流失，我国《建筑法》及相关法规规定某些工程建设项目必须进行监理。这里所讲的建设工程监理的范围就是指国家法律规定必须实行监理的工程范围，也就是说国家强制实行监理的工程范围。《建设工程质量管理条例》明确规定，在我国必须实行监理的工程包括以下几种。

1. 国家重点建设工程

国家重点建设工程，是指依据《国家重点建设项目管理办法》确定的对国民经济和社会发展有重大影响的骨干项目。

2. 大中型公用事业工程

大中型公用事业工程，是指项目总投资额在 3000 万元以上的下列项目：

1）供水、供电、供气、供热等市政工程项目。

2）科技、教育、文化等项目。

3）体育、旅游、商业等项目。

4）卫生、社会福利等项目。

5）其他公用事业项目。

3. 成片开发建设的住宅小区工程

成片开发建设的住宅小区工程，是指建筑面积在 5 万平方米以上的住宅建设工程，必须实行监理；5万平方米以下的住宅建设工程可以实行监理，具体范围和规模标准由省、自治区、直辖市人民政府建设行政主管部门规定。为了保证住宅质量，对高层住宅及地基基础复杂的多层住宅应当实行监理。

4. 利用外国政府或者国际组织贷款、援助资金的工程

利用外国政府或者国际组织贷款、援助资金的工程范围包括：

1）使用世界银行、亚洲开发银行等国际组织贷款资金的项目。

2）使用外国政府及其机构贷款资金的项目。

3）使用国际组织或者国外政府援助资金的项目。

5. 国家规定必须实行监理的其他工程

1）项目总投资额在3000万元以上，关系社会公众利益、公众安全的下列基础设施项目：

① 煤炭、石油、化工、天然气、电力、新能源等项目。

② 铁路、公路、管道、水运、民航以及其他交通运输业等项目。

③ 邮政、电信枢纽、通信、信息网络等项目。

④ 防洪、灌溉、排涝、发电、引（供）水、滩涂治理、水资源保护、水土保持等水利建设项目。

⑤ 道路、桥梁、地铁和轻轨交通、污水排放及处理、垃圾处理、地下管道、公共停车场等城市基础设施项目。

⑥ 生态环境保护项目。

⑦ 其他基础设施项目。

2）学校、影剧院、体育场馆项目。

7.2 建设工程监理的实施

7.2.1 工程建设监理工作的程序

按照《工程建设监理规定》，工程建设监理一般应按下列程序进行：

1）编制工程建设监理规划。

2）按工程建设进度分专业编制工程建设监理细则。

3）按照建设监理细则进行建设监理。

4）参与工程竣工预验收，签署建设监理意见。

5）建设监理业务完成后，向项目法人提交工程建设监理档案资料。

7.2.2 工程建设监理的主要内容

就一般意义上讲，建设工程监理的主要内容或者说建设工程监理的主要任务是对工程建设的具体实施活动进行管理、协调、控制（一般称作"三控两管一协调"），以达到提高工程建设水平的目的。

所谓"三控"，就是对工程建设的进度、质量和投资的控制。这是工程建设监理的核心。对于任何一项工程来说，在实施过程中，落实工程的质量、工期、投资目标往往是相互矛盾的。就是说，如果要达到高标准的工程质量，就可能延长工程项目建设工期，增加工程项目建设的投资。而要缩短工程建设周期，工程质量就可能差一点，工程投资也可能多一点。一般情况下，三项工作目标很难同时达到最佳状态。监理的任务就是要根据工程项目业主的不同侧重要求，尽力实现接近最佳状态的工作目标。

所谓"两管"，是指对工程建设合同的管理和对工程建设过程中有关信息的管理。业主与承包商签订的工程建设合同是监理企业开展监理工作的具体依据之一。对合同的管理是实现"三控"的重要途径。对工程建设合同管理的表现形式就是定期或不定期地核查工程建设合同的实施情况，纠正实施中出现的偏差，提出新一阶段执行合同的预控性意见。信息管理，是对有关工程信息的收集、整理、筛选、存储、传递、应用等一系列工作的总称。实际上，信息管理是合同管理的附属，或者说是合同管理的表征。

所谓"协调"，是指协调参与同一工程项目建设各方的工作关系，使之都能按照预订的计划有条不紊地做好各自承担的工作。这项工作是通过定期召开会议的形式，或者通过分别沟通的形式进行的，达到统一意见、协调步调的目的。

2004年国务院颁布了《建设工程安全管理条例》，针对严峻的安全形势，规定工程监理单位和监理工程师应当按照法律、行政法规和工程建设强制性标准实施监理，并对建设工程安全生产承担监理责任。当前工程监理的工作内容和重点已逐步发生了改变，由过去强调全过程、全方位的控制转变为以质量和安全为主的现场施工管理。

7.2.3 工程监理的权限

《建筑法》第三十二条第二款、第三款分别规定了工程监理人员的监理权限和义务：

1）工程监理人员认为工程施工不符合工程设计要求、施工技术标准和合同约定的，有权要求建筑施工企业改正。

2）工程监理人员发现工程设计不符合建筑工程质量标准或者合同约定的质量要求的，应当报告建设单位要求设计单位改正。

3）未经监理工程师签字，建筑材料、建筑构配件和设备不得在工程上使用或者安装，施工单位不得进行下一道工序的施工。

4）未经总监理工程师签字，建设单位不拨付工程款，不进行竣工验收。

7.2.4 工程建设监理的依据

1. 法律、行政法规

工程建设监理适用的法律法规包括《建筑法》《合同法》《刑法》《建设工程质量管理条例》《建设工程安全管理条例》《工程建设监理规定》《建设工程监理范围和规模标准规定》《工程监理单位资质管理办法》等。

2. 有关的技术标准

技术标准包括工程建设强制性标准和合同约定采用的推荐性标准。监理工作规范包括《建设工程监理规范》及《公路工程施工监理规范》等。

3. 设计文件

设计文件就是本工程经过施工图审查机构审查合格的图纸。

4. 建设工程承包合同

建设工程承包合同是指建设工程施工承包合同，不包括建设工程委托监理合同。

7.2.5 工程建设监理中各方的关系

工程建设监理活动中主要的当事人有业主、监理单位和承包商三方。他们的权利义务是通过业主与监理单位以及业主与承包商之间签订的合同来约定的。业主通过合同将自己对承包商建设活动的监督管理权委托授予了监理单位，所以承包商与监理单位之间虽无直接关系，也未签订合同，但必须接受监理单位的监督与管理。为使各方的权利义务基本平等，有利于工程建设的顺利进行，住房和城乡建设部、国家工商行政管理总局等部门编制了《建设工程施工合同（示范文本）》和《工程建设监理合同（示范文本）》，供当事人参照执行。

1. 业主与承包商的关系

业主与承包商之间存在直接的合同关系，习惯上把业主与承包商之间的关系称为承发包的合同关系。业主与承包商签订的合同构成了合同双方相互关系的法律依据。

2. 业主与监理单位的关系

业主与监理单位之间也存在直接的合同关系：业主一方面通过招标方式选择承包商，另一方面要委托具有监理资格的单位进行监理。因此，业主与监理单位及其监理工程师之间是委托和被委托的关系。这种关系通过两个文件加以明确：一是在业主与承包商签订的合同文件中详细规定了被委托的监理工程师的职责，其中包括监理工程师对业主的约束力和监理工程师独立、公正地执行合同条件的权力；另一个文件是业主与监理单位签订的监理合同，其中规定了监理人员的数量、素质、服务范围、服务时间、服务费用及其他有关监理人员生活方面的安排等。

3. 监理工程师与承包商的关系

监理工程师与承包商之间不存在直接的合同关系，两者都受聘于业主，他们之间没有任何合同，也没有协议，他们之间的关系在业主与承包商签订的合同条件中可以明确地体现出来。按照合同约定，监理工程师与承包商之间是监理与被监理的关系。

综上所述，一项工程的实施是由各自相对独立而又相互制约的三方共同完成的。正确处理业主、监理工程师、承包商三者的关系，是保证工程按合同条件进行的关键。

7.3 建设工程监理的法律责任

7.3.1 工程监理单位的行政责任

根据《建筑法》《建设工程质量管理条例》《工程建设监理规定》《注册监理工程师管理规定》《民用建筑节能条例》《建设工程安全生产管理条例》等法律法规中有关监理行政责任的规定，归纳出监理单位（含总监）必须承担行政责任的行为事实及法律依据，见表7.1。

表 7.1 监理单位承担的行政责任清单

序号	违法行为	处罚内容	处罚依据	责任主体
1	工程监理单位与建设单位或者建筑施工企业串通，弄虚作假、降低工程质量	责令改正，对单位处50万元以上100万元以下的罚款，降低资质等级或者吊销资质证书；有违法所得的，予以没收	《建筑法》第六十九条第一款，《建设工程质量管理条例》第六十七条	监理单位
2	工程监理单位转让监理业务的	责令改正，没收违法所得，对单位处合同约定的监理酬金25%以上50%以下的罚款；可以责令停业整顿，降低资质等级；情节严重的，吊销资质证书	《建筑法》第六十九条第二款，《建设工程质量管理条例》第六十二条第二款	监理单位
3	将不合格的建设工程、建筑材料、建筑构配件和设备按照合格签字的	责令改正，对单位处50万元以上100万元以下的罚款，降低资质等级或者吊销资质证书；对项目总监处以单位罚款数额%以上10%以下的罚款	《建筑法》第六十九条，《建设工程质量管理条例》第六十七、七十三条	监理单位和项目总监
4	发现施工单位未按照法律法规以及有关技术标准、设计文件和建设工程承包合同施工未要求施工单位整改，造成质量事故的	因过错造成质量事故的，责令停止执业1年；造成重大质量事故的，吊销执业资格证书，5年以内不予注册；情节特别恶劣的，终身不予注册	《建设工程质量管理条例》第七十二条	项目总监
5	未按规定审查施工单位的竣工申请，未参加建设单位组织的工程竣工验收的	给予警告，责令其改正，没有违法所得的，处以1万元以下罚款；有违法所得的，处以违法所得3倍以下且不超过3万元的罚款	《注册监理工程师管理规定》第三十一条	项目总监

7.3.2 工程监理单位的民事责任

1. 违约责任

监理的违约责任是指监理不履行委托监理合同的义务或者履行合同义务不符合约

第七章 工程监理与
其他咨询

定时所应承担的民事责任。承担违约责任的主体是监理单位，监理单位的履约行为是通过监理工程师的职务行为来实现的，因此由于监理工程师的过错而造成的违约行为应当视为监理单位的违约行为。监理单位在承担违约责任后，有权依法向监理工程师进行追偿。

违约责任一般实行严格责任原则，但工程监理合同属于有偿委托合同，《合同法》第四百零六条规定："有偿的委托合同，因受托人的过错给委托人造成损失的，委托人可以要求赔偿损失。"因此，委托监理合同以过错为归责原则。监理承担违约责任的构成要件有三：一是监理有违约行为；二是监理有过错；三是无法定或约定免责事由。是否有损失与承担违约责任无关。监理的违约行为包括两种，即不履行或不适当履行合同，如工程监理单位不按照委托监理合同的约定履行监理义务，对应当监督检查的项目不检查或者不按照规定检查，就应当承担违约责任。具体的违约责任按照建设工程监理合同认定。

2. 侵权责任

工程监理服务是一种基于技术和管理的专业服务，在服务提供的过程中，给委托人造成损失的应当承担侵权责任。工程监理的侵权行为属于一般侵权责任，适用过错责任原则，承担责任的主体是监理单位。认定监理侵权责任有四个要件：一是有违法行为；二是有损害事实；三是监理主观上有过错；四是监理的侵权行为与损害事实有因果关系。

7.4 造价咨询制度

7.4.1 造价咨询制度简述

国家推广工程造价咨询制度，对建筑工程项目实行全过程造价管理。

接受委托承接有关工程结算咨询业务的工程造价咨询机构应具有工程造价咨询单位资质，其出具的办理拨付工程价款和工程结算的文件应当由造价工程师签字，并应加盖执业专用章和单位公章。造价工程师编制工程量清单、最高投标限价、招标标底、投标报价、工程结算审核和工程造价鉴定文件，应当签字并加盖造价工程师执业专用章。

全部使用国有资金投资或者以国有资金投资为主的建筑工程（以下简称国有资金投资的建筑工程）应当采用工程量清单计价，非国有资金投资的建筑工程鼓励采用工程量清单计价。

工程量清单应当依据国家制定的工程量清单计价规范、工程量计算规范等编制。工程量清单应当作为招标文件的组成部分。

7.4.2 竣工结算

工程完工后应当按照下列规定进行竣工结算：

其一，承包方应当在工程完工后的约定期限内提交竣工结算文件。

其二，国有资金投资建筑工程的发包方，应当委托具有相应资质的工程造价咨询企业对竣工结算文件进行审核，并在收到竣工结算文件后的约定期限内向承包方提出由工程造价咨询企业出具的竣工结算文件审核意见。逾期未答复的，按照合同约定处理；合同没有约定的，竣工结算文件视为已被认可。

非国有资金投资的建筑工程发包方，应当在收到竣工结算文件后的约定期限内予以答复。逾期未答复的，按照合同约定处理；合同没有约定的，竣工结算文件视为已被认可。发包方对竣工结算文件有异议的，应当在答复期内向承包方提出，并可以在提出异议之日起的约定期限内与承包方协商。发包方在协商期内未与承包方协商或者经协商未能与承包方达成协议的，应当委托工程造价咨询企业进行竣工结算审核，并在协商期满后的约定期限内向承包方提出由工程造价咨询企业出具的竣工结算文件审核意见。

其三，承包方对发包方提出的工程造价咨询企业竣工结算审核意见有异议的，在接到该审核意见后1个月内，可以向有关工程造价管理机构或者有关行业组织申请调解，调解不成的，可以依法申请仲裁或者向人民法院提起诉讼。

发承包双方在合同中对上述期限没有明确约定的，应当按照国家有关规定执行；国家没有规定的，可认为其约定期限均为28日。

工程竣工结算文件经发承包双方签字确认的，应当作为工程决算的依据，未经对方同意，另一方不得就已生效的竣工结算文件委托工程造价咨询企业重复审核。发包方应当按照竣工结算文件及时支付竣工结算款。

工程造价咨询机构接受发包人或承包人委托编审工程竣工结算，应按合同约定和实际履约事项认真办理，出具的竣工结算报告经发、承包双方签字后生效。当事人一方对报告有异议的，可对工程结算中有异议部分向有关部门申请咨询后协商处理；不能达成一致的，双方可按合同约定的争议或纠纷解决程序办理。

当事人因工程造价发生合同纠纷时，可通过下列办法解决：一是双方协商确定；二是按合同条款约定的办法提请调解；三是向有关仲裁机构申请仲裁或向人民法院起诉。

主要法规索引：

1. 《建筑法》（2011 年 7 月 1 日起施行）
2. 《建设工程质量管理条例》（2004 年 5 月 19 日起施行，2014 年 1 月 28 日根据国务院《关于取消和下放一批行政审批项目的决定》进行调整或取消）
3. 《建设工程安全管理条例》（2004 年 2 月 1 日起施行）
4. 《工程建设监理规定》（1996 年 1 月 1 日起施行）
5. 《建设工程监理范围和规模标准规定》（2001 年 1 月 17 日起施行）
6. 《注册监理工程师注册管理规定》（2006 年 4 月 1 日起施行）
7. 《工程建设项目招标代理机构资格认定办法》（2007 年 3 月 1 日起施行）
8. 《建设工程价款结算暂行办法》（财建〔2004〕369 号，2004 年 10 月 20 日

发布)

9.《建筑工程施工发包与承包计价管理办法》(2014年2月1日起施行)

思考与练习

一、单项选择题（每题的备选项中，只有1个最符合题意）

1. 依据《建设工程质量管理条例》的规定，下列行为需由总监理工程师签字认可的是（　　）。

A. 建设单位拨付工程款　　　　　　B. 施工单位实施隐蔽工程

C. 商品混凝土应用于基础工程　　　D. 大型非标构件进行吊装

2. 工程监理单位不按照委托监理合同的约定履行监理义务，对应当监督检查的项目不检查或者不按照规定检查，应当承担（　　）。

A. 连带责任　　　　　　　　　　　B. 违约责任

C. 缔约过失责任　　　　　　　　　D. 侵权责任

二、多项选择题（每题的备选项中，有2个或2个以上符合题意，至少有1个错项）

1. 工程监理单位和被监理工程的（　　）有隶属关系或其他利害关系的，不得承担该项建设工程的监理业务。

A. 建设单位　　　　　　　　　　　B. 造价咨询单位

C. 施工企业　　　　　　　　　　　D. 建筑材料、构（配）件供应单位

E. 设备供应单位

2. 工程监理单位监理的依据有（　　）。

A. 法律　　　　　　　　　　　　　B. 委托监理合同

C. 施工承包合同　　　　　　　　　D. 设计图纸

E. 强制性标准

三、思考题

项目总监如何防控法律风险？

第八章　建设工程质量管理制度

8.1　建筑工程五方责任主体的质量义务

8.1.1　建设单位的工程质量法定义务

建设单位作为建设工程的投资人，在整个建设活动中居于主导地位。其他建设行为主体的行为都是在一定阶段、一定方面为建设单位服务，而建设单位对建设工程的管理贯穿始终。因此，应对建设单位的行为进行规范，对其质量责任和义务予以明确。建设单位的质量义务主要有以下几个方面。

1. 建设单位应当将工程发包给具有相应资质等级的单位，不得将工程肢解发包

建设活动不同于一般的经济活动，从业单位素质的高低直接影响着工程质量。资质等级反映了单位从事某项工作的资格和能力，是国家对建设市场准入管理的重要手段。因此，从事建设活动的单位必须符合严格的资质条件。

肢解发包是指建设单位将应当由一个承包单位完成的建设工程分解成若干部分发包给不同的承包单位的行为。这不利于科学地组织流水施工，也不便分清不同的承包单位的质量责任，还容易滋生腐败。因此，这是《建筑法》《建设工程质量管理条例》严令禁止的行为。

《建设工程质量管理条例》规定，建设单位应当将工程发包给具有相应资质等级的单位，不得将工程肢解发包。建设单位应当依法对工程建设项目的勘察、设计、施工、监理以及与工程有关的重要设备、材料等的采购进行招标。《建筑工程五方责任主体项目负责人质量终身责任追究暂行办法》第五条规定，建设单位项目负责人对工程质量承担全面责任，不得违法发包、肢解发包，不得以任何理由要求勘察、设计、施工、监理单位违反法律法规和工程建设标准，降低工程质量，其违法违规或不当行为造成工程质量事故或质量问题的应当承担责任。

2. 建设单位不得对承包单位的建设活动进行不合理的干预

（1）建设单位不得迫使承包方以低于成本的价格竞标

实际工作中，不少建设单位一味强调降低成本，迫使投标方互相压价，最终承包单位以低于其成本的价格中标。而中标单位在承包工程后，为了减少开支，降低成本，不得不偷工减料、以次充好、粗制滥造，势必影响工程质量。

（2）建设单位不得任意压缩合理工期

合理工期是指在正常建设条件下，采取科学合理的施工工艺和管理方法，以现行的建设行政主管部门颁布的工期定额为基础，结合项目建设的具体情况而确定的工期。

建设单位不能为了早日发挥项目的效益迫使承包单位赶工期。实际上，盲目赶工期、简化程序、不按规程操作，导致建设项目出问题的情况很多。

（3）建设单位不得明示或暗示设计单位或者施工单位违反工程建设强制性标准，降低工程质量

强制性标准是保证工程结构安全可靠的基础性要求，违反了这类标准，必然会给工程带来重大质量隐患。

（4）建设单位不得明示或暗示施工单位使用不合格的建筑材料、建筑构配件和设备

有些建设单位为了赶进度或降低采购成本，常常以明示或暗示的方式要求施工单位使用不合格的建筑材料、建筑构配件和设备，此类行为危害极大，立法明令禁止。

《建设工程质量管理条例》规定，按照合同约定，由建设单位采购建筑材料、建筑构配件和设备的，建设单位应当保证建筑材料、建筑构配件和设备符合设计文件和合同要求。

3. 依法向有关单位提供原始资料

《建设工程质量管理条例》规定，建设单位必须向有关的勘察、设计、施工、工程监理等单位提供与建设工程有关的原始资料。原始资料必须真实、准确、齐全。

原始资料是工程勘察、设计、施工、监理等单位赖以进行相关工程建设的基础性材料。建设单位作为建设活动总负责方，向有关单位提供原始资料以及施工地段地下管线现状资料，并保证这些资料真实、准确、齐全，是其基本的义务。

4. 依法报审施工图设计文件

建设单位应将施工图设计文件报经有关部门审查批准；未经批准，不得使用。施工图设计文件是设计文件的重要内容，是编制施工图预算，安排材料、设备订货和非标准设备制作，进行施工、安装和工程验收等工作的依据。施工图设计文件一经完成，建设工程最终所要达到的质量，尤其是地基基础和结构的安全性就有了约束，因此施工图设计文件的质量直接影响建设工程的质量。对施工图设计文件展开审查，既是对设计单位的成果进行质量控制，又能纠正参与建设活动各方的不规范行为；而且审查是在施工图设计文件完成之后、交付施工之前进行，这样可以有效地避免损失，保证建设工程的质量。

5. 依法实行工程监理

《建设工程质量管理条例》第十二条规定，实行监理的建设工程，建设单位应当委托具有相应资质等级的工程监理单位进行监理，也可以委托具有工程监理相应资质等级并与被监理工程的施工承包单位没有隶属关系或者其他利害关系的该工程的设计单位进行监理。

6. 依法办理工程质量监督手续

《建设工程质量管理条例》规定，建设单位在领取施工许可证或开工报告之前应当按照国家有关规定办理工程质量监督手续。办理工程质量监督手续是法定程序，不办理质量监督手续不发施工许可证，工程不得开工。因此，建设单位在领取施工许可证或者开工报告之前应当依法到建设行政主管部门或相关专业部门办理质量监督手续。

建设单位办理工程质量监督手续应提供以下文件和资料：①工程规划许可证；②设计单位资质等级证书；③监理单位资质等级证书、监理合同及《工程项目监理登记表》；④施工单位资质等级证书及营业执照副本；⑤工程勘察、设计文件。

7. 依法进行装修工程

《建设工程质量管理条例》规定，涉及建筑主体和承重结构变动的装修工程，建设单位应当在施工前委托原设计单位或具有相应资质条件的设计单位提出设计方案；没有设计方案的，不得施工。

对建筑工程进行必要的装修作业，是满足建筑工程使用功能和美观的重要施工活动。但有一些装修工程，为了满足特定的使用目的，要对结构主体和承重结构进行改动。对于这类装修工程的施工，如果没有法律法规约束，任何单位和个人随意对建筑主体和承重结构进行变动和装修，并且是在没有设计方案的前提下擅自施工，则必将给工程带来质量隐患和质量问题，后果十分严重。因此，建设单位应当委托该建筑工程的原设计单位或者具有相应资质条件的设计单位提出装修工程的设计方案。原设计单位对建设工程的情况、结构形式等比较熟悉，一般情况下应委托其进行该建设工程的装修设计。在难以委托原设计单位的情况下，应委托与原设计单位有同等或更高资质的设计单位承担设计任务。

8. 依法办理竣工验收并移交档案资料

建设单位应按照国家有关规定组织竣工验收，建设工程验收合格的方可交付使用。

另外，建设单位若是房屋建设开发公司，除承担一般建设单位的有关责任、义务外，还应建立健全质量保证体系，加强对开发工程的质量管理；其开发经营的工程质量应符合国家现行的有关法律、行政法规、技术标准和设计文件的要求；其出售的房屋应符合使用要求，并应提供有关使用、保养和维修的说明，如发生质量问题则应在保修期内负责保修。

最高人民法院《关于审理建设工程施工合同纠纷案件适用法律问题的解释》第十三条规定："建设工程未经竣工验收，发包人擅自使用后，又以使用部分质量不符合约定为由主张权利的，不予支持；但是承包人应当在建设工程的合理使用寿命内对地基基础工程和主体结构质量承担民事责任。"

《建设工程质量管理条例》规定，建设单位应当严格按照国家有关档案管理的规定，及时收集、整理建设项目各环节文件资料，建立健全建设项目档案，并在建设工程竣工验收后及时向建设行政主管部门或其他有关部门移交建设项目档案。

《城市建设档案管理规定》规定，建设单位应当在工程竣工验收后3个月内向城建档案馆报送一套符合规定的建设工程档案。

8.1.2 承包人的工程质量法定义务

1. 施工单位应当依法取得相应资质等级的证书，并在其资质等级许可的范围内承揽工程

施工单位的资质等级是施工单位建设业绩、人员素质、管理水平、资金数量、技

术设备等综合能力的体现，反映了该施工单位从事某项施工工作的资格和能力，是国家对建筑市场准入管理的重要手段。

施工单位必须在其资质等级许可的范围内承揽工程，禁止以其他施工单位的名义承揽工程或允许其他单位或个人以本单位的名义承揽工程。施工单位转让、出借资质证书或者以其他方式允许他人以本单位名义承揽工程的，对因该项承揽工程不符合规定的质量标准造成的损失，施工单位与使用本单位名义的单位或者个人承担连带赔偿责任。

2. 总承包单位与分包单位对分包工程的质量承担连带责任

《建设工程质量管理条例》规定，总承包单位依法将建设工程分包给其他单位的，分包单位应当按照分包合同的约定对其分包工程的质量向总承包单位负责，总承包单位与分包单位对分包工程的质量承担连带责任。对于实行工程施工总承包的，无论质量问题是由总承包单位造成的还是由分包单位造成的，均由总承包单位与分包单位对分包工程的质量承担连带责任。依据这种责任，对于分包工程发生的质量责任，建设单位或其他受害者既可以向分包单位请求赔偿全部损失，也可以向总承包单位请求赔偿全部损失。总承包单位承担责任后可以按照分包合同的约定向分包单位追偿。

3. 施工单位必须按照图纸和施工技术标准进行施工

（1）施工单位必须按照工程设计图纸施工

工程设计图纸是建筑设计单位根据工程在功能、质量等方面的要求所做出的设计工作的最终结果，其中的施工图是对建筑物、设备、管线等工程对象物的尺寸、布置、选用材料、构造、相互关系、施工及安装质量要求的详细图纸和说明，是指导施工的直接依据。建筑工程的各项施工活动都必须按照相应的施工图纸的要求进行。

（2）施工单位必须按照施工技术标准施工

施工单位除必须严格按照工程设计图纸施工外，还必须按照建设工程施工技术标准的要求施工。施工技术标准包括对各项施工的施工准备、施工操作工艺流程和应达到的质量要求的规定，是施工作业人员进行每一项施工操作的技术依据。施工单位的作业人员必须按照施工技术标准的规定进行施工。

（3）施工单位不得偷工减料

偷工，是指不按照施工技术标准规定的施工操作工艺流程进行施工作业，擅自减少工作量的行为。减料，是指在工程施工中违反设计文件和施工技术标准的规定，擅自减少建筑用料的数量或降低用料质量的行为。从现实情况看，工程施工中偷工减料的行为是造成建设工程质量低下，以致发生重大质量事故的重要原因之一。因此，《建筑法》《建设工程质量管理条例》都对该行为规定了明确的法律责任。

（4）施工单位不得擅自修改工程设计

按工程设计图纸施工是保证工程实现设计意图的前提，也是明确划分设计、施工单位质量责任的前提。施工过程中，如果施工单位不按图纸施工或者不经原设计单位同意擅自修改工程设计，其直接后果往往是违反原设计意图，影响工程质量，有的还可能给工程结构安全留下隐患；其间接后果是在原设计有缺陷或出现工程质量事故的情况下，由于施工单位擅自修改了设计，混淆了设计、施工单位各自应负的质量责任。

（5）施工单位应当防止设计文件和图纸出现差错

施工单位在施工过程中发现的设计文件的差错应当及时向设计单位提出，避免造成不必要的损失和质量问题。

4. 施工单位对建筑材料、设备等进行检验

（1）建筑材料、建筑构配件、设备和商品混凝土的检验义务

《建设工程质量管理条例》规定，施工单位必须按照工程设计要求、施工技术标准和合同约定对建筑材料、建筑构配件、设备及商品混凝土进行检验，未经检验或检验不合格的不得使用。

施工中要按照工程设计要求、施工技术标准和合同约定，对建筑材料、建筑构配件、设备及商品混凝土进行检验。检验工作要按规定的范围和要求进行，按现行的标准、规定的数量、频率、取样方法进行检验。检验的结果要按规定的格式形成书面记录，并由有关专业人员签字。未经检验或检验不合格的，不得使用。

（2）施工检测的见证取样和送检义务

《建设工程质量管理条例》规定，施工人员对涉及结构安全的试块、试件和有关材料，应在建设单位或工程监理单位的监督下现场取样，并送具有相应资质等级的质量检测单位进行检测。

在工程施工过程中，为了控制工程总体或相应部位的施工质量，一般要依据有关技术标准，用特定的方法对用于工程的材料或构件抽取一定数量的样品进行检验或试验，并根据其结果判断其所代表部位的质量。这是控制和判断工程质量所采取的重要技术措施。试块和试件的真实性和代表性是保证这一措施有效的前提条件。为此，建设工程施工检测应实行见证取样和送检制度，即施工单位在建设单位或监理单位的见证下取样，送至具有相应资质的质量检测单位进行检测。见证取样可以保证取样的方法、数量、频率、规格等符合标准的要求，防止假试块、假试件和假试验报告的出现。

1）见证取样和送检。

《房屋建筑工程和市政基础设施工程实行见证取样和送检的规定》规定，涉及结构安全的试块、试件和材料，见证取样和送检的比例不得低于有关技术标准中规定应取样数量的30%。下列试块、试件和材料必须实施见证取样和送检：

① 用于承重结构的混凝土试块。

② 用于承重墙体的砌筑砂浆试块。

③ 用于承重结构的钢筋及连接接头试件。

④ 用于承重墙的砖和混凝土小型砌块。

⑤ 用于拌制混凝土和砌筑砂浆的水泥。

⑥ 用于承重结构的混凝土中使用的掺加剂。

⑦ 地下、屋面、厕浴间使用的防水材料。

⑧ 国家规定必须实行见证取样和送检的其他试块、试件和材料。

见证人员应由建设单位或该工程的监理单位具备建筑施工试验知识的专业技术人员担任，并应由建设单位或该工程的监理单位书面通知施工单位、检测单位和负责该

项工程的质量监督机构。

在施工过程中，见证人员应按照见证取样和送检计划，对施工现场的取样和送检进行见证，取样人员应在试样或其包装上作出标识、封志。标识和封志应标明工程名称、取样部位、取样日期、样品名称和样品数量，并由见证人员和取样人员签字。见证人员应制作见证记录，并将见证记录归入施工技术档案。

见证人员和取样人员应对试样的代表性和真实性负责。

检测单位的资质是保证试块、试件检测、试验质量的前提条件。具有相应资质等级的质量检测单位是指必须经省级以上建设行政主管部门进行资质审查和有关部门质量认证的工程质量检测单位。从事建筑材料和制品等试验工作的施工单位、混凝土预制构件和商品混凝土生产单位、科研单位、大专院校对外服务的工程实验室以及工程质量检测机构，均应按有关规定取得相应的资质证书。

2）工程质量检测。

《建设工程质量检测管理办法》规定，建设工程质量检测是指工程质量检测机构接受委托，依据国家有关法律、法规和工程建设强制性标准，对涉及结构安全项目的抽样检测和对进入施工现场的建筑材料、构配件的见证取样检测。

检测机构是具有独立法人资格的中介机构，应当依据本办法取得相应的资质证书。检测机构资质按照其承担的检测业务内容分为专项检测机构资质和见证取样检测机构资质。检测机构未取得相应的资质证书，不得承担本办法规定的质量检测业务。检测机构不得与行政机关、法律法规授权的具有管理公共事务职能的组织以及所检测工程项目相关的设计单位、施工单位、监理单位有隶属关系或者其他利害关系。

质量检测业务由工程项目建设单位委托具有相应资质的检测机构进行。委托方与被委托方应当签订书面合同。

检测机构完成检测业务后，应当及时出具检测报告。检测报告经检测人员签字、检测机构法定代表人或者其授权的签字人签署，并加盖检测机构公章或者检测专用章后方可生效。检测报告经建设单位或者工程监理单位确认后，由施工单位归档。检测结果利害关系人对检测结果发生争议的，由双方共同认可的检测机构复检，复检结果由提出复检方报当地建设主管部门备案。

检测机构应当将检测过程中发现的建设单位、监理单位、施工单位违反有关法律、行政法规和工程建设强制性标准的情况以及涉及结构安全检测结果的不合格情况及时报告工程所在地建设主管部门。

5. 施工质量检验和返修

（1）施工质量检验

《建设工程质量管理条例》规定，施工单位必须建立、健全施工质量的检验制度，严格工序管理，做好隐蔽工程的质量检查和记录。隐蔽工程在隐蔽前，施工单位应当通知建设单位和建设工程质量监督机构。

（2）建设工程返修

《建设工程质量管理条例》规定，施工单位对施工中出现质量问题的建设工程或者竣工验收不合格的建设工程应当负责返修。返修包括施工过程中出现质量问题和竣工验收不合格两种情形。对于非施工原因造成的质量问题，施工单位也应当返修，但是因此而造成的损失及返修费用由责任方承担。

6. 建立健全职工教育培训制度

《建设工程质量管理条例》规定，施工单位应当建立健全教育培训制度，加强对职工的教育培训；未经教育培训或者考核不合格的人员，不得上岗作业。

8.1.3 勘察单位的法定质量义务

1）勘察单位必须依法取得工程勘察资质证书，并在资质等级许可的范围内承揽工程。

勘察单位不得超越其资质等级许可的业务范围或者以其他勘察单位的名义承揽勘察业务；不得允许其他单位或者个人以本单位的名义承揽勘察业务；不得转包或者违法分包所承揽的勘察业务。工程勘察项目负责人、审核人、审定人及有关技术人员应当具有相应的技术职称或者注册资格。勘察项目负责人应当确认承担项目的勘察人员符合相应的注册执业资格要求，具备相应的专业技术能力，观测员、记录员、机长等现场作业人员符合专业培训要求。不得允许他人以本人的名义承担工程勘察项目。

2）勘察单位应当依据有关法律法规、工程建设强制性标准和勘察合同（包括勘察任务委托书）组织编写勘察纲要，就相关要求向勘察人员交底，组织开展工程勘察工作。

3）工程勘察工作的原始记录应当在勘察过程中及时整理、核对，确保取样、记录的真实和准确，严禁离开现场追记或者补记。

4）勘察项目负责人应当对原始取样、记录的真实性和准确性负责，组织人员及时整理、核对原始记录，核验有关现场和试验人员在记录上的签字，对原始记录、测试报告、土工试验成果等各项作业资料验收签字。

5）工程勘察企业的法定代表人、项目负责人、审核、审定人等相关人员应当在勘察文件上签字或者盖章，并对勘察质量负责。

勘察项目负责人应当对勘察成果的真实性和准确性负责，保证勘察文件符合国家规定的深度要求，在勘察文件上签字盖章。

6）工程勘察企业应当对勘察后期服务工作负责，组织相关勘察人员及时解决工程设计和施工中与勘察工作有关的问题，包括：组织参与施工验槽；组织勘察人员参加工程竣工验收，验收合格后在相关验收文件上签字，对城市轨道交通工程还应参加单位工程、项目工程验收并在验收文件上签字；组织勘察人员参与相关工程质量安全事故分析，并对因勘察原因造成的质量安全事故，提出与勘察工作有关的技术处理措施。

7）工程勘察企业应当对勘察资料的归档工作负责，组织相关勘察人员将全部资料分类编目，装订成册，归档保存。

8）勘察单位提供的勘察成果必须真实、准确。

《建设工程质量管理条例》规定，勘察单位提供的地质、测量、水文等勘察成果必须真实、准确。

8.1.4 设计单位的法定质量义务

1. 设计单位的市场准入

设计单位应当依法取得相应的资质等级证书,并在其资质等级许可的范围内承揽工程,不得转包或违法分包所承揽的工程。

2. 对设计文件的要求

设计单位必须按照工程建设强制性标准进行设计,设计文件应符合有关法律、行政法规的规定和建筑工程质量、安全标准及建筑工程设计技术规范和合同的约定。注册执业人员应当在设计文件上签字,对设计文件负责。

3. 设计依据和设计深度

《建设工程质量管理条例》规定,设计单位应当根据勘察成果文件进行建设工程设计。设计文件应当符合国家规定的设计深度要求,注明工程合理使用年限。

勘察成果文件是设计的基础资料,是设计的依据。先勘察后设计一直是工程建设的基本做法,也是基本建设程序的要求。

4. 依法规范设计对建筑材料、建筑构配件及设备的选用

有的设计人员非法接受生产厂、供应商的贿赂或回扣,在选用材料、构配件及设备时滥用权利,在设计中指名采用伪劣的或淘汰的材料、构配件和设备,严重危害了工程建设的质量。为了杜绝这种情况的发生,《建筑法》《建设工程质量管理条例》《建设工程勘察设计管理条例》都规定:设计单位在设计文件中选用的建筑材料、建筑构配件和设备应当注明规格、型号、性能等技术指标,其质量要求必须符合国家规定的标准,不得指定生产厂、供应商,但是工程本身对建筑材料、专用设备和工艺生产线等有特殊要求时除外。工程设计中允许指定生产厂、供应商,也是保证建设工程质量和效益的客观需要。

5. 依法对设计文件进行技术交底

设计单位应当就审查合格的施工图设计文件向施工单位作出详细说明(又称为技术交底)。技术交底,是在施工开始前由建设单位召集设计、施工单位的技术人员在一起开会,首先由设计人员就施工设计图上有关技术问题向施工技术人员进行面对面的交代、协商和作出说明,然后施工技术人员就施工图的一些技术问题向设计人员进行询问,落实解决办法。技术交底会上确定的相关技术问题、处理办法等应作出详细记录,经有关负责人签字、设计单位盖章后在施工中执行,与施工图具有同等效力。

设计项目负责人应当在施工前就审查合格的施工图设计文件组织设计人员向施工及监理单位作出详细说明,组织设计人员解决施工中出现的设计问题。不得在违反强制性标准或不满足设计要求的变更文件上签字。应当根据设计合同中约定的责任、权利、费用和时限组织开展后期服务工作。

6. 配合施工

1)设计修改。在施工过程中,设计单位应依法承担设计的修改任务,并办理有关

修改手续。

2）隐蔽工程验收。隐蔽工程验收是明确工程质量责任、确保工程质量的有效方法，设计单位应认真参与隐蔽工程的验收工作。

3）依法参与工程质量事故的分析。

7. 参加竣工验收

设计单位参加竣工验收的主要责任是：

1）共同监督工程质量是否达到设计要求，整理、审核设计变更通知书。

2）参与制定进一步完善工程细节、环境、管理等有关问题的措施。

设计项目负责人应当组织设计人员参加建筑工程竣工验收，验收合格后在相关验收文件上签字；组织设计人员参与相关工程质量安全事故分析，并对因设计原因造成的质量安全事故提出与设计工作相关的技术处理措施；组织相关人员及时将设计资料归档保存。

8. 依法编制勘察设计文件

设计项目负责人应当依据有关法律法规、项目批准文件、城乡规划、工程建设强制性标准、设计深度要求、设计合同（包括设计任务书）和工程勘察成果文件，就相关要求向设计人员交底，组织开展建筑工程设计工作，协调各专业之间及与外部各单位之间的技术接口工作。

9. 依法注明有关技术指标

设计项目负责人应当要求设计人员在设计文件中注明建筑工程合理使用年限，标明采用的建筑材料、建筑构配件和设备的规格、性能等技术指标，其质量要求必须符合国家规定的标准及建筑工程的功能需求。

8.1.5 工程监理单位的质量管理法定义务

1）工程监理单位应当依法取得相应资质等级的证书，并在其资质等级许可的范围内承担工程监理业务。

禁止工程监理单位超越本单位资质等级许可的范围或者以其他工程监理单位的名义承担工程监理业务。禁止工程监理单位允许其他单位或者个人以本单位的名义承担工程监理业务。

2）工程监理单位不得转让工程监理业务。

建设单位之所以将监理工作委托给某个工程监理单位，往往是出于对该单位综合能力的信任，而并不仅仅取决于其监理费报价是否较低。因此，和其他委托代理合同一样，建设工程委托监理合同通常是建立在信赖关系的基础上，具有较强的人身性。工程监理单位接受委托后，应当自行完成工程监理工作，不得转让监理业务。

3）工程监理单位不得与被监理工程的施工承包单位以及建筑材料、建筑构配件和设备供应单位有隶属关系或者其他利害关系。

这里的隶属关系是指工程监理单位与被监理工程的施工承包单位以及建筑材料、建筑构配件和设备供应单位有行政上下级关系等；其他利害关系是指他们之间存在的可能直接影响监理工作公正性的经济或其他利害关系，如参股、联营等关系。

由于工程监理单位与被监理工程的承包单位以及建筑材料、建筑构配件和设备供应单位之间是一种监督与被监督的关系，为了保证工程监理单位能客观、公正地执行监理任务，工程监理单位不得与他们有隶属关系或者其他利害关系。

4）工程监理单位应当依照法律、行政法规以及有关技术标准、设计文件和建设工程承包合同，代表建设单位对施工实施监理，并对施工质量承担监理责任。

5）监理工程师应当按照工程监理规范的要求，采取旁站、巡视和平行检验等形式对建设工程实施监理。

旁站监理是指监理人员在房屋建筑工程施工阶段监理中对关键部位、关键工序的施工质量实施全过程现场跟班的监督活动。巡视主要强调除了关键点的质量控制外，监理工程师还应对施工现场进行面上的巡查监理。平行检验主要强调监理单位对施工单位已经检验的工程应及时进行检验。对于关键性、较大体量的工程实物，采取分段后平行检验的方式，有利于及时发现质量问题，及时采取措施予以纠正。

8.1.6 实务问题解析

1. 建设单位未依法提交有关报告造成质量缺陷应承担责任

从事建设工程活动，必须严格执行基本建设程序，坚持先勘察、后设计、再施工原则。建设单位未提前交付地质勘查报告、施工图设计文件未经过建设主管部门审查批准的，应对因双方签约前未曾预见的特殊地质条件导致的工程质量问题承担主要责任。

案例： 海擎重工机械有限公司（以下简称海擎公司）与江苏中兴建设有限公司（以下简称中兴公司）、中国建设银行股份有限公司泰兴支行建设工程施工合同纠纷案。【见《最高人民法院公报》2015 年第 6 期】

最高人民法院认为，《建设工程质量管理条例》第五条规定，从事建设工程活动，必须严格执行基本建设程序，坚持先勘查、后设计、再施工的原则；第十一条规定，建设单位应当将施工图设计文件报县级以上人民政府建设行政主管部门或者其他有关部门审查。施工图设计文件未经审查批准的，不得使用。本案中，工程质量问题产生的原因很大程度是基于当地特殊的地质。根据《建设工程质量管理条例》的要求，在基本建设的规定程序中，与工程质量的形成关系密切的是勘察、设计、施工三个阶段。勘察工作为设计提供地质、水文等情况，给出地基承载力。勘察成果文件是设计工作的基础资料，设计单位据此确定选用的结构形式，进行地基基础设计，向施工单位提供施工图，施工单位按图施工。本案中，海擎公司在招投标过程中未能提供证据证明曾提供岩土工程详细勘查报告，而是在签订合同的次日才提交，给工程质量事故的发生造成隐患，海擎公司应当对此承担责任。海擎公司虽在二审庭审中提交了连云港市建设施工图审查中心出具的"施工图设计审查意见书"，该意见书关于地基处理及结构设计的安全性、合理性的评价为"无违反强条、强标"，但同时说明"因承台埋置较深，至流塑淤泥，设计应提醒施工单位做好基槽支护，同时设备基础应同时施工"。在审查综合意见中载明："各专业均存在不满足设计规范和标准的内容，应按审查意见组织修改与完善。"由此可见，该"施工图设计审查意见书"已经发现了施工地特殊土质以及设计方案中的承台高度可能造成的隐患，并提出了相应的要求，"调整、修改原设计，应按格式出具整改措施和正规设计变更，复查合格后，予以通过"。本案中，如果建设单位、监理单位与设计单位及时收到该意见书并给予充分重视，采取相应的保护措施或调整设计方案，则可能减轻或避免质量事故的发生。但该意见书出具的日期是2008年4月15日，此时工程质量事故已经发生，故意见书的出具已经于事无补。因此，本案中海擎公司违反行政法规未将施工图纸送审，且事后出具的"施工图设计审查意见书"对风险进行了提示、提出了整改及变更要求，应认定海擎公司未进行图纸报审与涉案工程质量事故的发生之间存在因果关系，并承担主要责任。中兴公司作为施工单位，在建设单位未提交岩土工程详细勘查报告和经过审核的施工图纸情况下，违背基本建设程序，急于报价承揽工程，亦有一定的过错。

2. 发包人可以自行委托第三方修复吗

在双方当事人已失去合作信任的情况下，为解决双方矛盾，人民法院可以判决由发包人自行委托第三方参照修复设计方案对工程质量予以整改，所需费用由承包人承担。

案例： 江苏南通二建集团有限公司（以下简称南通二建）与吴江恒森房地产开发有限公司（以下简称恒森公司）建设工程施工合同纠纷案。【见《最高人民法院公报》2014年第8期】

江苏高级人民法院认为，根据《中华人民共和国合同法》第一百零七条、第二百八十一条之规定，因施工方原因致使工程质量不符合约定的，施工方理应承担无偿修理、返工、改建或赔偿损失等违约责任。本案中，双方当事人对涉案屋面所做的工序进行了明确约定，然而南通二建在施工过程中擅自减少多道工序，尤其是缺少对防水起重要作用的2.0mm厚聚合物水泥基弹性防水涂料层，其交付的屋面不符合约定要求，导致屋面渗漏，理应对此承担违约责任。鉴于恒森公司几经局部维修仍不能彻底解决屋面渗漏，双方当事人亦失去信任的合作基础，为彻底解决双方矛盾，原审法院按照司法鉴定意见认定按全面设计方案修复，并判决由恒森公司自行委托第三方参照全面设计方案对屋面渗漏予以整改；南通二建承担与改建相应的责任有事实和法律依据，亦属必要。

8.2 建筑工程五方责任主体项目负责人质量法定义务与终身责任

建筑工程五方责任主体项目负责人是指承担建筑工程项目建设的建设单位项目负责人、勘察单位项目负责人、设计单位项目负责人、施工单位项目经理和监理单位总监理工程师。

8.2.1 建设单位项目负责人质量义务

建设单位项目负责人是指建设单位法定代表人或经法定代表人授权，代表建设单位全面负责工程项目建设全过程管理，并对工程质量承担终身责任的人员。建筑工程开工建设前，建设单位法定代表人应当签署授权书，明确建设单位项目负责人。建设单位项目负责人应当严格遵守以下规定并承担相应责任：

1）建设单位项目负责人应当依法组织发包，不得将工程发包给个人或不具有相应资质等级的单位；不得将一个单位工程的施工分解成若干部分发包给不同的施工总承包或专业承包单位；不得将施工合同范围内的单位工程或分部分项工程又另行发包；不得违反合同约定，通过各种形式要求承包单位选择指定的分包单位。建设单位项目负责人发现承包单位有转包、违法分包及挂靠等违法行为的，应当及时向住房城乡建设主管部门报告。

2）建设单位项目负责人在组织发包时应当提出合理的造价和工期要求，不得迫使承包单位以低于成本的价格竞标，不得与承包单位签订"阴阳合同"，不得拖欠勘察设计、工程监理费用和工程款，不得任意压缩合理工期。确需压缩工期的，应当组织专家予以论证，并采取保证建筑工程质量的相应措施，支付相应的费用。

3）建设单位项目负责人应当负责向勘察、设计、施工、工程监理等单位提供与建筑工程有关的真实、准确、齐全的原始资料；应当严格执行施工图设计文件审查制度，及时将施工图设计文件报有关机构审查，未经审查批准的不得使用，发生重大设计变更的应送原审图机构审查。

4）建设单位项目负责人应当在项目开工前按照国家有关规定办理工程质量手续，申请领取施工许可证。依法应当实行监理的工程，应当委托工程监理单位进行监理。

5）建设单位项目负责人应当加强对工程质量的控制和管理，不得以任何方式要求设计单位或者施工单位违反工程建设强制性标准，降低工程质量；不得以任何方式要求检测机构出具虚假报告；不得以任何方式要求施工单位使用不合格或者不符合设计要求的建筑材料、建筑构配件和设备；不得违反合同约定，指定承包单位购入用于工程建设的建筑材料、建筑构配件和设备或者指定生产厂、供应商。

6）建设单位项目负责人应当按照有关规定组织勘察、设计、施工、工程监理等有关单位进行竣工验收，并按照规定将竣工验收报告、有关认可文件或者准许使用文件报送备案。未组织竣工验收或验收不合格的，不得交付使用。

7）建设单位项目负责人应当严格按照国家有关档案管理的规定及时收集、整理建设项目各环节的文件资料，建立、健全建设项目档案和建筑工程各方主体项目负责人质量终身责任信息档案，并在建筑工程竣工验收后及时向住房城乡建设主管部门或者其他有关部门移交建设项目档案及各方主体项目负责人的质量终身责任信息档案。

8.2.2 建筑施工项目经理质量法定义务

1）建筑施工项目经理（以下简称项目经理）必须按规定取得相应执业资格；合同约定的项目经理必须在岗履职，不得违反规定同时在两个及两个以上的工程项目中担任项目经理。

2）项目经理必须对工程项目施工质量负全责，负责建立质量管理体系，负责配备专职质量、安全等施工现场管理人员，负责落实质量责任制、质量管理规章制度和操作规程。

3）项目经理必须按照工程设计图纸和技术标准组织施工，不得偷工减料。

4）项目经理必须组织对进入现场的建筑材料、构配件、设备、预拌混凝土等进行检验，未经检验或检验不合格不得使用；必须组织对涉及结构安全的试块、试件及有关材料进行取样检测。送检试样不得弄虚作假，不得篡改或者伪造检测报告，不得明示或暗示检测机构出具虚假检测报告。

5）项目经理必须组织做好隐蔽工程的验收工作，参加地基基础、主体结构等分部工程的验收，参加单位工程和工程竣工验收；必须在验收文件上签字，不得签署虚假文件。

6）项目经理必须定期组织质量隐患排查，及时消除质量隐患；必须落实住房城乡建设主管部门和工程建设相关单位提出的质量隐患整改要求，在隐患整改报告上签字。

7）项目经理必须组织对施工现场作业人员进行岗前质量教育，组织审核建筑施工特种作业人员操作资格证书，未经质量教育和无证人员不得上岗。

8）项目经理必须按规定报告质量事故，立即启动应急预案，保护事故现场，开展应急救援。

8.2.3 建筑工程勘察单位项目负责人质量法定义务

建筑工程勘察单位项目负责人（以下简称勘察项目负责人）是指经勘察单位法定代表人授权，代表勘察单位负责建筑工程项目全过程勘察质量管理，并对建筑工程勘察质量安全承担总体责任的人员。勘察项目负责人应当由具备勘察质量安全管理能力的专业技术人员担任。甲、乙级岩土工程勘察的项目负责人应由注册土木工程师（岩土）担任。建筑工程勘察工作开始前，勘察单位法定代表人应当签署授权书，明确勘察项目负责人。勘察项目负责人应当严格遵守以下规定并承担相应责任：

1）勘察项目负责人应当确认承担项目的勘察人员符合相应的注册执业资格要求，具备相应的专业技术能力，观测员、记录员、机长等现场作业人员符合专业培训要求。不得允许他人以本人的名义承担工程勘察项目。

2）勘察项目负责人应当依据有关法律法规、工程建设强制性标准和勘察合同（包括勘察任务委托书），组织编写勘察纲要，就相关要求向勘察人员交底，组织开展工程勘察工作。

3）勘察项目负责人应当对原始取样、记录的真实性和准确性负责，组织人员及时整理、核对原始记录，核验有关现场和试验人员在记录上的签字，对原始记录、测试报告、土工试验成果等各项作业资料验收签字。

4）勘察项目负责人应当对勘察成果的真实性和准确性负责，保证勘察文件符合国家规定的深度要求，在勘察文件上签字盖章。

5）勘察项目负责人应当对勘察后期服务工作负责，组织相关勘察人员及时解决工程设计和施工中与勘察工作有关的问题；组织参与施工验槽；组织勘察人员参加工程竣工验收，验收合格后在相关验收文件上签字，对城市轨道交通工程，还应参加单位工程、项目工程验收并在验收文件上签字；组织勘察人员参与相关工程质量事故分析，

第八章 建设工程质量
管理制度

并对因勘察原因造成的质量事故提出与勘察工作有关的技术处理措施。

6）勘察项目负责人应当对勘察资料的归档工作负责，组织相关勘察人员将全部资料分类编目、装订成册、归档保存。

勘察项目负责人对以上行为承担责任，并不免除勘察单位和其他人员的法定责任。

8.2.4 建筑工程设计单位项目负责人质量法定义务

建筑工程设计单位项目负责人（以下简称设计项目负责人）是指经设计单位法定代表人授权，代表设计单位负责建筑工程项目全过程设计质量管理，对工程设计质量承担总体责任的人员。设计项目负责人应当由取得相应工程建设类注册执业资格（主导专业未实行注册执业制度的除外），并具备设计质量管理能力的人员担任。承担民用房屋建筑工程的设计项目负责人原则上由注册建筑师担任。建筑工程设计工作开始前，设计单位法定代表人应当签署授权书，明确设计项目负责人。设计项目负责人应当严格遵守以下规定并承担相应责任：

1）设计项目负责人应当确认承担项目的设计人员符合相应的注册执业资格要求，具备相应的专业技术能力。不得允许他人以本人的名义承担工程设计项目。

2）设计项目负责人应当依据有关法律法规、项目批准文件、城乡规划、工程建设强制性标准、设计深度要求、设计合同（包括设计任务书）和工程勘察成果文件，就相关要求向设计人员交底，组织开展建筑工程设计工作，协调各专业之间及与外部各单位之间的技术接口工作。

3）设计项目负责人应当要求设计人员在设计文件中注明建筑工程合理使用年限，标明采用的建筑材料、建筑构配件和设备的规格、性能等技术指标，其质量要求必须符合国家规定的标准及建筑工程的功能需求。

4）设计项目负责人应当核验各专业设计、校核、审核、审定等技术人员在相关设计文件上的签字，核验注册建筑师、注册结构工程师等注册执业人员在设计文件上的签章，并对各专业设计文件验收签字。

5）组织设计人员解决施工中出现的设计问题。不得在违反强制性标准或不满足设计要求的变更文件上签字。应当根据设计合同中约定的责任、权利、费用和时限，组织开展后期服务工作。

6）设计项目负责人应当组织设计人员参加建筑工程竣工验收，验收合格后在相关验收文件上签字；组织设计人员参与相关工程质量事故分析，并对因设计原因造成的质量事故提出与设计工作相关的技术处理措施；组织相关人员及时将设计资料归档保存。

8.2.5 建筑工程项目总监理工程师质量法定义务

建筑工程项目总监理工程师（以下简称项目总监）是指经工程监理单位法定代表人授权，代表工程监理单位主持建筑工程项目的全面监理工作并对其承担终身责任的人员。建筑工程项目开工前监理单位法定代表人应当签署授权书，明确项目总监。项目总监应当严格执行以下规定并承担相应责任：

1）项目监理工作实行项目总监负责制。项目总监应当按规定取得注册执业资格；不得违反规定受聘于两个及以上单位从事执业活动。

2）项目总监应当在岗履职。应当组织审查施工单位报审的分包单位资格，督促施工单位落实劳务人员持证上岗制度；发现施工单位存在转包和违法分包的，应当及时向建设单位和有关主管部门报告。

3）工程监理单位应当选派具备相应资格的监理人员进驻项目现场。项目总监应当组织项目监理人员采取旁站、巡视和平行检验等形式实施工程监理，按照规定对施工单位报审的建筑材料、建筑构配件和设备进行检查，不得将不合格的建筑材料、建筑构配件和设备按合格签字。

4）项目总监发现施工单位未按照设计文件施工、违反工程建设强制性标准施工或者发生质量事故的，应当按照建设工程监理规范规定及时签发工程暂停令。

5）项目总监应当审查施工单位的竣工申请，并参加建设单位组织的工程竣工验收，不得将不合格工程按照合格签认。

项目总监责任的落实不免除工程监理单位和其他监理人员按照法律法规和监理合同应当承担和履行的相应责任。

8.3　建设工程竣工验收、备案

8.3.1　建设工程竣工验收的主体

《建设工程质量管理条例》规定，建设单位收到建设工程竣工报告后应当组织设计、施工、工程监理等有关单位进行竣工验收。对工程进行竣工检查和验收是建设单位法定的权利和义务。在建设工程完工后，承包单位应当向建设单位提供完整的竣工资料和竣工验收报告，提请建设单位组织竣工验收。建设单位收到竣工验收报告后应当及时组织设计、施工、监理等有关单位参加竣工验收，检查整个工程项目是否已按照设计要求和合同约定全部建设完成，并符合竣工验收条件。

8.3.2　建设工程竣工验收应当具备的法定条件

《建设工程质量管理条例》进一步规定，建设工程竣工验收应当具备下列条件：

1）完成建设工程设计和合同约定的各项内容。

2）有完整的技术档案和施工管理资料。

3）有工程使用的主要建筑材料、建筑构配件和设备的进场试验报告。

4）有勘察、设计、施工、工程监理等单位分别签署的质量合格文件。

5）有施工单位签署的工程保修书。建设工程经验收合格的，方可交付使用。

《房屋建筑和市政基础设施工程竣工验收规定》规定，工程符合下列要求方可进行竣工验收：

1) 完成工程设计和合同约定的各项内容。

2) 施工单位在工程完工后对工程质量进行了检查，确认工程质量符合有关法律、行政法规和工程建设强制性标准，符合设计文件及合同要求，并提出工程竣工报告。工程竣工报告应经项目经理和施工单位有关负责人审核签字。

3) 对于委托监理的工程项目，监理单位对工程进行了质量评估，具有完整的监理资料，并提出工程质量评估报告。工程质量评估报告应经总监理工程师和监理单位有关负责人审核签字。

4) 勘察、设计单位对勘察、设计文件及施工过程中由设计单位签署的设计变更通知书进行了检查，并提出质量检查报告。质量检查报告应经该项目勘察、设计负责人和勘察、设计单位有关负责人审核签字。

5) 有完整的技术档案和施工管理资料。

6) 有工程使用的主要建筑材料、建筑构配件和设备的进场试验报告以及工程质量检测和功能性试验资料。

7) 建设单位已按合同约定支付工程款。

8) 有施工单位签署的工程质量保修书。

9) 对于住宅工程，进行分户验收并验收合格，建设单位按户出具"住宅工程质量分户验收表"。

10) 建设主管部门及工程质量监督机构责令整改的问题全部整改完毕。

11) 法律、行政法规规定的其他条件。

8.3.3 工程验收程序

《房屋建筑和市政基础设施工程竣工验收规定》规定，工程竣工验收应当按以下程序进行：

1) 工程完工后，施工单位向建设单位提交工程竣工报告，申请工程竣工验收。实行监理的工程，工程竣工报告须经总监理工程师签署意见。

2) 建设单位收到工程竣工报告后，对符合竣工验收要求的工程组织勘察、设计、施工、监理等单位组成验收组，制订验收方案。对于重大工程和技术复杂工程，根据需要可邀请有关专家参加验收组。

3) 建设单位应当在工程竣工验收 7 个工作日前将验收的时间、地点及验收组名单书面通知负责监督该工程的工程质量监督机构。

4) 建设单位组织工程竣工验收。

① 建设、勘察、设计、施工、监理单位分别汇报工程合同履约情况和在工程建设各个环节执行法律、行政法规及工程建设强制性标准的情况。

② 审阅建设、勘察、设计、施工、监理单位的工程档案资料。

③ 实地查验工程质量。

④ 对工程勘察、设计、施工、设备安装质量和各管理环节等方面作出全面评价，形成经验收组人员签署的工程竣工验收意见。

参与工程竣工验收的建设、勘察、设计、施工、监理等各方不能形成一致意见时应当协商提出解决的方法，待意见一致后重新组织工程竣工验收。

8.3.4 工程竣工验收报告

《房屋建筑和市政基础设施工程竣工验收规定》规定，工程竣工验收合格后，建设单位应当及时提出工程竣工验收报告。工程竣工验收报告主要包括工程概况，建设单位执行基本建设程序情况，对工程勘察、设计、施工、监理等方面的评价，工程竣工验收时间、程序、内容和组织形式，工程竣工验收意见等内容。工程竣工验收报告还应附有下列文件：

1）施工许可证。

2）施工图设计文件审查意见。

3）有关各方签署的文件，包括经项目经理和施工单位有关负责人审核签字的工程竣工报告，经总监理工程师和监理单位有关负责人审核签字的工程质量评估报告，该项目勘察、设计负责人和勘察、设计单位有关负责人审核签字的质量检查报告，经项目经理和施工单位签署工程质量保修书。

4）验收组人员签署的工程竣工验收意见。

5）行政法规、部门规章规定的其他有关文件。

8.3.5 竣工验收监督

《房屋建筑和市政基础设施工程竣工验收规定》规定，负责监督该工程的工程质量监督机构应当对工程竣工验收的组织形式、验收程序、执行验收标准等情况进行现场监督，发现有违反建设工程质量管理规定行为的责令改正，并将对工程竣工验收的监督情况作为工程质量监督报告的重要内容。

8.3.6 专业验收

1. 建设工程竣工规划验收

《城乡规划法》规定，县级以上地方人民政府城乡规划主管部门按照国务院规定对建设工程是否符合规划条件予以核实。未经核实或者经核实不符合规划条件的，建设单位不得组织竣工验收。建设单位应当在竣工验收后6个月内向城乡规划主管部门报送有关竣工验收资料。

2. 建设工程竣工消防验收

《消防法》规定，按照国家工程建设消防技术标准需要进行消防设计的建设工程竣工，依照下列规定进行消防验收、备案：

1）国务院公安部门规定的大型人员密集场所和其他特殊建设工程，建设单位应当向公安机关消防机构申请消防验收。

2）其他建设工程，建设单位在验收后应当报公安机关消防机构备案，公安机关消防机构应当进行抽查。依法应当进行消防验收的建设工程，未经消防验收或者消防验收不合格的，禁止投入使用；其他建设工程经依法抽查不合格的，应当停止使用。

《建设工程消防监督管理规定》规定，公安机关消防机构应当自受理消防验收申请之日起 20 日内组织消防验收，并出具消防验收意见。公安机关消防机构对申报消防验收的建设工程，应当依照建设工程消防验收评定标准对已经消防设计审核合格的内容组织消防验收。对综合评定结论为合格的建设工程，公安机关消防机构应当出具消防验收合格意见；对综合评定结论为不合格的，应当出具消防验收不合格意见，并说明理由。

3. 建筑工程节能验收

《节约能源法》规定："不符合建筑节能标准的建筑工程，建设主管部门不得批准开工建设；已经开工建设的，应当责令停止施工、限期改正；已经建成的，不得销售或者使用。"国务院《民用建筑节能条例》进一步规定，建设单位组织竣工验收，应当对民用建筑是否符合民用建筑节能强制性标准进行查验；对不符合民用建筑节能强制性标准的、不得出具竣工验收合格报告。

4. 职业病防护项目验收

建设项目在竣工验收前，建设单位应当进行职业病危害控制效果评价。医疗机构可能产生放射性职业病危害的建设项目竣工验收时，其放射性职业病防护设施经卫生行政部门验收合格后方可投入使用；其他建设项目的职业病防护设施应当由建设单位负责依法组织验收，验收合格后，方可投入生产和使用。安全生产监督管理部门应当加强对建设单位组织的验收活动和验收结果的监督核查。

5. 安全设施验收

矿山、金属冶炼建设项目和用于生产、储存危险物品的建设项目竣工投入生产或者使用前，应当由建设单位负责组织对安全设施进行验收，验收合格后方可投入生产和使用。安全生产监督管理部门应当加强对建设单位验收活动和验收结果的监督核查。

6. 防雷设施验收

房屋建筑工程和市政基础设施工程的防雷装置实行竣工验收备案，由住房城乡建设部门监管。

油库、气库、弹药库、化学品仓库、烟花爆竹、石化等易燃易爆建设工程和场所，雷电易发区内的矿区、旅游景点或者投入使用的建（构）筑物、设施等需要单独安装雷电防护装置的场所，以及雷电风险高且没有防雷标准规范、需要进行特殊论证的大型项目，由气象部门负责竣工验收许可。

公路、水路、铁路、民航、水利、电力、核电、通信等专业建设工程防雷管理由各专业部门负责。

8.3.7 建设工程竣工验收备案

《建设工程质量管理条例》规定，建设单位应当自建设工程竣工验收合格之日起 15 日内将建设工程竣工验收报告和规划、公安消防、环保等部门出具的认可文件或者准许使用文件报建设行政主管部门或者其他有关部门备案。建设行政主管部门或者其他有关部门发现建设单位在竣工验收过程中有违反国家有关建设工程质量管理规定行为的，责令停止使用，重新组织竣工验收。

1. 竣工验收备案时间及须提交的文件

依照《房屋建筑工程和市政基础设施工程竣工验收备案管理暂行办法》的规定，建设单位应当自工程竣工验收合格之日起 15 日内向工程所在地的县级以上地方人民政府建设行政主管部门备案。

建设单位办理工程竣工验收备案应当提交下列文件：

1）工程竣工验收备案表。

2）工程竣工验收报告。竣工验收报告应当包括工程报建日期，施工许可证号，施工图设计文件审查意见，勘察、设计、施工、工程监理等单位分别签署的质量合格文件及验收人员签署的竣工验收原始文件，市政基础设施的有关质量检测和功能性试验资料以及备案机关认为需要提供的有关资料。

3）法律、行政法规规定应当由规划、环保等部门出具的认可文件或者准许使用文件。

4）法律规定应当由公安消防部门出具的对大型的人员密集场所和其他特殊建设工程验收合格的证明文件。

5）施工单位签署的工程质量保修书。

6）行政法规、部门规章规定必须提供的其他文件。

住宅工程还应当提交"住宅质量保证书"和"住宅使用说明书"。

2. 竣工验收备案文件的签收和处理

备案机关收到建设单位报送的竣工验收备案文件，验证文件齐全后，应当在工程竣工验收备案表上签署文件收讫。工程竣工验收备案表一式两份，一份由建设单位保存，一份留备案机关存档。

工程质量监督机构应当在工程竣工验收之日起 5 日内向备案机关提交工程质量监督报告。

备案机关发现建设单位在竣工验收过程中有违反国家有关建设工程质量管理规定行为的，应当在收讫竣工验收备案文件 15 日内责令停止使用，重新组织竣工验收。

3. 竣工验收备案的性质

国务院于 2001 年发布的《关于第二批取消和调整行政审批项目的决定》规定，建设工程项目由审查性备案调整为告知性备案，可见备案是一种行政确认行为。

4. 竣工验收与竣工验收备案的区别

竣工验收是建设单位依据建设工程管理制度、竣工验收技术标准以及建设工程合同的约定，组织有关单位对建设工程进行查验接收的行为。《合同法》第二百七十九条规定，建设工程竣工后发包人应当根据施工图纸、说明书、国家颁发的施工验收规范和质量检验标准及时进行验收。《建设工程质量管理条例》第十六条规定，建设单位收到工程竣工报告后，应当组织设计、施工、工程监理等有关单位进行竣工验收。通过以上规定可以看出，工程竣工验收是建设单位组织设计、施工、监理等工程参与方，以平等的法律地位按照法律规定和合同约定自主进行的一种行为，是对施工单位是否全面履行合同义务、建设工程质量是否符合合同约定的一种确认，具有民事法律行为的性质，其效力及于合同各方当事人。

竣工验收备案是建设工程质检部门在建设单位申请备案并提交有关文件的情况下予以备案以供查考的行为。根据《建设工程质量管理条例》第四十六条和第四十九条的规定，竣工验收备案是建设行政主管部门对建设工程质量进行监督管理的制度之一。是否予以备案，是工程质检部门依法在自身职权范围内行使的权力，具有行政法律行为的性质。竣工验收备案并未对建设工程质量作出任何实体的认定，仅是对建设单位自主组织的竣工验收行为进行的程序性、形式性审查。

8.3.8　未经竣工验收提前使用的责任划分

建设工程未经竣工验收，发包人擅自使用后，又以使用部分质量不符合约定为由主张权利的，不予支持；但是承包人应当在建设工程的合理使用寿命内对地基基础工程和主体结构质量承担民事责任。

8.3.9　实务问题解析

问题 1：当事人对公安消防部门的消防验收备案结果通知行为能否提起行政诉讼？

戴世华诉济南市公安消防支队消防验收纠纷案，旨在明确建设工程消防验收备案结果通知含有消防竣工验收是否合格的评定，具有行政确认的性质，当事人对公安消防部门的消防验收备案结果通知行为提起行政诉讼的，人民法院应当依法予以受理。该案例明确建设工程消防验收备案结果通知行为具有行政确认的性质，属于行政诉讼的受案范围，在当前消防安全形势十分严峻的形势下，必将有利于监督消防部门严格履行验收职责，保障人民群众生命、财产的安全。【见最高人民法院第 12 批指导性案例指导案例 59 号】

问题 2：承包人未经发包人同意对工程组织验收，单方向质量监督部门办理竣工验收手续，质检部门就此出具的验收报告是否具有法律效力？

最高法院认为，《合同法》第二百七十九条第一款规定："建设工程竣工后，发包人应当根据施工图纸及说明书、国家颁发的施工验收规范和质量检验标准及时进行验收。验收合格的，发包人应当按照约定支付价款，并接收该建设工程。"《建设工程质量管理条例》第十六条规定："建设单位收到建设工程竣工报告后，应当组织设计、施工、工程监理等有关单位进行竣工验收。"上述法律、行政法规的规定表明，竣工验收既是发包人的权利，也是发包人的义务。发包人对建设工程组织验收，是建设工程通过竣工验收的必经程序。本案查明事实表明，旅游基地因不具有相关的开发建设资格，故将涉案工程的建设单位登记为鲸园公司。鲸园公司应本着诚实信用原则，维护旅游基地作为发包人权利义务的行使。双方签订的"建设工程施工合同"约定了鲸园公司提供竣工资料和验收报告的时间，表明旅游基地并未将其对工程组织验收的权利委托鲸园公司。鲸园公司在未经旅游基地同意情形下单方向质监站办理竣工验收手续，申报质量评定等级，侵害了福利公司作为工程发包人的权利，导致质监站对该工程验收出具的工程竣工验收报告及工程优良评定证书不符合法定程序，不能产生相应的法律效力。鲸园公司依照质监站出具的工程竣工验收报告及工程优良评定证书主张工程已经竣工验收，且质量优良，福利公司应当支付工程优良奖的理由不成立，本院不予支持。【威海市鲸园建筑有限公司与威海市福利企业服务公司、威海市盛发贸易有限公司拖欠建筑工程款纠纷案，见《最高人民法院公报》2013年第82期】

问题3：因组织工程竣工验收的主体不适格，质监部门出具的竣工验收报告不具有证明力。

《合同法》第二百七十九条规定："建设工程竣工后，发包人应当根据施工图纸及说明书、国家颁发的施工验收规范和质量检验标准及时进行验收。验收合格的，发包人应当按照约定支付价款，并接收该建设工程。"《建设工程质量管理条例》第十六条规定："建设单位收到建设工程竣工报告后，应当组织设计、施工、工程监理等有关单位进行竣工验收。"依照上述规定，承包人完成的工程，即其交付的工作成果是否合格，要由发包人进行验收。在建设工程施工合同中，发包人对承包人工作成果的验收方式就是组织工程的竣工验收，以确定承包人交付的工程是否符合质量约定。按照建筑行业解释，建设工程的竣工验收，是指建设单位（发包人）收到施工单位（承包人）的工程竣工验收申请后，根据建设工程质量管理法律制度和建设工程竣工验收技术标准，以及建设工程合同（勘察设计合同、施工合同、监理合同等）的约定，组织设计、施工、工程监理等有关单位对建设工程查验接收的行为。在承包人交付的工程通过竣工验收合格的情况下，发包人应当接受工程并支付价款。承包人未经发包人同意以发包人名义组织竣工验收，因组织验收主体不适格，验收程序违法，不产生工程竣工验收效力。质量监督管理部门在没有核实上述事实情况下出具的竣工验收报告不具有证据的证明力，不应予以采纳。【案件索引：〔2010〕民提字第210号，见《民事审判指导与参考》（第54辑）第134-148页】

问题4：当事人约定的质量标准可以高于国家标准吗？

根据国家标准《建筑工程施工质量验收统一标准》（GB 50300—2001）及相应的验收规范，建设工程质量经验收评定分为合格和不合格两个标准，《建筑法》《建设工程质量管理条例》均规定，建设工程必须经验收合格方可投入使用。因此，关于质量标准，允许当事人进行约定，当事人约定的标准可以高于国家规定的标准，但不能低于国家规定的标准。当事人可以约定比合格高的标准，如工程主体结构优良。合同中约定的建设工程质量标准低于国家规定的工程强制性标准，该约定无效；约定的质量标准高于国家规定的强制性标准，约定有效。如果当事人约定的质量标准高于国家标准，应对相应的标准做详细明确的约定，使该标准具有可操作性，便于检测或检验是否达到约定的标准。

2013版《建设工程施工合同（示范文本）》通用条款5.1.1条规定："工程质量标准必须符合现行国家有关工程施工质量验收规范和标准的要求。有关工程质量的特殊标准或要求由合同当事人在专用合同条款中约定。"通常情况下，发包方与承包方在合同中约定的工程质量标准为合格，达到"国家有关工程施工质量验收规范和标准的要求"，即为合格。

问题5：当事人可以约定建设工程奖项作为质量标准吗？

建设工程各种质量奖项，如白玉兰奖、鲁班奖、中州杯奖等不应作为工程质量标准。首先，各种质量奖项的获得具有一定的或然性，即即使达到了规定的条件，由于申报数量、获奖数量限制也可能存在落选的可能，即是否能获得合同约定的奖项具有一定的不确定性，将不确定作为工程质量标准是不科学的，也是无法把握的。合同是权利义务的分配，要求具体明确。其次，各种工程奖项是一种荣誉，是评奖组织机构根据自身认定的条件对承包商授予的一种荣誉，而不是相关权利主体按照一定标准的认定，以此作为质量标准不符合合同质量认定和验收的原则。

8.4 建设工程保修制度

8.4.1 简述

建筑工程质量保修制度，是指对建筑工程在交付使用后的一定期限内发现的质量缺陷，由施工单位承担维修责任的一种法律制度。质量缺陷，是指建设工程质量不符合工程建设强制性标准、设计文件以及承包合同中对质量的要求。

为了保证质量保修制度的执行，建设工程承包单位在向建设单位提交工程竣工验收报告时，应向建设单位出具质量保修书。如果承包人未提交质量保修书，发包人可不与承包人办理竣工结算。"建设工程质量保修书"具有承诺的性质，是承包合同所约定双方权利义务的延续，是施工单位对已竣工验收合格的建设工程承担保修责任的法律文本。"建设工程质量保修书"的内容包括以下几个方面。

1. 保修范围

保修范围应包括地基基础工程、主体结构工程、屋面防水工程和其他土建工程，以及电气管线、上下水管线的安装工程、供热供冷系统等项目。

2. 保修期限

保修期限应当按照保证建筑物合理使用年限内正常使用，维护使用者合法权益的原则确定。保修期限从竣工验收交付使用之日算起。

3. 承诺保修责任

建设工程施工单位向建设单位承诺保修范围、保修期限和具体实施保修的有关规定和措施，如保修的方法、人员和联络办法，答复和处理的时限，不履行保修责任的罚则等。

对于住宅工程的质量保修，《城市房地产开发经营管理条例》第三十一条规定："房地产开发企业应当在商品房交付使用时，向购买人提供住宅质量保证书和住宅使用说明书"。这对住宅工程质量保修制度的执行提出了更高的要求。

施工单位在"建设工程质量保修书"中对建设单位合理使用工程应有提示。因建设单位或用户使用不当或擅自改动结构、设备位置或不当装修和使用等造成的质量问题，施工单位不承担保修责任；因此而造成的房屋质量受损或其他用户损失，由责任人承担相应责任。

8.4.2 质量保修范围和期限

质量保修范围和期限由发包方和承包方在质量保修书中具体约定，双方约定的保修范围、保修期限必须符合国家有关规定。在正常使用条件下，房屋建筑工程的最低保修期限见表8.1。

表8.1 房屋建筑工程的最低保修期限

工程项目	最低保修期限
地基基础工程、主体结构工程	设计文件规定的该工程的合理使用年限
屋面防水工程，有防水要求的卫生间、房间和外墙面的防渗漏	5 年
供热与供冷系统	2 个采暖期、供冷期
电气管线、给排水管道、设备安装	2 年
装修工程	2 年

其他项目的保修期限由发包方与承包方约定。建设工程的保修期自竣工验收合格之日起计算。但是住宅工程售房单位对用户的保修期要从房屋出售之日起计算。

8.4.3 保修义务的责任落实和损失赔偿责任的承担

对于在建设工程保修期间出现的质量问题，虽由施工单位负责保修，但保修所发生的费用应当由造成质量缺陷的责任方负担。具体可根据以下情形确定：

1）施工单位未按国家有关工程建设规范、标准和设计要求施工，造成质量缺陷的，应当履行保修义务，并对造成的损失承担赔偿责任。

2）属于勘察、设计方面的原因造成的质量缺陷，由施工单位负责返修，费用由建设单位支付，建设单位可向勘察、设计单位追偿。

3）因建筑材料、建筑构配件和设备质量不合格引起的质量缺陷，属于施工单位负责采购的，由施工单位承担民事责任；属于建设单位负责采购的，但施工单位提出异议而建设单位坚持使用的，由建设单位承担民事责任；如果施工单位没有验收或者验收不合格仍然使用的，由建设单位与施工单位共同承担责任。

4）因建设单位或者建筑物所有人使用不当造成的质量缺陷，由建设单位或者建筑物所有人自行负责。

5）因意外事件等不可抗力造成的质量事故，由建筑物的所有人或者使用人承担责任。

6）对发包人提出的违反法律法规和建筑工程质量、安全标准，降低工程质量的要求，承包人不予拒绝而进行施工的，由建设单位与施工单位共同承担责任。

8.4.4 质量保证金的比例和提取

建设工程质量保证金（保修金）（以下简称保证金）是指发包人与承包人在建设工程承包合同中约定，从应付的工程款中预留，用以保证承包人在缺陷责任期内对建设工程出现的缺陷进行维修的资金。

保证金总预留比例不得高于工程价款结算总额的 3%。合同约定由承包人以银行保函替代预留保证金的，保函金额不得高于工程价款结算总额的 3%。

8.4.5 不得扣留保证金的情形与保证金的保管

在工程项目竣工前，已经缴纳履约保证金的，发包人不得同时预留工程质量保证金。采用工程质量保证担保、工程质量保险等其他保证方式的，发包人不得再预留保证金。

缺陷责任期内，实行国库集中支付的政府投资项目，保证金的管理应按国库集中支付的有关规定执行。其他政府投资项目，保证金可以预留在财政部门或发包方。缺陷责任期内，如发包方被撤销，保证金随交付使用资产一并移交使用单位管理，由使用单位代行发包人职责。

社会投资项目采用预留保证金方式的，发、承包双方可以约定将保证金交由第三方金融机构托管。

8.4.6 质量保证金的返还及缺陷责任期起算

发包人在接到承包人返还保证金申请后，应于 14 日内会同承包人按照合同约定的内容进行核实。如无异议，发包人应当按照约定将保证金返还给承包人。对返还期限没有约定或者约定不明确的，发包人应当在核实后 14 日内将保证金返还承包人；逾期未返还的，依法承担违约责任。发包人在接到承包人返还保证金申请后 14 日内不予答复，经催告后 14 日内仍不予答复，视同认可承包人的返还保证金申请。

缺陷责任期一般为 1 年，最长不超过 2 年，具体可由发、承包双方在合同中约定。

缺陷责任期从工程通过竣工验收之日起计。由于承包人原因导致工程无法按规定期限进行竣工验收的，缺陷责任期从实际通过竣工验收之日起计。由于发包人原因导致工程无法按规定期限进行竣工验收的，在承包人提交竣工验收报告 90 日后工程自动进入缺陷责任期。

8.4.7 缺陷责任期内的工作

缺陷责任期内，由承包人原因造成的缺陷，承包人应负责维修，并承担鉴定及维修费。如承包人不维修也不承担费用，发包人可按合同约定从保证金或银行保函中扣除；费用超出保证金额的，发包人可按合同约定向承包人进行索赔。承包人维修并承担相应费用后，不免除对工程的损失赔偿责任。

由他人原因造成的缺陷，发包人负责组织维修，承包人不承担费用，且发包人不得从保证金中扣除费用。

8.4.8 几个概念的辨析

1. 缺陷责任期与保修期的区别

缺陷责任期是指承包人按照合同约定承担缺陷修复义务，且发包人预留质量保证金的期限。保修期是指承包人按照合同约定对工程承担保修责任的期限。

1）缺陷责任期一般为 1 年，最长不超过 2 年，具体期限由双方在合同中予以约定。保修期由当事人在合同中予以约定，但约定期限不得低于法定期限，低于法定最低保修期限的约定无效。当事人未约定保修期或者约定无效的，按照法定的最低保修期限执行。缺陷责任期届满，承包人仍应按合同约定的工程各部位保修期限承担保修义务。

2）两者的起算期限不同。缺陷责任期通常自工程实际竣工日期起计算，保修期从工程竣工验收合格之日起计算。

3）缺陷责任期是针对整个工程的一个统一期限，通常并不区分工程的不同部位；保修期是针对不同的保修部位而约定的期限，部位不同，保修期限也不同。

4）缺陷责任期可以延长，保修期通常不能延长。

5）除非双方在合同中明确约定，保修金的退回通常与保修期没有必然的联系，但与缺陷责任期有关系，保修金在缺陷责任期届满后退还。实践中，发包方在承包方起诉追讨剩余工程款时，通常以保修期未届满为由坚持应当从剩余工程款中扣除保修金。2013版《建设工程施工合同示范文本》引入了缺陷责任期的概念，很好地解决了保修金的退还问题，即保修金在缺陷责任期届满后退还。

2. 在建筑物的合理使用寿命内承包人的质量责任与保修责任辨析

建筑物的合理使用寿命即设计年限，一般是指建筑物的设计单位按设计的建筑物的地基基础和主体结构形式、施工方式和工艺等技术条件所确定的保证该建筑物正常使用的最低年限。

合理使用寿命内损害赔偿责任具有与保修责任不同的显著特点。在保修期内发生的质量问题，由承包人负责维修。当保修期届满后，在建筑物合理使用寿命期内，对于承包人原因导致的地基基础工程和主体结构工程缺陷及因该缺陷造成的建筑物所有人、使用人或第三人造成的损害，承包人应承担损害赔偿责任。这种损害赔偿责任不同于保修责任，不同之处主要体现在以下几点：

1）有权提起的主体不同。有权提起损害赔偿责任的主体可以是发包人、建筑物所有人、使用人或者其他人员。例如，因建筑物地基问题导致整个建筑物倒塌，而给过往行人、附近停靠的汽车造成损害的，行人、汽车的所有权人均有权提起损害赔偿之诉。只要发生了侵权事实，任何受到损害的主体都可以要求承包人承担侵权责任。而保修责任仅限于与承包人存在合同关系的发包人可以提起，如发包人受到了损害，发包人可以向承包人主张损害赔偿责任。

2）存在缺陷的建筑物部位不同。损害赔偿责任仅限于地基基础工程和主体结构的工程缺陷，保修责任的范围则广泛得多，包括施工方施工的或其在"工程质量保修书"中承诺保修的范围。

3）承担责任的范围不同。损害赔偿包括建筑物本身及其相关人身和财产损害，而保修责任一般仅限于建筑物本身。

4）承担责任的期限不同。合理使用寿命的期限远远长于保修期，保修期先于合理使用寿命期到期。

5）法律依据不同。损害赔偿责任依据的是法律规定的侵权责任，保修责任依据的是发包人和承包人签订的施工合同。当然，如果给发包人造成损害，发包人既可以以侵权为由主张赔偿责任，也可以依据合同以违约为由主张违约责任。

3. 返修责任与保修责任辨析

返修责任是指工程质量不符合合同约定的质量标准而应承担的法律责任。保修责任是指工程竣工验收后，在一定期限内出现质量问题，承包方负责免费修理的责任。二者的主要区别是：

1）责任期限不同。返修责任在建设工程竣工验收合格前，保修责任在法律或合同约定的保修期内。

2）责任方式不同。保修责任的主要方式是免费维修，承包方没有及时维修的，发包人可以另行委托他人修理，但费用从质量保证金中扣除。返修责任的责任方式是修理、减少价款、赔偿损失等。

8.4.9 实务问题解析

问题 1：建设工程施工合同无效是否承担质量保修责任？

建设工程施工合同无效，但建设工程经竣工验收合格并交付发包人使用，发包人仍应当参照合同约定向承包人支付工程价款。工程验收合格后，工程进入保修期。发包人要求参照合同约定扣留一定比例的工程款作为保修金，仍予支持。如保修期内出现质量问题，承包人仍参照合同约定承担保修责任。

问题 2：施工合同约定的工程保修期限低于法定最低保修期限是否有效？承包人要求返还质量保修金的，如何处理？

建设工程合同中约定工程保修期低于法律、行政法规规定的最低期限的，该约定无效。

当事人就工程质量保修金返还期限有约定的，依照其约定，但不影响承包人在保修期限内承担质量保修责任；没有约定或约定不明的，工程质量保修金的返还期限为工程竣工验收合格之日起 24 个月。

问题 3：在保修期内出现质量问题，发包人未按合同约定通知承包人维修，自行维修或委托他人维修的费用能否从保修金中扣减？

承包人承担的修理费用以由其自行修复所需的合理费用为限，这部分可以扣减，并不是发生的所有维修费都可扣减。

问题 4：承包人未及时保修，承担什么民事责任？

承包人未及时履行保修义务造成的损害，要依法承担损害赔偿责任。《建筑法》第七十五条规定，承包人"对在保修期内因屋顶、墙面渗漏、开裂等质量缺陷造成的损失，承担赔偿责任"。最高人民法院《关于审理建设工程施工合同纠纷案件适用法律问题的解释》第二十七条规定："因保修人未及时履行保修义务，导致建筑物毁损或者造成人身、财产损害的，保修人应当承担赔偿责任。保修人与建筑物所有人或者发包人对建筑物毁损均有过错的，各自承担相应的责任。"当保修人是建设工程的承包人时，由于其未及时履行保修义务，导致建筑物损毁或者人身、财产损害的，如受害人是发包人，对发包人而言，承包人既违反了合同约定，即保证工程质量的义务，属于违约行为，应承担违约责任，也侵犯了发包人的人身权和财产权，构成侵权，应当承担侵权责任。

依照《合同法》第一百二十二条"因当事人一方的违约行为，侵害对方人身、财产权益的，受损害方有权选择依照本法要求其承担违约责任或者依照其他法律要求其承担侵权责任"的规定，当受害人是发包人时，这构成了违约责任和侵权责任的竞合，发包人依法享有选择权，既可以选择提起违约之诉，也可选择提起侵权之诉，但只能选择其一。

8.5　建设工程质量监督

8.5.1　概念

建设工程质量监督是建设行政主管部门或国务院有关部委委托专业建设工程质量监督机构，为保证建设工程的使用安全和环境质量，依据国家有关法律、行政法规和强制性标准，以地基基础、主体结构、环境质量和有关工程建设各方主体的质量行为为主要内容，以施工许可证和竣工验收备案为主要手段的执法监督检查活动。

政府对建设工程质量监督的职能包括两大方面：

一是监督工程建设各方主体的质量行为是否符合国家法律、行政法规及强制性标准；

二是监督检查工程实体的施工质量，尤其是地基基础、主体结构、专业设备安装等涉及结构安全和使用功能的施工质量。

8.5.2　质量监督站的设立与职责

省、自治区、直辖市建委（建设厅）和国务院工业、交通各部门根据实际需要，可设置从事管理工作的工程质量监督总站。市、县建设工程质量监督站和国务院各工业、交通部门所设的专业建设工程质量监督站（以下均简称监督站）为建设工程质量监督的实施机构。其主要职责是：

1）办理建设单位工程建设项目报监手续，收取监督费。

2）依据国家有关法律、行政法规和工程建设强制性标准对建设工程的地基基础、主体结构及相关的建筑材料、构配件、商品混凝土的质量进行检验。

3）对于被检查实体质量有关的工程建设参与各方主体的质量行为及工程质量文件进行检查，发现工程质量问题时，有权采取局部暂停施工等强制性措施，直到问题得到改正。

4）对建设单位组织的竣工验收程序实施监督，查看其验收程序是否合法、资料是否齐全、实体质量是否存在缺陷。

5）工程竣工后，应向被委托的政府有关部门报送工程质量监督报告。

6）对需要实施行政处罚的，报告被委托的政府部门应当对其进行行政处罚。

8.5.3　建设工程质量监督的工作程序

建设单位在工程开工前1个月应到监督站办理监督手续，提交勘察设计资料等有关文件。监督站自接到文件、资料之日起的两周内确定该工程的监督员，通知建设、勘察、设计、施工单位，并提出监督计划。

8.5.4 监督工作的内容

1. 建设工程质量监督申报

在工程项目开工前，监督机构接受建设工程质量监督的申报手续，并对建设单位提供的文件资料进行审查，审查合格签发有关质量监督文件。

2. 开工前的质量监督

开工前，应召开参与各方的首次监督会议，公布监督方案，提出监督要求，并进行第一次监督检查。监督检查的主要内容为工程参与各方的质量保证体系的建立和完善，具体内容为：检查项目参与各方的质量保证体系；审查施工组织设计、监理规划等文件及审批手续；审查各方人员的资质证书。

3. 施工过程中的质量监督

其一，在工程建设全过程，监督机构按照监督方案对项目施工情况进行不定期的检查。其中，在基础结构阶段每月应安排监督检查。检查内容包括工程参与各方的质量行为及质量责任制的履行情况、工程实体质量和质量保证资料等。

其二，对建设工程项目结构主要部位（如桩基、基础、主体结构），除了常规检查外，在分部工程验收时进行监督，即建设单位将施工、监理、设计、建设方分别签字的质量验收证明在验收后三日内报监督机构备案。

其三，对施工中发生的质量问题、质量事故应及时进行查处。

4. 竣工阶段的质量监督

监督站在建设单位验收的基础上对工程质量实施备案管理，具体内容为：

其一，竣工验收前，对质量监督检查中提出质量问题的整改情况进行复查，了解其整改情况。

其二，参与竣工验收会议，对验收过程进行监督。

其三，编制单位工程质量监督报告，在竣工验收之日起五日内提交竣工验收备案部门。

5. 建立建设工程质量监督档案

建设工程质量监督档案按单位工程建立。要求归档及时、资料齐全，经监督机构负责人签字后归档，按规定年度保存。

8.6 质量管理法律责任

8.6.1 建设单位的质量管理法律责任

1. 建设单位（含项目负责人）质量管理行政责任清单

建设单位（含项目负责人）质量管理行政责任清单见表8.2。

表8.2 建设单位（含项目负责人）质量管理行政责任清单

序号	违法行为	处罚内容	处罚依据	责任主体
1	未取得施工许可证或者开工报告，未经批准擅自开工	责令停止施工，限期改正，对单位处工程合同价款1%以上2%以下的罚款；对建设单位项目负责人处单位罚款数额5%以上10%以下的罚款	《建筑法》第六十四条，《建设工程质量管理条例》第五十七、七十三条，《建筑工程施工许可证管理办法》第十二条	建设单位及项目负责人
2	为规避办理施工许可证将工程项目分解后擅自施工	责令停止施工，限期改正，对单位处工程合同价款1%以上2%以下罚款；对施工单位处3万元以下罚款；对单位直接负责的主管人员和其他直接责任人员处单位罚款数额5%以上10%以下的罚款	《建筑工程施工许可证管理办法》第十二条	建设单位及单位直接负责的主管人员和其他直接责任人员
3	采用欺骗、贿赂等不正当手段取得施工许可证	责令停止施工，并对单位处1万元以上3万元以下罚款；对单位直接负责的主管人员和其他直接责任人员处单位罚款数额5%以上10%以下的罚款	《建筑工程施工许可证管理办法》第十三条	建设单位及单位直接负责的主管人员和其他直接责任人员
4	建设单位隐瞒有关情况或者提供虚假材料申请施工许可证	发证机关不予受理或者不予许可，并对单位处1万元以上3万元以下罚款；对单位直接负责的主管人员和其他直接责任人员处单位罚款数额5%以上10%以下的罚款	《建筑工程施工许可证管理办法》第十四条	建设单位及单位直接负责的主管人员和其他直接责任人员
5	伪造或者涂改施工许可证	发证机关责令停止施工，并对单位处1万元以上3万元以下罚款；对单位直接负责的主管人员和其他直接责任人员处单位罚款数额5%以上10%以下的罚款	《建筑工程施工许可证管理办法》第十四条	建设单位及单位直接负责的主管人员和其他直接责任人员
6	将工程发包给不具有相应资质条件的承包单位	责令改正，对单位处50万元以上100万元以下的罚款；对建设单位项目负责人处单位罚款数额5%以上10%以下的罚款	《建筑法》第六十五条第一款，《建设工程质量管理条例》第五十四、七十三条	建设单位及项目负责人

139

序号	违法行为	处罚内容	处罚依据	责任主体
7	违反本法规定，将建筑工程肢解发包	责令改正，对单位处工程合同价款0.5%以上1%以下的罚款；对全部或者部分使用国有资金的项目，并可暂停项目执行或者暂停资金拨付；对建设单位项目负责人处单位罚款数额5%以上10%以下的罚款	《建筑法》第六十五条，《建设工程质量管理条例》第五十五、七十三条	建设单位及项目负责人
8	违法迫使承包方以低于成本价竞标	责令改正，对单位处20万元以上50万元以下罚款；对建设单位项目负责人处单位罚款数额5%以上10%以下的罚款	《建设工程质量管理条例》第五十六条第一项、第七十三条	建设单位及项目负责人
9	违法任意压缩合理工期	责令改正，处20万元以上50万元以下罚款；对建设单位项目负责人处单位罚款数额5%以上10%以下的罚款	《建设工程质量管理条例》第五十六条第二项、第七十三条	建设单位及项目负责人
10	明示或者暗示设计单位或者施工单位违反工程建设强制性标准，降低工程质量	责令改正，处20万元以上50万元以下罚款；对建设单位项目负责人处单位罚款数额5%以上10%以下的罚款	《建筑法》第七十二条，《建设工程质量管理条例》第五十六条第三项、第七十三条，《实施工程建设强制性标准监督规定》第十六条	建设单位及项目负责人
11	施工图设计文件未经审查或者审查不合格擅自施工	责令改正，处20万元以上50万元以下罚款；对建设单位项目负责人处单位罚款数额5%以上10%以下的罚款	《建设工程质量管理条例》第五十六条第四项、第七十三条	建设单位及项目负责人
12	必须实行工程监理而未实行工程监理	责令改正，处20万元以上50万元以下罚款；对建设单位项目负责人处单位罚款数额5%以上10%以下的罚款	《建设工程质量管理条例》第五十六条第五项、第七十三条	建设单位及项目负责人
13	未按照国家规定办理工程质量监督手续	责令改正，处20万元以上50万元以下罚款	《建设工程质量管理条例》第五十六条第六项、第七十三条	建设单位及项目负责人
14	明示或者暗示施工单位使用不合格的建筑材料、建筑构配件和设备	责令改正，处20万元以上50万元以下罚款；对建设单位项目负责人处单位罚款数额5%以上10%以下的罚款	《建设工程质量管理条例》第五十六条第七项、第七十三条，《实施工程建设强制性标准监督规定》第十六条	建设单位及项目负责人

序号	违法行为	处罚内容	处罚依据	责任主体
15	未按照国家规定将竣工验收报告、有关认可文件或者准许使用文件报送备案	责令改正，对单位处 20 万元以上 50 万元以下罚款；对建设单位项目负责人处单位罚款数额 5% 以上 10% 以下的罚款	《建设工程质量管理条例》第五十六条第八项、第七十三条	建设单位及项目负责人
16	未组织竣工验收，擅自交付使用	责令改正，对单位处工程合同价款 2% 以上 4% 以下罚款；对建设单位项目负责人处单位罚款数额 5% 以上 10% 以下的罚款	《建设工程质量管理条例》第五十八条第一项、第七十三条	建设单位及项目负责人
17	验收不合格，擅自交付使用	责令改正，对单位处工程合同价款 2% 以上 4% 以下罚款；对建设单位项目负责人处单位罚款数额 5% 以上 10% 以下的罚款	《建设工程质量管理条例》第五十八条第二项、第七十三条	建设单位及项目负责人
18	将不合格的建设工程按照合格工程验收	责令改正，对单位处工程合同价款 2% 以上 4% 以下罚款；对建设单位项目负责人处单位罚款数额 5% 以上 10% 以下的罚款	《建设工程质量管理条例》第五十八条第三项、第七十三条	建设单位及项目负责人
19	建设工程项目竣工验收后未及时移交建设项目档案	责令改正，处 1 万元以上 10 万元以下罚款；对建设单位项目负责人处单位罚款数额 5% 以上 10% 以下的罚款	《建设工程质量管理条例》第五十九、七十三条	建设单位及项目负责人
20	明示或者暗示检测机构出具虚假检测报告	责令改正，对单位处 1 万元以上 3 万元以下罚款	《建设工程质量检测管理办法》第三十一条	建设单位

2. 建设单位违反质量管理法规的损失赔偿问题

(1) 设计有缺陷

建设单位必须向施工单位提供与建设工程有关的原始资料，并保证真实、准确、齐全，与工程有关的原始资料包括工程图纸等。这是建设单位的法定义务，也往往是其约定义务。只要发包方提供的设计有缺陷，应承担由此造成的费用和（或）延误的工期，支付给承包人合理的利润。

发包方承担责任后，如果建设工程质量出现的瑕疵是由勘察、设计原因造成的，可以依据勘察合同、设计合同追究勘察人、设计人的责任。如果勘察单位未能按国家强制性标准进行勘察，则最终责任由勘察单位承担；如果设计单位未按工程建设强制性标准进行设计，或者在设计文件中选用的建筑材料、建筑构配件或设备不符合国家规定的质量标准，最终责任由设计单位承担。

如果发包人擅自变更建设工程设计导致工程质量瑕疵的，勘察人、设计人不承担责任，发包人应承担相应的责任。

《建设工程质量管理条例》第二十八条规定："施工单位在施工过程中发现设计文

第八章 建设工程质量
管理制度

件和图纸有差错的，应当及时提出意见和建议。"承包人应发现设计差错而未发现，或者发现设计差错但未及时提出意见和建议仍继续施工，造成工程质量缺陷的，属于混合过错，造成第三人损失的，由发包人与承包人承担连带责任。如果属于施工单位不应当发现的差错，或者施工单位发现后已向建设单位提出建议但没有被采纳而出现质量问题，则由建设单位承担全部责任。

（2）发包方提供或者指定购买的建筑材料、建筑构配件、设备不符合国家强制性标准

按照合同约定，由发包方提供建筑材料、建筑构配件和设备的，发包人应当保证建筑材料、建筑构配件和设备符合设计文件和合同要求。发包人不得明示或者暗示施工单位使用不合格的建筑材料、建筑构配件和设备。发包方提供或者指定购买的材料、建筑配件、设备不符合国家强制性标准的应当承担责任。

承包方对用于工程的建筑材料、建筑构配件和设备有法定和约定的检验义务。若承包方没有履行检验义务，而将不符合强制性标准的建筑材料、建筑构配件、设备使用到工程上，或虽然履行检验义务并发现了不符合强制性标准的建筑材料、建筑构配件、设备，但还是用到了工程上，造成工程质量缺陷，承包方也要承担违约责任。造成第三人损失的，则应由发包方与承包方承担连带责任。如果属于承包方检验不可能发现的问题，则承包方免于承担责任，发包方向承包方承担违约责任。

（3）直接指定分包人分包专业工程，造成工程质量缺陷

发包人应赔偿因此给承包人造成的损失。如果总包单位没有履行总包管理的义务，造成工程质量缺陷，则承包方也有过错，也要承担相应的责任。

（4）发包方的违法行为导致质量事故的主要情形

发包方的违法行为造成质量事故的，应予赔偿损失。具体可分为两大类：一是肢解发包建设工程；二是违法干预。违法干预有四种形式：明示或者暗示设计单位或者施工单位违反工程建设强制性标准，降低工程质量的；迫使承包方以低于成本的价格竞标的；任意压缩合理工期的；明示或者暗示施工单位使用不合格的建筑材料、建筑构配件和设备的。

（5）发包人违法竣工验收，造成损失

根据《建设工程质量管理条例》第五十八条的规定，发包人违法竣工验收，造成损失的，应当赔偿损失。

8.6.2 施工单位的质量法律责任

1. 施工单位及项目经理质量管理行政责任

施工单位及项目经理质量管理行政责任清单见表8.3。

8.3 施工单位及项目经理质量管理行政责任清单

序号	违法行为	处罚内容	处罚依据	责任主体
1	未取得施工许可证或者开工报告，未经批准擅自开工	对单位处3万元以下罚款	《建筑法》第六十四条，《建设工程质量管理条例》第五十七条，《建筑工程施工许可管理办法》第十二条	施工单位

序号	违法行为	处罚内容	处罚依据	责任主体
2	超越资质等级承揽工程	责令停止违法行为，对工单位处工程合同价款2%以上4%以下的罚款，可以责令停业整顿，降低资质等级；情节严重的，吊销资质证书；有违法所得的，予以没收	《建筑法》第六十五条第二款，《建设工程质量管理条例》第六十条	施工单位
3	未取得资质证书承揽工程	予以取缔，对单位处工程合同价款2%以上4%以下的罚款；有违法所得的，予以没收	《建筑法》第六十五条第三款，《建设工程质量管理条例》第六十条，《房屋建筑和市政基础设施工程施工分包管理办法》第十九条	施工单位
4	以欺骗手段取得资质证书	吊销资质证书，对单位处工程合同价款2%以上百4%以下的罚款；有违法所得的，予以没收	《建筑法》第六十五条第四款，《建设工程质量管理条例》第六十条	施工单位
5	转让、出借资质证书或者以其他方式允许他人以本企业的名义承揽工程	责令改正，没收违法所得，对单位处工程合同价款2%以上4%以下的罚款；可以责令停业整顿，降低资质等级；情节严重的，吊销资质证书	《建筑法》第六十六条，《建设工程质量管理条例》第六十一条	施工单位
6	承包单位将承包的工程转包或者违反规定分包工程	责令改正，没收违法所得，对单位处工程合同价款0.5%以上1%以下的罚款；可以责令停业整顿，降低资质等级；情节严重的，吊销资质证书	《建筑法》第六十七条，《建设工程质量管理条例》第六十二条	施工单位
7	偷工减料，使用不合格的建筑材料、建筑构配件和设备	责令改正，对单位处工程合同价款2%以上4%以下的罚款；造成建设工程质量不符合规定的质量标准的，负责返工、修理，并赔偿因此造成的损失；情节严重的，责令停业整顿，降低资质等级或者吊销资质证书；对项目经理处单位罚款数额5%以上10%以下的罚款	《建筑法》第七十四条，《建设工程质量管理条例》第六十四、七十三条	施工单位及项目经理
8	不按照工程设计图纸或者施工技术标准施工	责令改正，对单位处工程合同价款2%以上4%以下的罚款；造成建设工程质量不符合规定的质量标准的，负责返工、修理，并赔偿因此造成的损失；情节严重的，责令停业整顿，降低资质等级或者吊销资质证书；对项目经理处单位罚款数额5%以上10%以下的罚款	《建筑法》第七十四条，《建设工程质量管理条例》第六十四、七十三条	施工单位及项目经理
9	不履行保修义务或者拖延履行保修义务	责令改正，处10万元以上20万元以下的罚款	《建筑法》第七十五条，《建设工程质量管理条例》第六十六条	施工单位

第八章 建设工程质量管理制度

序号	违法行为	处罚内容	处罚依据	责任主体
10	未对进入现场的建筑材料、建筑构配件、设备、预拌商品混凝土进行检验	责令改正，对单位处10万元以上20万元以下的罚款；情节严重的，责令停业整顿，降低资质等级或者吊销资质证书；造成损失的，依法承担赔偿责任；对项目经理处单位罚款数额5%以上10%以下的罚款	《建设工程质量管理条例》第六十五、七十三条	施工单位及项目经理
11	未对涉及结构安全的试块、试件以及有关材料进行取样检测	责令改正，对单位处10万元以上20万元以下的罚款；情节严重的，责令停业整顿，降低资质等级或者吊销资质证书；造成损失的，依法承担赔偿责任；对项目经理处单位罚款数额5%以上10%以下的罚款	《建设工程质量管理条例》第六十五、七十三条	施工单位及项目经理
12	未参加分部工程、单位工程和工程竣工验收	责令改正，对单位处工程合同价款2%以上4%以下罚款；情节严重的，责令停业整顿，降低资质等级或者吊销资质证书；对项目经理处单位罚款数额5%以上10%以下的罚款	《建设工程质量管理条例》第六十四、七十三条	施工单位及项目经理

2. 施工单位违反质量管理法规的损失赔偿问题

（1）承包人没有按图、按标准施工

施工单位必须按照工程设计图纸和施工技术标准施工，不得擅自修改工程设计，不得偷工减料。按图施工，不仅是施工方的法定义务，也是其合同义务，如施工中确需变更的，必须按照一定的程序进行。施工方对变更施工图纸享有的只是建议权，而不是直接实施权。

承包人没有按图、按标准施工属于违约行为，其构成要件是只要承包人没有按图、按标准施工就要承担违约责任。承担责任方式是负责返工、修理，并赔偿因此造成的损失，自行承担由此增加的费用和延误的工期。

施工承包单位在施工过程中发现设计文件和图纸有差错的，应当及时提出意见和建议。承包人在施工过程中发现设计文件和图纸未能及时提出意见和建议，是有过错的，故不能免除其责任。

（2）承包人使用不合格建材

施工单位必须按照工程设计要求、施工技术标准和合同约定对建筑材料、建筑构配件、设备和商品混凝土进行检验，检验应当有书面记录和专人签字；检验不合格的，不得使用。施工单位检验不合格而使用，造成建设工程质量不符合规定的质量标准的，应承担违约责任，负责返工、修理，并赔偿因此造成的损失，自行承担由此增加的费用和延误的工期。

（3）承包人未对建材依法检验或对试块依法取样检测

施工单位必须按照工程设计要求、施工技术标准和合同约定对建筑材料、建筑构配件、设备和商品混凝土进行检验，未经检验而使用或检验不合格仍予使用，造成损失的，依法承担赔偿责任。

施工人员对涉及结构安全的试块、试件以及有关材料,应当在建设单位或者工程监理单位的监督下现场取样,并送具有相应资质等级的质量检测单位进行检测。未对涉及结构安全的试块、试件以及有关材料取样检测,造成损失的,依法承担赔偿责任。

　　(4)质量不符合约定的责任

　　《合同法》及有关司法解释规定,因施工人的原因致使建设工程质量不符合约定的,发包人有权要求施工人在合理期限内无偿修理或者返工、改建。经过修理或者返工、改建后,造成逾期交付的,施工人应承担违约责任。如果承包人拒绝修理、返工、改建,发包人请求减少支付工程价款的,应予支持。

8.6.3　工程勘察单位的质量法律责任

　　1. 工程勘察单位及项目负责人质量行政责任清单

　　工程勘察单位及项目负责人质量行政责任清单见表8.4。

表8.4　工程勘察单位及项目负责人质量行政责任清单

序号	违法行为	处罚内容	处罚依据	责任主体
1	未取得资质证书承揽工程	予以取缔,对单位处合同约定的勘察费1倍以上2倍以下的罚款;有违法所得的,予以没收	《建筑法》第六十五条,《建设工程质量管理条例》第六十条,《建设工程勘察设计管理条例》第三十五条	勘察单位
2	超越本单位资质等级承揽工程	责令停止违法行为,对单位处合同约定的勘察费1倍以上2倍以下的罚款;可以责令停业整顿,降低资质等级;情节严重的,吊销资质证书;有违法所得的,予以没收	《建筑法》第六十五条第二款,《建设工程质量管理条例》第六十条,《建设工程勘察设计管理条例》第三十五条	勘察单位
3	以欺骗手段取得资质证书承揽工程	吊销资质证书,对单位处合同约定的勘察费1倍以上2倍以下的罚款;有违法所得的,予以没收	《建筑法》第六十五条第三款,《建设工程质量管理条例》第六十条,《建设工程勘察设计管理条例》第三十五条	勘察单位
4	允许他人以本企业的名义承揽工程	责令改正,没收违法所得,对单位处合同约定的勘察费1倍以上2倍以下的罚款;可以责令停业整顿,降低资质等级;情节严重的,吊销资质证书;对负有直接责任的勘察项目负责人处单位罚款数额5%以上10%以下的罚款	《建筑法》第六十六条,《建设工程质量管理条例》第六十一、七十三条	勘察单位和项目负责人
5	将承包的工程转包,或者违反规定分包工程	责令改正,没收违法所得,对单位处合同约定的勘察费25%以上50%以下的罚款;可以责令停业整顿,降低资质等级;情节严重的,吊销资质证书;对负有直接责任的勘察项目负责人处单位罚款数额5%以上10%以下的罚款	《建筑法》第六十九条,《建设工程质量管理条例》第六十二条,《建设工程勘察设计管理条例》第三十九、七十三条	勘察单位和项目负责人

序号	违法行为	处罚内容	处罚依据	责任主体
6	未按照工程建设强制性标准进行勘察	责令改正，对单位处10万元以上30万元以下的罚款；造成工程质量事故的，责令停业整顿，降低资质等级；情节严重的，吊销资质证书；对负有直接责任的勘察项目负责人处单位罚款数额5%以上10%以下的罚款	《建设工程质量管理条例》第六十三条第一项、第七十三条，《建设工程勘察设计管理条例》第四十一条	勘察单位和项目负责人
7	原始记录不按照规定记录或者记录不完整，作业资料无责任人签字或签字不全	责令改正，对单位处1万元以上3万元以下的罚款；对负有直接责任的勘察项目负责人处企业罚款数额5%以上10%以下的罚款	《建设工程勘察质量管理办法》第二十五、二十七条	勘察单位和项目负责人
8	弄虚作假、提供虚假成果资料	责令改正，对单位处10万元以上30万元以下的罚款；造成工程质量事故的，责令停业整顿，降低资质等级；情节严重的，吊销资质证书；对负有直接责任的勘察项目负责人处企业罚款数额5%以上10%以下的罚款	《建设工程勘察质量管理办法》第二十四、二十七条	勘察单位和项目负责人
9	勘察文件没有勘察项目负责人签字	责令改正，对单位处1万元以上3万元以下的罚款；对负有直接责任的勘察项目负责人处企业罚款数额5%以上10%以下的罚款	《建设工程勘察质量管理办法》第二十五、二十七条	勘察单位和项目负责人
10	不组织相关勘察人员参加施工验收	责令改正，对单位处1万元以上3万元以下的罚款；对负有直接责任的勘察项目负责人处企业罚款数额5%以上10%以下的罚款	《建设工程勘察质量管理办法》第二十五、二十七条	勘察单位和项目负责人
11	不进行勘察文件归档保存	责令改正，对单位处1万元以上3万元以下的罚款；对负有直接责任的勘察项目负责人处企业罚款数额5%以上10%以下的罚款	《建设工程勘察质量管理办法》第二十五、二十七条	勘察单位和项目负责人

2. 违法勘察的民事责任承担

由于勘察单位未按照工程建设强制性标准进行勘察而造成损失的，依法承担赔偿责任。

8.6.4 设计单位的质量法律责任

1. 设计单位及项目负责人质量行政责任清单

设计单位及项目负责人质量行政责任清单见表8.5。

表8.5 设计单位及项目负责人质量行政责任清单

序号	违法行为	处罚内容	处罚依据	责任主体
1	未取得资质证书承揽工程	予以取缔，对单位处合同约定的设计费1倍以上2倍以下的罚款；有违法所得的，予以没收	《建筑法》第六十五条，《建设工程质量管理条例》第六十条，《建设工程勘察设计管理条例》第三十五条	设计单位

序号	违法行为	处罚内容	处罚依据	责任主体
2	超越本单位资质等级承揽工程	责令停止违法行为，对单位处合同约定的设计费1倍以上2倍以下的罚款；可以责令停业整顿，降低资质等级；情节严重的，吊销资质证书；有违法所得的，予以没收	《建筑法》第六十五条第二款，《建设工程质量管理条例》第六十条，《建设工程勘察设计管理条例》第三十五条	设计单位
3	以欺骗手段取得资质证书承揽工程	吊销资质证书，对单位处合同约定的设计费1倍以上2倍以下的罚款；有违法所得的，予以没收	《建筑法》第六十五条第三款，《建设工程质量管理条例》第六十条，《建设工程勘察设计管理条例》第三十五条	设计单位
4	允许他人以本企业的名义承揽工程	责令改正，没收违法所得，对单位处合同约定的设计费1倍以上2倍以下的罚款；可以责令停业整顿，降低资质等级；情节严重的，吊销资质证书；对负有直接责任的设计项目负责人处单位罚款数额5%以上10%以下的罚款	《建筑法》第六十六条，《建设工程质量管理条例》第六十一、七十三条	设计单位和项目负责人
5	将承包的工程转包，或者违反规定分包工程	责令改正，没收违法所得，对单位处合同约定的设计费25%以上50%以下的罚款；可以责令停业整顿，降低资质等级；情节严重的，吊销资质证书；对负有直接责任的设计项目负责人处单位罚款数额5%以上10%以下的罚款	《建筑法》第六十九条，《建设工程质量管理条例》第六十二、七十三条，《建设工程勘察设计管理条例》第三十九条	设计单位和项目负责人
6	未按照工程建设强制性标准设计	责令改正，对单位处10万元以上30万元以下的罚款；造成工程质量事故的，责令停业整顿，降低资质等级；情节严重的，吊销资质证书；对负有直接责任的设计项目负责人处单位罚款数额5%以上10%以下的罚款	《建设工程质量管理条例》第六十三条第一项、第七十三条，《建设工程勘察设计管理条例》第四十一条	设计单位和项目负责人
7	设计单位未根据勘察成果文件进行工程设计	责令改正，对单位处10万元以上30万元以下的罚款；造成工程质量事故的，责令停业整顿，降低资质等级；情节严重的，吊销资质证书；对负有直接责任的设计项目负责人处单位罚款数额5%以上10%以下的罚款	《建设工程质量管理条例》第六十三条第二项、第七十三条，《建设工程勘察设计管理条例》第四十一条	设计单位和项目负责人
8	设计单位违法指定生产厂、供应商	责令改正，对单位处10万元以上30万元以下的罚款；造成工程质量事故的，责令停业整顿，降低资质等级；情节严重的，吊销资质证书	《建设工程质量管理条例》第六十三条第三项，《建设工程勘察设计管理条例》第四十一条	设计单位

2. 违法设计的民事责任承担

由于设计单位未按照工程建设强制性标准进行设计而造成损失的，或设计单位未根据勘察成果文件进行工程设计的，或设计单位指定建筑材料、建筑构配件的生产厂、供应商而造成损失的，依法承担赔偿责任。

8.6.5 监理单位的质量法律责任

1. 监理单位及总监理工程师质量行政责任清单

监理单位及总监理工程师质量行政责任清单见表8.6。

表8.6 监理单位及总监理工程师质量行政责任清单

序号	违法行为	处罚内容	处罚依据	责任主体
1	未取得资质证书承揽工程	予以取缔，对单位处合同约定的监理酬金1倍以上2倍以下的罚款；有违法所得的，予以没收	《建筑法》第六十五条第二款，《建设工程质量管理条例》第六十条	监理单位
2	超越资质等级承揽工程	责令停止违法行为，对单位处合同约定的监理酬金1倍以上2倍以下的罚款；可以责令停业整顿，降低资质等级；情节严重的，吊销资质证书；有违法所得的，予以没收	《建筑法》第六十五条第三款，《建设工程质量管理条例》第六十条，《房屋建筑和市政基础设施工程施工分包管理办法》第十九条，《工程建设监理规定》第三十条	监理单位
3	以欺骗手段取得资质证书承揽工程	吊销资质证书，对单位处合同约定的监理酬金1倍以上2倍以下的罚款；有违法所得的，予以没收	《建筑法》第六十五条第四款，《建设工程质量管理条例》第六十条	监理单位
4	允许他人以本企业的名义承揽工程	责令改正，没收违法所得，对单位处合同约定的监理酬金1倍以上2倍以下的罚款；可以责令停业整顿，降低资质等级；情节严重的，吊销资质证书	《建筑法》第六十六条，《建设工程质量管理条例》第六十一条	监理单位
5	转让或分包监理业务	责令改正，没收违法所得，对单位处合同约定的监理酬金25%以上50%以下的罚款；可以责令停业整顿，降低资质等级；情节严重的，吊销资质证书	《建筑法》第六十九条，《建设工程质量管理条例》第六十二条，《工程建设监理规定》第三十条	监理单位
6	工程监理单位与建设单位或者建筑施工企业串通，弄虚作假、降低工程质量	责令改正，对单位处50万元以上100万元以下的罚款，降低资质等级或者吊销资质证书；有违法所得的，予以没收	《建筑法》第六十九条第一款，《建设工程质量管理条例》第六十七条	监理单位

序号	违法行为	处罚内容	处罚依据	责任主体
7	工程监理单位转让监理业务	责令改正，没收违法所得，对单位处合同约定的监理酬金25%以上50%以下的罚款；可以责令停业整顿，降低资质等级；情节严重的，吊销资质证书	《建筑法》第六十九条第二款，《建设工程质量管理条例》第六十二条第二款	监理单位
8	与建设单位串通，弄虚作假、降低工程质量	责令改正，对单位处50万元以上100万元以下的罚款，降低资质等级或者吊销资质证书	《建筑法》第六十九条，《建设工程质量管理条例》第六十七条	监理单位
9	将不合格的建设工程、建筑材料、建筑构配件和设备按照合格签字	责令改正，对单位处50万元以上100万元以下的罚款，降低资质等级或吊销资质证书；对项目总监处单位罚款数额5%以上10%以下的罚款	《建筑法》第六十九条，《建设工程质量管理条例》第六十七、七十三条	监理单位和项目总监
10	与被监理工程施工承包单位、建筑材料等供应单位有利害关系，承担该项建设工程的监理业务	责令改正，对单位处5万元以上10万元以下的罚款，降低资质等级或者吊销资质证书；有违法所得的，予以没收	《建设工程质量管理条例》第六十八、七十三条	监理单位
11	对不符合施工图设计文件要求的墙体材料、保温材料、门窗、采暖制冷系统和照明设备，按照符合施工图设计文件要求签字	责令改正，对单位处50万元以上100万元以下的罚款，降低资质等级或吊销资质证书	《建设工程质量管理条例》第六十七条	监理单位和项目总监
12	未按规定组织项目监理机构人员采取旁站、巡视和平行检验等形式实施监理，造成事故	因过错造成质量事故的，责令停止执业1年；造成重大质量事故的，吊销执业资格证书，5年以内不予注册；情节特别恶劣的，终身不予注册	《建设工程质量管理条例》第七十二条	项目总监
13	发现施工单位未按照法律法规以及有关技术标准、设计文件和建设工程承包合同施工，未要求施工单位整改，造成质量事故	因过错造成质量事故的，责令停止执业1年；造成重大质量事故的，吊销执业资格证书，5年以内不予注册；情节特别恶劣的，终身不予注册	《建设工程质量管理条例》第七十二条	项目总监
14	未按规定审查施工单位的竣工申请，未参加建设单位组织的工程竣工验收	给予警告，责令其改正；没有违法所得的，处1万元以下罚款；有违法所得的，处违法所得3倍以下且不超过3万元的罚款	《注册监理工程师管理规定》第三十一条	项目总监

第八章　建设工程质量管理制度

2. 监理单位的侵权责任

监理单位的侵权责任一般有以下情形：

1）工程监理单位与承包单位串通，为承包单位牟取非法利益，给建设单位造成损失的，应当与承包单位承担连带赔偿责任。

如前所述，工程监理单位与建设单位之间是代理与被代理的关系；而相对于建设工程委托监理合同，承包单位是第三人。根据《民法通则》第六十六条的规定，代理人和第三人串通，损害被代理人的利益的，由代理人和第三人负连带责任。《建筑法》第十三五条第二款规定的内容与《民法通则》第六十六条规定的内容是一致的。

2）监理单位与发包方或承包方串通、弄虚作假、降低工程质量，承担连带赔偿责任。

3）监理单位将不合格的建设工程、建筑材料、建筑构配件和设备按照合格签字的，承担连带赔偿责任。

8.6.6　建筑工程五方责任主体项目负责人质量终身责任

建筑工程五方责任主体项目负责人是指承担建筑工程项目建设的建设单位项目负责人、勘察单位项目负责人、设计单位项目负责人、施工单位项目经理和监理单位总监理工程师。

建筑工程五方责任主体项目负责人质量终身责任，是指参与新建、扩建、改建的建筑工程项目负责人按照国家法律法规和有关规定，在工程设计使用年限内对工程质量承担相应责任。

建设单位项目负责人对工程质量承担全面责任，不得违法发包、肢解发包，不得以任何理由要求勘察、设计、施工、监理单位违反法律法规和工程建设标准，降低工程质量，其违法违规或不当行为造成工程质量事故或质量问题的应当承担责任。

勘察、设计单位项目负责人应当保证勘察、设计文件符合法律法规和工程建设强制性标准的要求，对因勘察、设计导致的工程质量事故或质量问题承担责任。

施工单位项目经理应当按照经审查合格的施工图设计文件和施工技术标准进行施工，对因施工导致的工程质量事故或质量问题承担责任。

监理单位总监理工程师应当按照法律法规、有关技术标准、设计文件和工程承包合同进行监理，对施工质量承担监理责任。

符合下列情形之一的，县级以上地方人民政府住房城乡建设主管部门应当依法追究项目负责人的质量终身责任：

1）发生工程质量事故。

2）发生投诉、举报、群体性事件、媒体报道并造成恶劣社会影响的严重工程质量问题。

3）由于勘察、设计或施工原因造成尚在设计使用年限内的建筑工程不能正常使用。

4）存在其他需追究责任的违法违规行为。

工程质量终身责任实行书面承诺和竣工后永久性标牌等制度。

项目负责人应当在办理工程质量监督手续前签署工程质量终身责任承诺书，连同法定代表人授权书报工程质量监督机构备案。项目负责人如有更换的，应当按规定办理变更程序，重新签署工程质量终身责任承诺书，连同法定代表人授权书报工程质量监督机构备案。

建筑工程竣工验收合格后，建设单位应当在建筑物明显部位设置永久性标牌，载明建设、勘察、设计、施工、监理单位名称和项目负责人姓名。

建设单位应当建立建筑工程各方主体项目负责人质量终身责任信息档案，工程竣工验收合格后移交城建档案管理部门。项目负责人质量终身责任信息档案包括下列内容：

1）建设、勘察、设计、施工、监理单位项目负责人姓名、身份证号码、执业资格、所在单位、变更情况等。

2）建设、勘察、设计、施工、监理单位项目负责人签署的工程质量终身责任承诺书。

3）法定代表人授权书。

对建设单位项目负责人按以下方式进行责任追究：

1）项目负责人为国家公职人员的，将其违法违规行为告知其上级主管部门及纪检监察部门，并建议对项目负责人给予相应的行政、纪律处分。

2）构成犯罪的，移送司法机关依法追究刑事责任。

3）处单位罚款数额 5% 以上 10% 以下的罚款。

4）向社会公布曝光。

对勘察单位项目负责人、设计单位项目负责人按以下方式进行责任追究：

1）项目负责人为注册建筑师、勘察设计注册工程师的，责令停止执业 1 年；造成重大质量事故的，吊销执业资格证书，5 年以内不予注册；情节特别恶劣的，终身不予注册。

2）构成犯罪的，移送司法机关依法追究刑事责任。

3）处单位罚款数额 5% 以上 10% 以下的罚款。

4）向社会公布曝光。

对施工单位项目经理按以下方式进行责任追究：

1）项目经理为相关注册执业人员的，责令停止执业 1 年；造成重大质量事故的，吊销执业资格证书，5 年以内不予注册；情节特别恶劣的，终身不予注册。

2）构成犯罪的，移送司法机关依法追究刑事责任。

3）处单位罚款数额 5% 以上 10% 以下的罚款。

4）向社会公布曝光。

对监理单位总监理工程师按以下方式进行责任追究：

1）责令停止注册监理工程师执业 1 年；造成重大质量事故的，吊销执业资格证书，5 年以内不予注册；情节特别恶劣的，终身不予注册。

2）构成犯罪的，移送司法机关依法追究刑事责任。

3）处单位罚款数额 5% 以上 10% 以下的罚款。

4）向社会公布曝光。

项目负责人因调动工作等原因离开原单位后，被发现在原单位工作期间违反国家法律法规、工程建设标准及有关规定，造成所负责项目发生工程质量事故或严重质量问题的，仍应依法追究相应责任。

项目负责人已退休的，被发现在工作期间违反国家法律法规、工程建设标准及有关规定，造成所负责项目发生工程质量事故或严重质量问题的，仍依法追究相应责任，且不得返聘从事相关技术工作。项目负责人为国家公职人员的，根据其承担的责任依法应当给予降级、撤职、开除处分的，按照规定相应降低或取消其享受的待遇。

8.6.7 工程重大安全事故罪

1. 工程重大安全事故罪的概念

《刑法》第一百三十七条规定："建设单位、设计单位、施工单位、工程监理单位违反国家规定，降低工程质量标准，造成重大安全事故的，对直接责任人员，处五年以下有期徒刑或者拘役，并处罚金；后果特别严重的，处五年以上十年以下有期徒刑，并处罚金。"

根据上述法律规定，工程重大安全事故罪是指建设单位、设计单位、施工单位、工程监理单位违反国家规定，降低工程质量标准，造成重大安全事故的行为。

2. 立案标准

所谓重大安全事故，是指建筑工程在建设中或者交付使用后，由于内在的工程质量的缺陷导致建筑工程倒塌或者报废、机械设备毁坏、安全设施受损、致人重伤、死亡或者重大经济损失等，这是构成本罪的重要条件。根据 2008 年 6 月 25 日最高人民检察院、公安部《关于公安机关管辖的刑事案件立案追诉标准的规定（一）》第十三条的规定，建设单位、设计单位、施工单位、工程监理单位违反国家规定，降低工程质量标准，涉嫌下列情形之一的，应当按照刑事犯罪进行追诉：

1）造成死亡 1 人以上，或者重伤 3 人以上。

2）造成直接经济损失 50 万元以上的。

3）其他造成严重后果的情形。

3. 工程重大安全事故罪与非罪界定

建设单位、设计单位、施工单位、工程监理单位违反国家规定，降低工程质量标准，虽然造成了安全事故，没有造成人员死亡，重伤人员不足 3 人，直接经济损失不足 50 万元，没有造成其他严重后果的，不构成工程重大安全事故罪，但是按照相关法律规定，应当承担相应的民事和行政责任。例如，依照《建筑法》的规定，工程监理单位与建设单位或者建筑施工企业串通，弄虚作假、降低工程质量的，责令改正，处以罚款，降低资质等级或者吊销资质证书；有违法所得的，予以没收；造成损失的，承担连带赔偿责任。工程监理单位转让监理业务的，责令改正，没收违法所得，可以责令停业整顿，降低资质等级；情节严重的，吊销资质证书。建设单位违反法律规定要求建筑设计单位或者建筑施工企业违反建筑工程质量、安全标准，降低工程质量的，责令改正，可以处以罚款。建筑设计单位不按照建筑工程质量、安全标准进行设计的，责令改正，处以罚款；造成工程质量事故的，责令停业整顿，降低资质等级或者吊销资质证书，没收违法所得，并处罚款；造成损失的，承担赔偿责任。建筑施工企业在施工中偷工减料，使用不合格的建筑材料、建筑构配件和设备的，或者有其他不按照工程设计图纸或者施工技术标准施工的行为的，责令改正，处以罚款；情节严重的，责令停业整顿，降低资质等级或者吊销资质证书；造成建筑工程质量不符合规定的质量标准的，负责返工、修理，并赔偿因此造成的损失。以上行为一旦达到上述客观方面的严重后果，就要按照犯罪处理。

主要法规索引：

1. 《建筑法》（2011 年 7 月 1 日起施行）
2. 《建设工程质量管理条例》（2004 年 5 月 19 日起施行，2014 年 1 月 28 日根据国务院《关于取消和下放一批行政审批项目的决定》进行调整或取消）
3. 《房屋建筑工程质量保修办法》（2000 年 6 月 30 日起施行）
4. 《建设工程质量检测管理办法》（2005 年 11 月 1 日起施行）
5. 《房屋建筑和市政设施基础工程竣工验收备案管理办法》（2009 年修正）
6. 《房屋建筑和市政设施基础工程质量监督管理规定》（2010 年 9 月 1 日起施行）
7. 《城市建设档案管理规定》（2011 年第二次修正）
8. 《城市地下管线工程档案管理办法》（2011 年修正）
9. 住房和城乡建设部、财政部《关于印发建设工程质量保证金管理办法的通知》（建质〔2017〕138 号，2017 年 6 月 20 日）

思考与练习

一、单项选择题（每题的备选项中，只有 1 个最符合题意）

1. 某施工单位于 2002 年 5 月 20 日签订施工合同，承建工程为六层砖混结构，七度抗震设防，施工图通过审批。工程于 2002 年 10 月 10 日开工建设。施工中技术人员发现图纸中有一处抗震设计差错，此时施工企业应（　　）。

A. 按原图纸继续施工　　　　　　　B. 及时提出意见和建议

C. 自行修改正确后施工　　　　　　D. 和监理工程师协商一致后继续施工

2. 下列关于建筑材料检验的说法，正确的是（　　）。

A. 对建设单位提供的建筑材料，施工单位不必进行检验

B. 检验合格的建筑材料未经总监理工程师签字，不得在工程上使用

C. 施工单位应当对建筑材料进行检验

D. 设计单位应当对推荐的建筑材料负责检验

3. 按照《建设工程质量管理条例》的要求，施工单位必须按照工程设计要求、

（　　）和合同约定对建筑材料、建筑构配件、设备和商品混凝土进行检测，检验应当有书面记录和专人签字。

A. 施工技术标准　　　　　　　　　B. 总监理工程师的要求

C. 监理单位的要求　　　　　　　　D. 建设行政主管部门的要求

4. 某工程地下室柱子钢筋绑扎完成，准备浇筑混凝土时，按《建设工程质量管理条例》的要求，施工单位应通知建设单位和（　　）参加隐蔽验收。

A. 建设行政主管部门　　　　　　　B. 设计单位

C. 建设工程质量监督机构　　　　　D. 勘察单位

5. 施工人员对涉及结构安全的试块、试件以及有关材料应当在（　　）的监督下现场取样并送检。

A. 设计单位　　　　　　　　　　　B. 工程质量监督机构

C. 监理单位　　　　　　　　　　　D. 施工企业质量管理部门

6. 关于建设单位质量责任和义务的说法，错误的是（　　）。

A. 不得明示或暗示设计单位或者施工企业违反工程建设强制性标准，降低建设工程质量

B. 应当依法报审施工图设计文件

C. 不得将建设工程肢解发包

D. 在领取施工许可证或开工报告后，按照国家有关规定办理工程质量监督手续

7. 建设工程质量监督部门对某施工项目进行检查时提出了若干检查要求，其中不属于质量监督部门职权范围的检查内容是（　　）。

A. 要求出示施工项目经理和技术负责人的资格证书

B. 要求提交质量保证体系和质量责任制度文件

C. 抽查施工中主要建筑材料的质量

D. 检查劳动合同履行及劳动保护情况

8. 建设单位办理工程竣工验收备案应提交的材料不包括（　　）。

A. 规划、招投标、公安消防、环保部门的完整备案文件

B. 工程竣工验收报告

C. 施工企业签署的工程质量保修书

D. 住宅工程的"住宅质量保证书""住宅使用说明书"

9. 关于建设工程未经竣工验收，发包人擅自使用后又以使用部分质量不符合约定为由主张权利的说法，正确的是（　　）。

A. 发包人以装饰工程质量不符合约定主张索赔的，应予支持

B. 承包人应当在工程的合理使用寿命内对地基基础和主体结构质量承担责任

C. 凡不符合合同约定或者验收规范的工程质量问题，承包人应当承担责任

D. 承包人的保修责任可以免除

10. 对于非施工单位原因造成的质量问题，施工单位也应负责返修，造成的损失及返修费用最终由（　　）承担。

A. 监理单位　　　　　　　　　　　B. 责任方

C. 建设单位　　　　　　　　　　　D. 施工单位

11. 根据《建设工程质量管理条例》，建设工程保修期自（　　）之日起计算。

A. 竣工验收合格　　　　　　　　　B. 交付使用

C. 发包方支付全部价款　　　　　　D. 竣工验收备案

12. 某项目的管道工程于 2003 年 3 月 15 日由建设单位组织有关各方对工程进行竣工验收，结论为合格。3 月 31 日当地建筑工程质量监督机构为该工程办理了竣工验收备案手续。按照《建设工程质量管理条例》的规定，该管道工程的最低保修期限截止日期是（　　）。

A. 2005 年 3 月 15 日　　　　　　B. 2005 年 3 月 31 日

C. 2008 年 3 月 15 日　　　　　　D. 2008 年 3 月 31 日

13. 某工程竣工验收合格后第 11 年内，部分梁板发生不同程度的断裂，经有相应资质的质量鉴定机构鉴定，确认断裂原因为混凝土施工养护不当致其强度不符合设计要求，则该质量缺陷应由（　　）。

A. 建设单位维修并承担维修费用

B. 施工单位维修并承担维修费用

C. 施工单位维修，设计单位承担维修费用

D. 施工单位维修，混凝土供应单位承担维修费用

14. 关于建设工程质量保修的说法，正确的是（　　）。

A. 全部或者部分使用政府投资的建设项目，按工程价款结算总额 3% 的比例预留保证金

B. 由他人原因造成的缺陷，发包人负责组织维修，并从保证金中扣除维修费用

C. 建设工程在超过合理使用年限后需要继续使用的，产权所有人应当委托鉴定，并根据鉴定结果采取加固、维修等措施，重新界定试用期

D. 发包人在接到承包人返还保证金申请后，应于 7 日内会同承包人按合同约定的内容进行核实

二、多项选择题（每题的备选项中，有 2 个或 2 个以上符合题意，至少有 1 个错项）

1. 关于总承包单位与分包单位对建设工程承担质量责任的说法，正确的有（　　）。

A. 分包单位按照分包合同的约定对其分包工程的质量向总承包单位及建设单位负责

B. 分包单位对分包工程的质量负责，总承包单位未尽到相应监管义务的，承担相应的补充责任

C. 建设工程实行总承包的，总承包单位应当对全部建设工程质量负责

D. 当分包工程发生质量责任或者违约责任，建设单位可以向总承包单位或分包单位请求赔偿；总承包单位或分包单位赔偿后，有权就不属于自己责任的赔偿向另一方追偿

E. 当分包工程发生质量责任或者违约责任，建设单位应当向总承包单位请求赔偿，总承包单位赔偿后，有权要求分包单位赔偿

2. 必须实施见证取样和送检的试块、试件和材料有 （　　　）。

A. 用于承重结构的混凝土试块　　　　B. 用于承重墙体的砌筑砂浆试块

C. 用于承重机构的钢筋及连接头试件　D. 所有的水泥材料

E. 地下、屋面、厕所间使用的防水材料

3. 关于工程质量检测机构职责的说法，正确的有 （　　　）。

A. 检测机构出具的检测报告应由检测机构法定代表人或授权的签字人签署

B. 检测机构对涉及结构安全的所有检测结果应及时报告建设主管部门

C. 检测机构对发现的违反强制性标准的情况应及时报告建设主管部门

D. 检测机构应当对检测结果不合格的项目建立单独的项目台账

E. 检测机构对发现的项目参与方的违规行为应及时报告建设单位

4. 建设单位拟装修其办公楼，其中涉及承重结构变动，则下列表述正确的有：建设单位 （　　　）。

A. 将装修方案报有关主管部门批准后方可施工

B. 在委托原设计单位提出设计方案后方可施工

C. 在委托相应资质等级单位提出设计方案后方可施工

D. 提出装修方案后即可要求承包单位施工

E. 可直接将装修任务发包给劳务公司

5. 工程竣工验收应当具备的条件有 （　　　）。

A. 有完整的档案和施工管理资料

B. 分包工程的质量必须优良

C. 有施工单位签署的工程保修书

D. 由勘察、设计、监理单位共同签署的质量合格文件

E. 主要功能项目的抽查结果应符合《产品质量法》的规定

三、思考题

1. 讨论施工单位的质量责任及风险防控。

2. 建设工程竣工验收前和验收合格后，承包人对建设工程质量问题分别承担什么责任？

3. 建设工程保修期间出现质量问题，维修费用由谁承担？

第九章 建设工程安全管理制度

9.1 概 述

9.1.1 安全生产的含义

《中国大百科全书》把安全生产定义为"是旨在保障劳动者在生产过程中的安全的一项方针，企业管理必须遵循的一项原则"。

2004年年初，国务院作出的《关于进一步加强安全生产工作的决定》明确了我国安全生产的中长期奋斗目标：第一阶段，到2007年，建立起较为完善的安全监管体系，全国安全生产状况稳定好转，重点行业和领域事故多发状况得到扭转，工矿企业事故死亡人数、煤矿百万吨死亡率、道路交通万车死亡率等指标均有一定幅度的下降；第二阶段，到2010年，初步形成规范完善的安全生产法治秩序，全国安全生产状况明显好转，重特大事故得到有效遏制，各类生产安全事故和死亡人数有较大幅度的下降；第三阶段，到2020年，实现全国安全生产状况的根本性好转，亿元国内生产总值事故死亡率、十万人事故死亡率等指标达到或接近世界中等发达国家水平。

从以上可以看出，安全生产的主要含义是在生产过程中保证从业人员的生命安全，死亡率是重要的评价指标。工程建设安全生产是指建筑生产过程中要避免人员、财产的损失及对周围环境的破坏，主要是保证建筑生产过程中一线施工人员的生命安全。

9.1.2 建设工程安全事故与建设工程质量事故的区别

建设工程安全事故与质量事故是容易混淆的概念，它们的区别主要表现在：

1）建设工程安全事故的受害人往往是一线从业人员，建设工程质量事故的受害人往往是工程的使用者。

2）建设工程安全事故发生的时间是在工程建设过程中，建设工程质量事故发生的时间一般是在使用过程中。

3）发生建设安全事故的原因总与安全违章行为有关，发生质量事故的原因总与质量违章行为有关。

4）安全控制的主要目标是保证从业人员的生命健康，质量控制的主要目标是实现工程项目预期的使用功能和质量标准。简而言之，前者关注"人"，后者关注"物"。

9.1.3 工程建设安全生产管理的思想基础

工程建设安全生产体现了"以人为本，关爱生命"的思想，符合马克思主义哲学关于人是生产力中决定性作用因素的科学判断。关心和维护作业人员的人身安全权利是社会主义制度的本质要求，是实现安全生产的重要条件。

"以人为本"就是指要从人的特点或实际出发，一切制度安排和政策措施"要体现人性，要考虑人情，要尊重人权，不能超越人的发展阶段，不能忽视人的需要"。"关爱生命"是安全生产工作的着眼点和落脚点，主要是保障人民群众的生命安全，即依法保护人的生命权，特别是从业人员的人身权利和与人身有关的财产权利。人的生命永远是第一位的。

9.2 建设工程安全生产许可制度

国家对矿山企业、建筑施工企业和危险化学品、烟花爆竹、民用爆破器材生产企业实行安全生产许可制度。企业未取得安全生产许可证的不得从事生产活动。

9.2.1 申请领取安全生产许可证的条件

《建筑施工企业安全生产许可证管理规定》规定了申请领取安全生产许可证的条件：

1）建立、健全安全生产责任制，制定完备的安全生产规章制度和操作规程。

2）保证本单位安全生产条件所需资金的投入。

3）设置安全生产管理机构，按照国家有关规定配备专职安全生产管理人员。

4）主要负责人、项目负责人、专职安全生产管理人员经建设主管部门或者其他有关部门考核合格。

5）特种作业人员经有关业务主管部门考核合格，取得特种作业操作资格证书。

6）管理人员和作业人员每年至少进行一次安全生产教育培训并考核合格。

7）依法参加工伤保险，依法为施工现场从事危险作业的人员办理意外伤害保险，为从业人员交纳保险费。

8）施工现场的办公、生活区及作业场所和安全防护用具、机械设备、施工机具及配件符合有关安全生产法律、法规、标准和规程的要求。

9）有职业危害防治措施，并为作业人员配备符合国家标准或者行业标准的安全防护用具和安全防护服装。

10）有对危险性较大的分部分项工程及施工现场易发生重大事故的部位、环节的预防、监控措施和应急预案。

11）有生产安全事故应急救援预案、应急救援组织或者应急救援人员，配备必要的应急救援器材、设备。

12）法律、法规规定的其他条件。

9.2.2 安全生产许可证的申请

建筑施工企业从事建筑施工活动前应当向企业注册所在地省、自治区、直辖市人民政府住房城乡建设主管部门申请领取安全生产许可证。

9.2.3 安全生产许可证的有效期

按照《安全生产许可证条例》的规定，安全生产许可证的有效期为 3 年。安全生产许可证有效期满需要延期的，企业应当于期满前 3 个月向原安全生产许可证颁发管理机关办理延期手续。企业在安全生产许可证有效期内严格遵守有关安全生产的法律法规，未发生死亡事故的，安全生产许可证有效期届满时，经原安全生产许可证颁发管理机关同意不再审查，安全生产许可证有效期延期 3 年。

9.2.4 政府监管

建筑施工企业变更名称、地址、法定代表人等，应当在变更后 10 日内到原安全生产许可证颁发管理机关办理安全生产许可证变更手续。建筑施工企业破产、倒闭、撤销的，应当将安全生产许可证交回原安全生产许可证颁发管理机关予以注销。建筑施工企业遗失安全生产许可证，应当立即向原安全生产许可证颁发管理机关报告，并在公众媒体上声明作废后方可申请补办。

住房城乡建设主管部门在审核发放施工许可证时，应当对已经确定的建筑施工企业是否有安全生产许可证进行审查，没有取得安全生产许可证的不得颁发施工许可证。企业不得转让、冒用安全生产许可证或者使用伪造的安全生产许可证。企业取得安全生产许可证后不得降低安全生产条件，并应当加强日常安全生产管理，接受安全生产许可证颁发管理机关的监督检查。安全生产许可证颁发管理机关发现企业不再具备安全生产条件的，应当暂扣或者吊销安全生产许可证。

9.3 建设单位安全法定义务

1. 依法办理有关批准手续

《建筑法》规定，有下列情形之一的，建设单位应当按照国家有关规定办理申请批准手续：

1）需要临时占用规划批准范围以外场地的。
2）可能损坏道路、管线、电力、邮电通信等公共设施的。
3）需要临时停水、停电、中断道路交通的。
4）需要进行爆破作业的。
5）法律、法规规定需要办理报批手续的其他情形。

2. 向施工单位提供与施工现场相关的资料

建设单位应当向施工单位提供施工现场及毗邻区域内供水、排水、供电、供气、供热、通信、广播电视等地下管线资料，气象和水文观测资料，相邻建筑物和构筑物、地下工程的有关资料，并保证资料的真实、准确、完整。

3. 不得提出违法要求和随意压缩合同约定工期

建设单位不得对勘察、设计、施工、工程监理等单位提出不符合建设工程安全生产法律、法规和强制性标准规定的要求，不得压缩合同约定的工期。

4. 保证安全生产投入

建设单位在编制工程概算时应当确定建设工程安全作业环境及安全施工措施所需的费用。

5. 不得要求购买、租赁和使用不符合安全施工要求的用具设备

建设单位不得明示或者暗示施工单位购买、租赁、使用不符合安全施工要求的安全防护用具、机械设备、施工机具及配件、消防设施和器材。

6. 建设单位办理施工许可证或开工报告时应当报送安全施工措施

建设单位在申请领取施工许可证时应当提供建设工程有关安全施工措施的资料。依法批准开工报告的建设工程，建设单位应当自开工报告批准之日起15日内将保证安全施工的措施报送建设工程所在地的县级以上地方人民政府建设行政主管部门或其他有关部门备案。

7. 拆除工程时履行的义务

建设单位应当将拆除工程发包给具有相应资质等级的施工单位。建设单位应在拆除工程施工15日前将下列资料报送建设工程所在地的县级以上地方人民政府建设行政主管部门或者其他有关部门备案：①施工单位资质等级证明；②拟拆除建筑物、构筑物及可能危及毗邻建筑的说明；③拆除施工组织方案；④堆放、清除废弃物的措施。

9.4 施工单位的安全义务

9.4.1 施工单位的安全生产责任制

1. 施工单位主要负责人的安全职责

施工单位主要负责人对本单位的安全生产全面负责。主要负责人对本单位的安全生产负有下列职责：

1）建立、健全本单位安全生产责任制。

2）组织制定本单位安全生产规章制度和操作规程。

3）组织制订并实施本单位安全生产教育和培训计划。

4）保证本单位安全生产投入的有效实施。

5）督促、检查本单位的安全生产工作，及时消除生产安全事故隐患。

6）组织制订并实施本单位的生产安全事故应急救援预案。

7）及时、如实报告生产安全事故。

建筑施工企业负责人（包括法定代表人、总经理、主管质量安全和生产工作的副总经理、总工程师和副总工程师）要定期带班检查，每月检查时间不少于其工作日的25%。

2. 施工单位项目负责人的安全职责

《安全生产法》规定，矿山、金属冶炼、建筑施工、道路运输单位和危险物品的生

产、经营、储存单位应当设置安全生产管理机构或者配备专职安全生产管理人员。

施工单位项目负责人是工程项目安全管理第一责任人。施工单位的项目负责人应当由取得相应执业资格的人员担任，对建设工程项目的安全施工负责，落实安全生产责任制度、安全生产规章制度和操作规程，确保安全生产费用的有效使用，并根据工程的特点组织制订安全施工措施，消除安全事故隐患，及时、如实报告生产安全事故。项目负责人每月带班生产时间不得少于本月施工时间的80%。

3. 施工单位安全生产管理机构及安全生产管理人员的职责

1）组织或者参与拟定本单位安全生产规章制度、操作规程和生产安全事故应急救援预案。

2）组织或者参与本单位安全生产教育和培训，如实记录安全生产教育和培训情况。

3）督促落实本单位重大危险源的安全管理措施。

4）组织或者参与本单位的应急救援演练。

5）检查本单位的安全生产状况，及时排查生产安全事故隐患，提出改进安全生产管理的建议。

6）制止和纠正违章指挥、强令冒险作业、违反操作规程的行为。

7）督促落实本单位的安全生产整改措施。

《建设工程安全生产管理条例》规定，施工单位应当设立安全生产管理机构，配备专职安全生产管理人员。专职安全生产管理人员负责对安全生产进行现场监督检查，发现安全事故隐患，应当及时向项目负责人和安全生产管理机构报告；发现违章指挥、违章操作的，应当立即制止。

9.4.2 总包单位和分包单位的安全生产责任

建设工程实行施工总承包的，由总承包单位对施工现场的安全生产负总责。总承包单位应当自行完成建设工程主体结构的施工，统一组织编制建设工程安全生产应急救援方案，负责统一上报事故。总承包单位依法将建设工程分包给其他单位的，分包合同中应当明确各自的安全生产方面的权利、义务。总承包单位和分包单位对分包工程的安全生产承担连带责任。分包单位应当服从总承包单位的安全生产管理。分包单位不服从管理导致生产安全事故的，由分包单位承担主要责任。

9.4.3 落实安全生产教育的义务

1. 三类人员的考核

施工单位的主要负责人、项目负责人、专职安全生产管理人员应当经建设行政主管部门或者其他有关部门考核合格后方可任职。

2. 特种作业人员的培训考核

垂直运输机械作业人员、安装拆卸工、爆破作业人员、起重信号工、登高架设作业人员等特种作业人员必须按照国家有关规定经过专门的安全作业培训，并取得特种作业操作资格证书后方可上岗作业。《建筑施工特种作业人员管理规定》规定，建筑施工特种作业人员包括：①建筑电工；②建筑架子工；③建筑起重信号司索工；④建筑起重机械司机；⑤建筑起重机械安装拆卸工；⑥高处作业吊篮安装拆卸工；⑦经省级以上人民政府建设主管部门认定的其他特种作业人员。

3. 施工单位全员的安全生产教育培训

施工单位应当对从业人员进行安全生产教育和培训，保证从业人员具备必要的安全生产知识，熟悉有关的安全生产规章制度和安全操作规程，掌握本岗位的安全操作技能，了解事故应急处理措施，知悉自身在安全生产方面的权利和义务。未经安全生产教育和培训合格的从业人员不得上岗作业。

施工单位使用被派遣劳动者的，应当将被派遣劳动者纳入本单位从业人员统一管理，对被派遣劳动者进行岗位安全操作规程和安全操作技能的教育和培训。劳务派遣单位应当对被派遣劳动者进行必要的安全生产教育和培训。

施工单位应当对管理人员和作业人员每年至少进行一次安全生产教育培训，其教育培训情况记入个人工作档案。安全生产教育培训考核不合格的人员不得上岗。

4. 几种特殊情形的安全生产教育培训

作业人员进入新的岗位或者新的施工现场前应当接受安全生产教育培训。未经教育培训或者教育培训考核不合格的人员不得上岗作业。施工单位要对新职工进行至少32学时的安全培训，每年进行至少20学时的再培训。

施工单位在采用新技术、新工艺、新设备、新材料时应当对作业人员进行相应的安全生产教育培训。

9.4.4 施工现场安全技术防护

1. 编制安全技术措施

施工单位应当在施工组织设计中编制安全技术措施和施工现场临时用电方案。

2. 编制安全专项施工方案

《建设工程安全生产管理条例》规定对下列达到一定规模的危险性较大的分部分项工程编制专项施工方案，并附具安全验算结果，经施工单位技术负责人、总监理工程师签字后实施，由专职安全生产管理人员进行现场监督：①基坑支护与降水工程；②土方开挖工程；③模板工程；④起重吊装工程；⑤脚手架工程；⑥拆除、爆破工程；⑦国务院建设行政主管部门或者其他有关部门规定的其他危险性较大的工程。

对前款所列工程中涉及深基坑、地下暗挖工程、高大模板工程的专项施工方案，施工单位还应当组织专家进行论证、审查。

住房和城乡建设部发布的《危险性较大分部分项工程安全管理办法》进一步规定了安全专项施工方案的编制、审核和实施。

（1）安全专项施工方案的编制

建筑工程实行施工总承包的，专项方案应当由施工总承包单位组织编制。其中，起重机械安装拆卸工程、深基坑工程、附着式升降脚手架等专业工程实行分包的，其专项方案可由专业承包单位组织编制。

（2）安全专项施工方案的审核

专项方案应当由施工单位技术部门组织本单位施工技术、安全、质量等部门的专业技术人员进行审核。经审核合格的，由施工单位技术负责人签字。实行施工总承包的，专项方案应当由总承包单位技术负责人及相关专业承包单位技术负责人签字。

不需专家论证的专项方案，经施工单位审核合格后报监理单位，由项目总监理工程师审核签字。实行施工总承包的，由施工总承包单位组织召开专家论证会。

施工单位应当根据论证报告修改完善专项方案，并经施工单位技术负责人、项目总监理工程师、建设单位项目负责人签字后方可组织实施。

实行施工总承包的，应当由施工总承包单位、相关专业承包单位技术负责人签字。

专项方案实施前，编制人员或项目技术负责人应当向现场管理人员和作业人员进行安全技术交底。

（3）安全专项施工方案的实施

施工单位应当指定专人对专项方案的实施情况进行现场监督和按规定进行监测，发现不按照专项方案施工的应当要求其立即整改，发现有危及人身安全紧急情况的应当立即组织作业人员撤离危险区域。

施工单位技术负责人应当定期巡查专项方案实施情况。

3. 安全技术交底

建设工程施工前，施工单位负责项目管理的技术人员应当对有关施工的技术要求向施工作业班组、作业人员详细说明，并由双方签字确认。

4. 现场防护

（1）设置警示标志

施工单位应当在施工现场入口处、施工起重机械、临时用电设施、脚手架、出入通道口、楼梯口、电梯井口、孔洞口、桥梁口、隧道口、基坑边沿、爆破物及有害危险气体和液体存放处等危险部位设置明显的安全警示标志。安全警示标志必须符合国家标准。

（2）特殊情形下的安全施工措施

施工单位应当根据不同施工阶段和周围环境及季节、气候的变化在施工现场采取相应的安全施工措施。施工现场暂时停止施工的，施工单位应当做好现场防护，所需费用由责任方承担，或者按照合同约定执行。

（3）施工现场临时设施的安全卫生要求

施工单位应当将施工现场的办公区、生活区与作业区分开设置，并保持安全距离。办公区、生活区的选址应当符合安全性要求。职工的膳食、饮水、休息场所等应当符合卫生标准。施工单位不得在尚未竣工的建筑物内设置员工集体宿舍。

（4）对施工现场周边的安全防护措施

施工单位对因建设工程施工可能造成损害的毗邻建筑物、构筑物和地下管线等应当采取专项防护措施。在城市市区内的建设工程，施工单位应当对施工现场实行封闭围挡。

（5）危险作业的施工现场安全管理

施工单位进行爆破、吊装以及国务院安全生产监督管理部门会同国务院有关部门规定的其他危险作业，应当安排专门人员进行现场安全管理，确保操作规程的遵守和安全措施的落实。

《危险化学品安全管理条例》规定，进行可能危及危险化学品管道安全的施工作业，施工单位应当在开工 7 日前书面通知管道所属单位，并与管道所属单位共同制订应急预案，采取相应的安全防护措施。管道所属单位应当指派专门人员到现场进行管道安全保护指导。

（6）安全防护设备、机械设备的安全管理

施工单位采购、租赁的安全防护用具、机械设备、施工机具及配件，应当具有生产（制造）许可证、产品合格证，并在进入施工现场前进行查验。施工现场的安全防护用具、机械设备、施工机具及配件必须由专人管理，定期进行检查、维修和保养，建立相应的资料档案，并按照国家有关规定及时报废。

（7）施工起重机械的安全使用管理

施工单位在使用施工起重机械和整体提升脚手架、模板等自升式架设设施前应当组织有关单位进行验收，也可以委托具有相应资质的检验检测机构进行验收；使用承租的机械设备和施工机具及配件的，由施工总承包单位、分包单位、出租单位和安装单位共同进行验收，验收合格的方可使用。《特种设备安全监察条例》规定的施工起重机械，在验收前应当经有相应资质的检验检测机构监督检验合格。

（8）施工单位安全生产费用的提取和使用管理

要保证本单位安全生产条件所需资金的投入，对于列入建设工程概算的安全作业环境及安全施工措施所需的费用，应当说明用于施工安全防护用具及设施的采购和更新、安全施工措施的落实、安全生产条件的改善，不得挪作他用。

《建筑工程安全防护、文明施工措施费用及使用管理规定》规定，投标方应当根据现行标准规范，结合工程特点、工期进度和作业环境要求，在施工组织设计文件中制定相应的安全防护、文明施工措施，并按照招标文件要求，结合自身的施工技术水平、管理水平对工程安全防护、文明施工措施项目单独报价。投标方安全防护、文明施工措施的报价不得低于依据工程所在地工程造价管理机构测定费率计算所需费用总额的 90%。

建设单位与施工单位在施工合同中对安全防护、文明施工措施费用预付、支付计划未作约定或约定不明的，合同工期在 1 年以内的，建设单位预付安全防护、文明施工措施项目费用不得低于该费用总额的 50%；合同工期在 1 年以上的（含 1 年），预付安全防护、文明施工措施费用不得低于该费用总额的 30%，其余费用应当按照施工进度支付。

实行工程总承包的，总承包单位依法将建筑工程分包给其他单位的，总承包单位与分包单位应当在分包合同中明确安全防护、文明施工措施费用由总承包单位统一管理。安全防护、文明施工措施由分包单位实施的，由分包单位提出专项安全防护措施及施工方案，经总承包单位批准后及时支付所需费用。

工程监理单位应当对施工单位落实安全防护、文明施工措施的情况进行现场监理。对施工单位已经落实的安全防护、文明施工措施，总监理工程师或者造价工程师应当及时审查并签认所发生的费用。监理单位发现施工单位未落实施工组织设计及专项施工方案中安全防护和文明施工措施的，有权责令其立即整改；对施工单位拒不整改或未按期限要求完成整改的，工程监理单位应当及时向建设单位和建设行政主管部门报告，必要时责令其暂停施工。

施工单位应当确保安全防护、文明施工措施费专款专用，在财务管理中单独列出安全防护、文明施工措施项目费用清单备查。施工单位安全生产管理机构和专职安全生产管理人员负责对建筑工程安全防护、文明施工措施的组织实施进行现场监督检查，并有权向建设主管部门反映情况。

工程总承包单位对建筑工程安全防护、文明施工措施费用的使用负总责。总承包单位应当按照上述规定及合同约定及时向分包单位支付安全防护、文明施工措施费用。总承包单位不按本规定和合同约定支付费用，造成分包单位不能及时落实安全防护措施导致发生事故的，由总承包单位负主要责任。

5. 意外伤害保险

施工单位应当为施工现场从事危险作业的人员办理意外伤害保险。意外伤害保险费由施工单位支付。实行施工总承包的，由总承包单位支付意外伤害保险费。意外伤害保险期限自建设工程开工之日起至竣工验收合格止。

9.5 勘察设计单位、监理单位及相关单位的法定安全义务

9.5.1 勘察单位的法定安全义务

1）勘察单位应当按照法律、法规和工程建设强制性标准进行勘察，提供的勘察文件应当真实、准确，满足建设工程安全生产的需要。

工程勘察是工程建设的"先行官"。工程勘察成果是建设工程项目规划、选址、设计的重要依据，也是保证施工安全的重要因素和前提条件。

2）勘察单位在勘察作业时应当严格执行操作规程，采取措施保证各类管线、设施和周边建筑物、构筑物的安全。

勘察项目负责人应当负责勘察现场作业安全，要求勘察作业人员严格执行操作规程，并根据建设单位提供的资料和场地情况，采取措施保证各类人员与场地内和周边建筑物、构筑物及各类管线设施的安全。

9.5.2 设计单位的法定安全义务

1）设计单位应当按照法律、法规和工程建设强制性标准进行设计，防止因设计不合理导致生产安全事故的发生。

工程建设强制性标准是工程建设技术和经验的总结和积累，对保证建设工程质量和施工安全起着至关重要的作用，因此设计单位在设计过程中必须考虑施工生产安全，

严格执行强制性标准。

2）提出防范生产安全事故的指导意见和措施建议。

设计单位应当考虑施工安全操作和防护的需要，对涉及施工安全的重点部位和环节在设计文件中注明，并对防范生产安全事故提出指导意见。对于采用新结构、新材料、新工艺的建设工程和特殊结构的建设工程，设计单位应当在设计中提出保障施工作业人员安全和预防生产安全事故的措施建议。

3）设计单位和注册建筑师等注册执业人员应当对其设计负责。

"谁设计，谁负责"是国际通行做法。如果由于设计责任造成事故，设计单位就要承担法律责任，还应当对造成的损失进行赔偿。

9.5.3 监理单位的安全管理法定义务

1. 承担建设工程安全生产的监理责任

工程监理单位和监理工程师应当按照法律法规和工程建设强制性标准实施监理，并对建设工程安全生产承担监理责任。

2. 对安全技术措施或专项施工方案进行审查

工程监理单位应当审查施工组织设计中的安全技术措施或者专项施工方案是否符合工程建设强制性标准。

3. 依法对施工安全事故隐患进行处理

工程监理单位在实施监理过程中发现存在安全事故隐患的，应当要求施工单位整改；情况严重的，应当要求施工单位暂时停止施工，并及时报告建设单位。施工单位拒不整改或者不停止施工的，工程监理单位应当及时向有关主管部门报告。

9.5.4 建设工程相关单位的安全义务

1. 设备检验检测单位的安全义务

检验检测机构对检测合格的施工起重机械和整体提升脚手架、模板等自升式架设设施应当出具安全合格证明文件，并对检测结果负责。承担安全评价、认证、检测、检验的机构应当具备国家规定的资质条件，并对其作出的安全评价、认证、检验、检测结果负责。

特种设备检验、检测机构及其检验、检测人员应当客观、公正、及时地出具检验、检测报告，并对检验、检测结果和鉴定结论负责。特种设备检验、检测机构及其检验、检测人员在检验、检测中发现特种设备存在严重事故隐患时，应当及时告知相关单位，并立即向负责特种设备安全监督管理的部门报告。

特种设备生产、经营、使用单位应当按照安全技术规范的要求向特种设备检验、检测机构及其检验、检测人员提供特种设备相关资料和必要的检验、检测条件，并对资料的真实性负责。

2. 机械设备等单位的相关安全义务

（1）提供机械设备和配件单位的安全义务

为建设工程提供机械设备和配件的单位，应当按照安全施工的要求配备齐全有效的保险、限位等安全设施和装置。

（2）出租机械设备和施工机具及配件单位的安全义务

《建设工程安全生产管理条例》规定，出租的机械设备和施工机具及配件应当具有生产（制造）许可证、产品合格证。出租单位应当对出租的机械设备和施工机具及配件的安全性能进行检测，在签订租赁协议时应当出具检测合格证明。禁止出租检测不合格的机械设备和施工机具及配件。

《建筑起重机械安全监督管理规定》规定，出租单位出租的建筑起重机械和使用单位购置、租赁、使用的建筑起重机械应当具有特种设备制造许可证、产品合格证、制造监督检验证明。出租单位在建筑起重机械首次出租前，自购建筑起重机械的使用单位在建筑起重机械首次安装前，应当持建筑起重机械特种设备制造许可证、产品合格证和制造监督检验证明到本单位工商注册所在地县级以上地方人民政府建设主管部门办理备案。出租单位应当在签订的建筑起重机械租赁合同中明确租赁双方的安全责任，并出具建筑起重机械特种设备制造许可证、产品合格证、制造监督检验证明、备案证明和自检合格证明，提交安装使用说明书。有下列情形之一的建筑起重机械不得出租、使用：

1）属国家明令淘汰或者禁止使用的。

2）超过安全技术标准或者制造厂家规定的使用年限的。

3）经检验达不到安全技术标准规定的。

4）没有完整安全技术档案的。

5）没有齐全有效的安全保护装置的。

3. 起重机械和自升式架设设施安装、拆卸单位的安全义务

（1）安装、拆卸起重机械和自升式架设设施必须具备相应的资质

在施工现场安装、拆卸施工起重机械和整体提升脚手架、模板等自升式架设设施，必须由具有相应资质的单位承担。

（2）编制安装、拆卸方案和现场监督

安装、拆卸施工起重机械和整体提升脚手架、模板等自升式架设设施，应当编制拆装方案、制定安全施工措施，并由专业技术人员现场监督。

《建筑起重机械安全监督管理规定》进一步规定，建筑起重机械使用单位和安装单位应当在签订的建筑起重机械安装、拆卸合同中明确双方的安全生产责任。

实行施工总承包的，施工总承包单位应当与安装单位签订建筑起重机械安装、拆卸工程安全协议书。安装单位应当履行下列安全职责：

1）按照安全技术标准及建筑起重机械的性能要求，编制建筑起重机械安装、拆卸工程专项施工方案，并由本单位技术负责人签字。

2）按照安全技术标准及安装使用说明书等检查建筑起重机械及现场施工条件。

3）组织安全施工技术交底并签字确认。

4）制订建筑起重机械安装、拆卸工程生产安全事故应急救援预案。

5）将建筑起重机械安装、拆卸工程专项施工方案和安装、拆卸人员名单及安装、拆卸时间等材料报施工总承包单位和监理单位审核后，告知工程所在地县级以上地方人民政府建设主管部门。

安装单位应当按照建筑起重机械安装、拆卸工程专项施工方案及安全操作规程组织安装、拆卸作业。

安装单位的专业技术人员、专职安全生产管理人员应当进行现场监督，技术负责人应当定期巡查。

（3）出具自检合格证明、进行安全使用说明、办理验收手续的义务

施工起重机械和整体提升脚手架、模板等自升式架设设施安装完毕后，安装单位应当自检，出具自检合格证明，向施工单位进行安全使用说明，办理验收手续并签字。

《建筑起重机械安全监督管理规定》进一步规定，建筑起重机械安装完毕后，安装单位应当按照安全技术标准及安装使用说明书的有关要求对建筑起重机械进行自检、调试和试运转。自检合格的，应当出具自检合格证明，并向使用单位进行安全使用说明。

建筑起重机械安装完毕后，使用单位应当组织出租、安装、监理等有关单位进行验收，或者委托具有相应资质的检验检测机构进行验收。建筑起重机械经验收合格后方可投入使用，未经验收或者验收不合格的不得使用。实行施工总承包的，由施工总承包单位组织验收。

（4）依法对施工起重机械和自升式架设设施进行检测

施工起重机械和整体提升脚手架、模板等自升式架设设施的使用达到国家规定的检验检测期限的，必须经具有专业资质的检验检测机构检测。经检测不合格的，不得继续使用。

9.6 建筑工程五方责任主体项目负责人安全法定义务

建筑工程五方责任主体项目负责人是指承担建筑工程项目建设的建设单位项目负责人、勘察单位项目负责人、设计单位项目负责人、施工单位项目经理和监理单位总监理工程师。

9.6.1 建设单位项目负责人质量义务

1）建设单位项目负责人不得任意压缩合理工期。确需压缩工期的，应当组织专家予以论证，并采取保证建筑工程安全的相应措施，支付相应的费用。

2）建设单位项目负责人在组织编制工程概算时，应当将建筑工程安全生产措施费用和工伤保险费用单独列支，作为不可竞争费，不参与竞标。

3）建设单位项目负责人应当在项目开工前按照国家有关规定办理工程安全监督手续，申请领取施工许可证。

4）建设单位项目负责人应当加强对工程安全的控制和管理，不得以任何方式要求设计单位或者施工单位违反工程建设强制性标准。

9.6.2 建筑施工项目经理质量安全责任十项规定（试行）

1）项目经理必须对工程项目施工安全负全责，负责建立安全管理体系，负责配备专职质量、安全等施工现场管理人员，负责落实安全责任制、安全管理规章制度和操作规程。

2）项目经理负责组织编制施工组织设计，负责组织制定安全技术措施，负责组织编制、论证和实施危险性较大分部分项工程专项施工方案；负责组织安全技术交底。

3）项目经理必须在起重机械安装、拆卸和模板支架搭设等危险性较大分部分项工程施工期间现场带班；必须组织起重机械、模板支架等的使用前验收，未经验收或验收不合格不得使用；必须组织起重机械使用过程日常检查，不得使用安全保护装置失效的起重机械。

4）项目经理必须将安全生产费用足额用于安全防护和安全措施，不得挪作他用；作业人员未配备安全防护用具，不得上岗；严禁使用国家明令淘汰、禁止使用的危及施工质量安全的工艺、设备、材料。

5）项目经理必须定期组织安全隐患排查，及时消除安全隐患；必须落实住房城乡建设主管部门和工程建设相关单位提出的安全隐患整改要求，在隐患整改报告上签字。

6）项目经理必须组织对施工现场作业人员进行岗前安全教育，组织审核建筑施工特种作业人员操作资格证书，未经安全教育和无证人员不得上岗。

7）项目经理必须按规定报告安全事故，立即启动应急预案，保护事故现场，开展应急救援。

9.6.3 建筑工程勘察单位项目负责人安全法定义务

勘察单位项目负责人是指进行勘察质量管理，并对建筑工程勘察质量安全承担总体责任的人员。勘察项目负责人应当由具备勘察质量安全管理能力的专业技术人员担任。甲、乙级岩土工程勘察的项目负责人应由注册土木工程师（岩土）担任。建筑工程勘察工作开始前，勘察单位法定代表人应当签署授权书，明确勘察项目负责人。勘察项目负责人应当严格遵守以下规定并承担相应责任：

1）勘察项目负责人应当负责勘察现场作业安全，要求勘察作业人员严格执行操作规程，并根据建设单位提供的资料和场地情况，采取措施保证各类人员、场地内和周边建筑物、构筑物及各类管线设施的安全。

2）组织勘察人员参与相关工程安全事故分析，并对因勘察原因造成的安全事故提出与勘察工作有关的技术处理措施。

9.6.4 建筑工程设计单位项目负责人安全职责

1）设计项目负责人应当要求设计人员考虑施工安全操作和防护的需要，在设计文件中注明涉及施工安全的重点部位和环节，并对防范安全生产事故提出指导意见。

2）设计项目负责人采用新结构、新材料、新工艺和特殊结构的，应在设计中提出保障施工作业人员安全和预防生产安全事故的措施建议。

3）设计项目负责人组织设计人员参与相关工程安全事故分析，并对因设计原因造成的安全事故提出与设计工作相关的技术处理措施；组织相关人员及时将设计资料归档保存。

9.6.5　建筑工程项目总监理工程师安全职责

1）项目总监应当组织审查施工单位提交的施工组织设计中的安全技术措施或者专项施工方案，并监督施工单位按已批准的施工组织设计中的安全技术措施或者专项施工方案组织施工；应当组织审查施工单位报审的分包单位资格，督促施工单位落实劳务人员持证上岗制度。

2）项目总监发现施工单位违反工程建设强制性标准施工，应当按照建设工程监理规范和规定及时签发工程暂停令。

3）在实施监理过程中发现存在安全事故隐患的，项目总监应当要求施工单位整改；情况严重的，应当要求施工单位暂时停止施工，并及时报告建设单位；施工单位拒不整改或者不停止施工的，项目总监应当及时向有关主管部门报告，主管部门接到项目总监报告后应当及时处理。

9.7　施工安全事故的应急救援与调查处理

9.7.1　生产安全事故的等级划分

根据生产安全事故（以下简称事故）造成的人员伤亡或者直接经济损失，事故一般分为以下等级：

1）特别重大事故，是指造成 30 人以上死亡，或者 100 人以上重伤（包括急性工业中毒，下同），或者 1 亿元以上直接经济损失的事故。

2）重大事故，是指造成 10 人以上 30 人以下死亡，或者 50 人以上 100 人以下重伤，或者 5000 万元以上 1 亿元以下直接经济损失的事故。

3）较大事故，是指造成 3 人以上 10 人以下死亡，或者 10 人以上 50 人以下重伤，或者 1000 万元以上 5000 万元以下直接经济损失的事故。

4）一般事故，是指造成 3 人以下死亡，或者 10 人以下重伤，或者 1000 万元以下直接经济损失的事故。

国务院安全生产监督管理部门可以会同国务院有关部门制定事故等级划分的补充性规定。

上述第一款所称的"以上"包括本数，所称的"以下"不包括本数。

9.7.2　施工安全事故应急救援预案的规定

1. 施工安全事故应急救援预案的编制

《建设工程安全生产管理条例》规定，施工单位应当制订本单位安全生产事故应急救援预案，建立应急救援组织或配备应急救援人员，配备必要的应急救援器材，并定期组织演练。

应急预案分为综合应急预案、专项应急预案和现场处置方案。应急预案的编制应当符合下列基本要求：

1）有关法律、法规、规章和标准的规定。

2）本地区、本部门、本单位的安全生产实际情况。

3）本地区、本部门、本单位的危险性分析情况。

4）应急组织和人员的职责分工明确，并有具体的落实措施。

5）有明确、具体的应急程序和处置措施，并与其应急能力相适应。

6）有明确的应急保障措施，满足本地区、本部门、本单位的应急工作需要。

7）应急预案基本要素齐全、完整，应急预案附件提供的信息准确。

8）应急预案内容与相关应急预案相互衔接。

2. 施工安全事故应急救援预案的评审和备案

施工单位应当对本单位编制的应急预案进行评审，并形成书面评审纪要。生产经营单位的应急预案经评审或者论证后，由本单位主要负责人签署公布，并及时发放到本单位有关部门、岗位和相关应急救援队伍。对于实行安全生产许可的生产经营单位，已经进行应急预案备案的，在申请安全生产许可证时可以不提供相应的应急预案，仅提供应急预案备案登记表。

3. 施工安全事故应急救援预案的培训和演练

各类生产经营单位应当采取多种形式开展应急预案的宣传教育，普及生产安全事故避险、自救和互救知识，提高从业人员和社会公众的安全意识与应急处置技能。生产经营单位应当组织开展本单位的应急预案、应急知识、自救互救和避险逃生技能培训活动，使有关人员了解应急预案的内容，熟悉应急职责、应急处置程序和措施。

生产经营单位应当制订本单位的应急预案演练计划，根据本单位的事故风险特点，每年至少组织一次综合应急预案演练或者专项应急预案演练，每半年至少组织一次现场处置方案演练。

4. 施工安全事故应急救援预案的修订

施工单位应当每三年进行一次应急预案评估，对预案内容的针对性和实用性进行分析，并对应急预案是否需要修订作出结论。

9.7.3 安全事故报告和调查处理

1. 事故报告

（1）事故报告的时间要求

事故发生后，事故现场有关人员应当立即向本单位负责人报告；单位负责人接到报告后，应当于1小时内向事故发生地县级以上人民政府安全生产监督管理部门和负有安全生产监督管理职责的有关部门报告。

情况紧急时，事故现场有关人员可以直接向事故发生地县级以上人民政府安全生产监督管理部门和负有安全生产监督管理职责的有关部门报告。

安全生产监督管理部门和负有安全生产监督管理职责的有关部门逐级上报事故情况，每级上报的时间不得超过2小时。

事故报告后出现新情况的，应当及时补报。

自事故发生之日起30日内，事故造成的伤亡人数发生变化的，应当及时补报。道路交通事故、火灾事故自发生之日起7日内，事故造成的伤亡人数发生变化的，应当及时补报。

（2）事故报告的内容

报告事故应当包括下列内容：

1）事故发生单位概况。

2）事故发生的时间、地点以及事故现场情况。

3）事故的简要经过。

4）事故已经造成或者可能造成的伤亡人数（包括下落不明的人数）和初步估计的直接经济损失。

5）已经采取的措施。

6）其他应当报告的情况。

（3）抢救与保护现场

事故发生单位负责人接到事故报告后，应当立即启动事故相应应急预案，或者采取有效措施，组织抢救，防止事故扩大，减少人员伤亡和财产损失。

事故发生后，有关单位和人员应当妥善保护事故现场以及相关证据，任何单位和个人不得破坏事故现场、毁灭相关证据。

因抢救人员、防止事故扩大以及疏通交通等原因需要移动事故现场物件的，应当做出标记，绘制现场简图并做出书面记录，妥善保存现场重要痕迹、物证。

2. 事故调查

（1）事故调查的管辖

特别重大事故由国务院或者国务院授权有关部门组织事故调查组进行调查。重大事故、较大事故、一般事故分别由事故发生地省级人民政府、设区的市级人民政府、县级人民政府负责调查。省级人民政府、设区的市级人民政府、县级人民政府可以直接组织事故调查组进行调查，也可以授权或者委托有关部门组织事故调查组进行调查。未造成人员伤亡的一般事故，县级人民政府也可以委托事故发生单位组织事故调查组进行调查。

（2）事故调查组的组成与职责

事故调查组由有关人民政府、安全生产监督管理部门、负有安全生产监督管理职责的有关部门、监察机关、公安机关以及工会派人组成，并应当邀请人民检察院派人参加。事故调查组可以聘请有关专家参与调查。事故调查组履行下列职责：

1）查明事故发生的经过、原因、人员伤亡情况及直接经济损失。

2）认定事故的性质和事故责任。

3）提出对事故责任者的处理建议。

4）总结事故教训，提出防范和整改措施。

5）提交事故调查报告。

（3）事故调查报告的期限

事故调查组应当自事故发生之日起 60 日内提交事故调查报告；特殊情况下，经负责事故调查的人民政府批准，提交事故调查报告的期限可以适当延长，但延长的期限最长不超过 60 日。

3. 事故处理

（1）处理时限

重大事故、较大事故、一般事故，负责事故调查的人民政府应当自收到事故调查报告之日起 15 日内做出批复；特别重大事故，30 日内做出批复，特殊情况下批复时间可以适当延长，但延长的时间最长不超过 30 日。

（2）责任追究

有关机关应当按照人民政府的批复，依照法律、行政法规规定的权限和程序，对事故发生单位和有关人员进行行政处罚，对负有事故责任的国家工作人员进行处分。

事故发生单位应当按照负责事故调查的人民政府的批复，对本单位负有事故责任的人员进行处理。

负有事故责任的人员涉嫌犯罪的，依法追究刑事责任。

9.8　建设工程施工安全监督

1. 概念

施工安全监督，是指住房城乡建设主管部门依据有关法律法规，对房屋建筑和市政基础设施工程的建设、勘察、设计、施工、监理等单位及人员（以下简称工程建设责任主体）履行安全生产职责，执行法律、法规、规章、制度及工程建设强制性标准等情况实施抽查，并对违法违规行为进行处理的行政执法活动。

2. 职责划分

国务院住房城乡建设主管部门负责指导全国房屋建筑和市政基础设施工程施工安全监督工作。县级以上地方人民政府住房城乡建设主管部门负责本行政区域内房屋建筑和市政基础设施工程施工安全监督工作。县级以上地方人民政府住房城乡建设主管部门可以将施工安全监督工作委托所属的施工安全监督机构具体实施。住房城乡建设主管部门应当加强施工安全监督机构建设，建立施工安全监督工作考核制度。

3. 监督的主要内容

县级以上地方人民政府住房城乡建设主管部门或其所属的施工安全监督机构（以下合称监督机构）应当对本行政区域内已办理施工安全监督手续并取得施工许可证的工程项目实施施工安全监督。

施工安全监督主要包括以下内容：

1）抽查工程建设责任主体履行安全生产职责情况。

2）抽查工程建设责任主体执行法律、法规、规章、制度及工程建设强制性标准情况。

3）抽查建筑施工安全生产标准化开展情况。

4）组织或参与工程项目施工安全事故的调查处理。

5）依法对工程建设责任主体违法违规行为实施行政处罚。

6）依法处理与工程项目施工安全相关的投诉、举报。

4. 监督程序

监督机构实施工程项目的施工安全监督，应当依照下列程序进行：

1）受理建设单位申请并办理工程项目安全监督手续。

2）制订工程项目施工安全监督工作计划并组织实施。

3）实施工程项目施工安全监督抽查并形成监督记录。

4）评定工程项目安全生产标准化工作并办理终止施工安全监督手续。

5）整理工程项目施工安全监督资料并立卷归档。

5. 监督职权

监督机构实施工程项目的施工安全监督，有权采取下列措施：

1）要求工程建设责任主体提供有关工程项目安全管理的文件和资料。

2）进入工程项目施工现场进行安全监督抽查。

3）发现安全隐患，责令整改或暂时停止施工。

4）发现违法违规行为，按权限实施行政处罚或移交有关部门处理。

5）向社会公布工程建设责任主体安全生产不良信息。

6. 监督人员的责任

施工安全监督人员有下列玩忽职守、滥用职权、徇私舞弊情形之一，造成严重后果的给予行政处分，构成犯罪的依法追究刑事责任：

1）发现施工安全违法违规行为不予查处的。

2）在监督过程中索取或者接受他人财物，或者牟取其他利益的。

3）对涉及施工安全的举报、投诉不处理的。

9.9 法律责任

9.9.1 建设单位的法律责任

1. 建设单位安全管理行政责任

建设单位安全管理行政责任清单见表9.1。

表 9.1 建设单位安全管理行政责任清单

序号	违法行为	处罚内容	处罚依据	责任主体
1	未提供建设工程安全生产作业环境及安全施工措施费	责令限期改正；逾期未改正的，责令该建设工程停止施工	《建设工程安全生产管理条例》第五十四条第一款	建设单位

序号	违法行为	处罚内容	处罚依据	责任主体
2	未将保证安全施工的措施或者拆除工程的有关资料报送有关部门备案	责令限期改正，给予警告	《建设工程安全生产管理条例》第五十四条第二款	建设单位
3	提出不符合安全生产法律、法规和强制性标准规定的要求	责令限期改正，处20万元以上50万元以下的罚款	《建设工程安全生产管理条例》第五十五条第一项	建设单位
4	要求施工单位压缩合同约定的工期	责令限期改正，处20万元以上50万元以下的罚款	《建设工程安全生产管理条例》第五十五条第二项	建设单位
5	将拆除工程发包给不具有相应资质等级的施工单位	责令限期改正，处20万元以上50万元以下的罚款	《建设工程安全生产管理条例》第五十五条第三项	建设单位

2. 建设单位违反安全管理法规造成损失的常见情形

（1）因建设单位原因未能及时办理有关审批造成损失

建设单位依法办理审批手续，工程才能正常进行。这既是安全法规规定的建设单位的法定义务，同时双方当事人也往往在合同中作出约定。因建设单位的原因未能及时办理有关审批手续造成损失的情形下，施工单位既可以要求建设单位承担侵权责任，也可以请求建设单位承担违约责任。承担责任的方式是承担由此增加的费用和（或）延误的工期。若由于政府违法审批而引起损失，建设单位可以要求政府承担赔偿责任。

（2）建设单位逾期提供资料或提供资料不准确、不真实造成损失

《建设工程安全生产管理条例》第六条规定，建设单位有提供资料的法定义务，也往往是合同约定的义务。建设单位逾期提供有关资料或其提供的资料不准确、不真实，建设单位应承担违约责任，即由其承担由此增加的费用和（或）延误工期；造成施工单位损失，还应赔偿损失。如属于政府的原因引起，建设单位可以要求政府承担赔偿责任。

（3）建设单位对勘察、设计、施工、工程监理等单位提出违法要求造成损失

建设单位必须依法规范自己的行为，不得对勘察、设计、施工、工程监理等单位提出不符合建设工程安全生产法律、法规和强制性标准规定的要求。如提出违法要求，造成损失的，损失方可按照一般侵权责任要求建设单位承担损害赔偿责任。

（4）建设单位要求施工单位压缩合同约定的工期造成损失

合同约定的工期是建设单位与施工单位在工期定额的基础上，根据施工条件、技术水平，经过平等协商而共同约定的工期，不得随意压缩。建设单位随意压缩合同约定工期，造成损失的，施工单位可要求建设单位承担损害赔偿责任。

（5）建设单位违法拆除工程造成损失

将拆除工程发包给不具有相应资质等级的施工单位而造成损失的，受害人按照一

般侵权责任来要求赔偿。

（6）建设单位没有按时支付安全文明施工费

建设单位没有按时支付安全文明施工费的，施工单位可催告建设单位支付，建设单位逾期不支付的，若发生安全事故，建设单位承担连带责任。

9.9.2 施工单位的法律责任

1. 施工单位安全管理行政责任清单

施工单位安全管理行政责任清单见表9.2。

表 9.2　施工单位安全管理行政责任清单

序号	违法行为	处罚内容	处罚依据	责任主体
1	未设立安全生产管理机构，或者分部分项工程施工时无专职安全生产管理人员现场监督	责令限期改正，可以对单位处5万元以下的罚款；逾期未改正的，责令停业整顿，并处5万元以上10万元以下的罚款，对其直接负责的主管人员和其他直接责任人员处1万元以上2万元以下的罚款	《安全生产法》第九十四条，《建设工程安全生产管理条例》第六十二条第一款	施工单位和其直接负责的主管人员及其他直接责任人员
2	未按规定配备专职安全生产管理人员	责令限期改正，可以对单位处5万元以下的罚款；逾期未改正的，责令停业整顿，并处5万元以上10万元以下的罚款 对项目经理处2万元以上20万元以下的罚款，或者按照管理权限给予撤职处分；自受处分之日起，5年内不得担任任何施工单位的项目负责人；或责令停止执业3个月以上1年以下；情节严重的，吊销执业资格证书，5年内不予注册；造成重大安全事故的，终身不予注册	《建设工程安全生产管理条例》第六十二条第一款，第五十八、六十六条	施工单位和项目负责人
3	施工单位的项目负责人等有关人员未经安全教育培训或者经考核不合格即从事相关工作	责令限期改正，可以对单位处5万元以下的罚款；逾期未改正的，责令停业整顿，并处5万元以上10万元以下的罚款 对项目经理处2万元以上20万元以下的罚款，或者按照管理权限给予撤职处分；自受处分之日起，5年内不得担任任何施工单位的项目负责人；或责令停止执业3个月以上1年以下；情节严重的，吊销执业资格证书，5年内不予注册；造成重大安全事故的，终身不予注册	《安全生产法》第九十四条，《建设工程安全生产管理条例》第六十二条第二款	施工单位和项目负责人

序号	违法行为	处罚内容	处罚依据	责任主体
4	未在施工现场的危险部位设置安全警示标志或者未按规定配备消防设施和灭火器材	责令限期改正，可以对单位处5万元以下的罚款；逾期未改正的，处5万元以上20万元以下的罚款，对其直接负责的主管人员和其他直接责任人员处1万元以上2万元以下的罚款；情节严重的，责令停产停业整顿	《安全生产法》第九十六条，《建设工程安全生产管理条例》第九十六条第三款	施工单位和直接负责的主管人员及其他直接责任人
5	未向作业人员提供安全防护用具和安全防护服装	责令限期改正，可以处5万元以下的罚款；逾期未改正的，处5万元以上20万元以下的罚款，对其直接负责的主管人员和其他直接责任人员处1万元以上2万元以下的罚款；情节严重的，责令停产停业整顿 对项目经理处2万元以上20万元以下的罚款，或者按照管理权限给予撤职处分；自受处分之日起，5年内不得担任任何施工单位的项目负责人；或责令停止执业3个月以上1年以下；情节严重的，吊销执业资格证书，5年内不予注册；造成重大安全事故的，终身不予注册	《安全生产法》第九十六条，《建设工程安全生产管理条例》第六十二条第四款、第五十八或六十六条	施工单位及项目经理
6	未按照规定在施工起重机械和整体提升脚手架、模板等自升式架设设施验收合格后登记	责令限期改正，可以处10万元以下的罚款；逾期未改正的，责令停产停业整顿，并处10万元以上20万元以下的罚款，对其直接负责的主管人员和其他直接责任人员处2万元以上5万元以下的罚款	《安全生产法》第九十八条，《建设工程安全生产管理条例》第六十二条第五款	施工单位和直接负责的主管人员及其他直接责任人
7	使用国家明令淘汰、禁止使用的危及施工安全的工艺、设备、材料	责令限期改正，可以处5万元以下的罚款；逾期未改正的，处5万元以上20万元以下的罚款，对其直接负责的主管人员和其他直接责任人员处1万元以上2万元以下的罚款；情节严重的，责令停产停业整顿 对项目经理处2万元以上20万元以下的罚款，或者按照管理权限给予撤职处分；自受处分之日起，5年内不得担任任何施工单位的项目负责人；或责令停止执业3个月以上1年以下；情节严重的，吊销执业资格证书，5年内不予注册；造成重大安全事故的，终身不予注册	《安全生产法》第九十六条第六款，《建设工程安全生产管理条例》第六十二条第六款、第五十八或六十六条	施工单位及项目经理

序号	违法行为	处罚内容	处罚依据	责任主体
8	挪用安全生产作业环境及安全施工措施费	责令限期改正，对单位处挪用费用20%以上50%以下的罚款 对项目经理处2万元以上20万元以下的罚款，或者按照管理权限给予撤职处分；自受处分之日起，5年内不得担任任何施工单位的项目负责人；或责令停止执业3个月以上1年以下；情节严重的，吊销执业资格证书，5年内不予注册；造成重大安全事故的，终身不予注册	《建设工程安全生产管理条例》第六十三、五十八条或六十六条	施工单位及项目经理
9	未进行安全技术交底	责令限期改正；逾期未改正的，责令停业整顿，并对单位处5万元以上10万元以下的罚款 对项目经理处2万元以上20万元以下的罚款，或者按照管理权限给予撤职处分；自受处分之日起，5年内不得担任任何施工单位的项目负责人；或责令停止执业3个月以上1年以下；情节严重的，吊销执业资格证书，5年内不予注册；造成重大安全事故的，终身不予注册	《建设工程安全生产管理条例》第六十四条第一款，第五十八或六十六条	施工单位及项目经理
10	未根据不同情况在施工现场采取相应的安全施工措施，或者在城市市区内的施工现场未实行封闭围挡	责令限期改正；逾期未改正的，责令停业整顿，并处5万元以上10万元以下的罚款	《建设工程安全生产管理条例》第六十四条第二款	施工单位
11	尚未竣工的建筑物内设置员工集体宿舍	责令限期改正；逾期未改正的，责令停业整顿，并处5万元以上10万元以下的罚款	《建设工程安全生产管理条例》第六十四条第三款	施工单位
12	施工现场临时搭建的建筑物不符合安全使用要求	责令限期改正；逾期未改正的，责令停业整顿，并处5万元以上10万元以下的罚款	《建设工程安全生产管理条例》第六十四条第四款	施工单位
13	未对因建设工程施工可能造成损害的毗邻建筑物、构筑物和地下管线等采取专项防护措施	责令限期改正；逾期未改正的，责令停业整顿，并处5万元以上10万元以下的罚款	《建设工程安全生产管理条例》第六十四条第五款	施工单位
14	安全防护用具、机械设备及配件在进入施工现场前未经查验或者查验不合格即投入使用	责令限期改正；逾期未改正的，责令停业整顿，并处10万元以上30万元以下的罚款；情节严重的，降低资质等级，直至吊销资质证书	《建设工程安全生产管理条例》第六十五条第一款	施工单位

序号	违法行为	处罚内容	处罚依据	责任主体
15	使用未经验收或者验收不合格的施工起重机械和整体提升脚手架、模板等自升式架设设施	责令限期改正；逾期未改正的，责令停业整顿，并对单位处 10 万元以上 30 万元以下的罚款；情节严重的，降低资质等级，直至吊销资质证书 对项目经理处 2 万元以上 20 万元以下的罚款，或者按照管理权限给予撤职处分；自受处分之日起，5 年内不得担任任何施工单位的项目负责人；或责令停止执业 3 个月以上 1 年以下；情节严重的，吊销执业资格证书，5 年内不予注册；造成重大安全事故的，终身不予注册	《建设工程安全生产管理条例》第六十五条第二款，第五十八或六十六条	施工单位及项目经理
16	委托不具有相应资质的单位安装、拆卸起重机械和整体提升脚手架、模板等自升式架设设施	责令限期改正；逾期未改正的，责令停业整顿，并处 10 万元以上 30 万元以下的罚款；情节严重的，降低资质等级，直至吊销资质证书	《建设工程安全生产管理条例》第六十五条第三款	施工单位
17	施工组织设计中未编制安全技术措施、施工现场临时用电方案或者危险性较大分部分项专项施工方案	责令限期改正；逾期未改正的，责令停业整顿，并对单位处 10 万元以上 30 万元以下的罚款；情节严重的，降低资质等级，直至吊销资质证书 对项目经理处 2 万元以上 20 万元以下的罚款，或者按照管理权限给予撤职处分；自受处分之日起，5 年内不得担任任何施工单位的项目负责人；或责令停止执业 3 个月以上 1 年以下；情节严重的，吊销执业资格证书，5 年内不予注册；造成重大安全事故的，终身不予注册	《建设工程安全生产管理条例》第六十五条第四款，第五十八或六十六条	施工单位及项目经理
18	施工单位的主要负责人、项目负责人未履行安全生产管理职责	施工单位的主要负责人、项目负责人未履行安全生产管理职责的，责令限期改正；逾期未改正的，责令施工单位停业整顿 施工单位的主要负责人、项目负责人有前款违法行为，尚不够刑事处罚的，处 2 万元以上 20 万元以下的罚款，或者按照管理权限给予撤职处分；自刑罚执行完毕或者受处分之日起，5 年内不得担任任何施工单位的主要负责人、项目负责人	《建设工程安全生产管理条例》第六十六条	施工单位主要负责人及项目负责人

序号	违法行为	处罚内容	处罚依据	责任主体
19	违法降低安全生产条件	责令限期改正；经整改仍未达到与其资质等级相适应的安全生产条件的，责令停业整顿，降低其资质等级直至吊销资质证书 暂扣安全生产许可证并限期整改；情节严重的，吊销安全生产许可证	《建设工程安全生产管理条例》第六十七条，《建筑施工企业安全生产许可证管理规定》第二十三条	施工单位
20	未按规定对从业人员、被派遣劳动者、实习学生进行安全生产教育和培训，或未按照规定如实告知有关的安全生产事项	责令限期改正，可以处 5 万元以下的罚款；逾期未改正的，责令停产停业整顿，并处 5 万元以上 10 万元以下的罚款，对其直接负责的主管人员和其他直接责任人员处 1 万元以上 2 万元以下的罚款	《安全生产法》第九十四条第三款	施工单位和直接负责的主管人员及其他直接责任人
21	未如实记录安全生产教育和培训情况	责令限期改正，可以处 5 万元以下的罚款；逾期未改正的，责令停产停业整顿，并处 5 万元以上 10 万元以下的罚款，对其直接负责的主管人员和其他直接责任人员处 1 万元以上 2 万元以下的罚款	《安全生产法》第九十四条第四款	施工单位和直接负责的主管人员及其他直接责任人
22	未将事故隐患排查治理情况如实记录或未向从业人员通报	责令限期改正，可以处 5 万元以下的罚款；逾期未改正的，责令停产停业整顿，并处 5 万元以上 10 万元以下的罚款，对其直接负责的主管人员和其他直接责任人员处 1 万元以上 2 万元以下的罚款	《安全生产法》第九十四条第五款	施工单位和直接负责的主管人员及其他直接责任人
23	未按照规定制订生产安全事故应急救援预案或者未定期组织演练	责令限期改正，可以处 5 万元以下的罚款；逾期未改正的，责令停产停业整顿，并处 5 万元以上 10 万元以下的罚款，对其直接负责的主管人员和其他直接责任人员处 1 万元以上 2 万元以下的罚款	《安全生产法》第九十四条第六款	施工单位和直接负责的主管人员及其他直接责任人
24	特种作业人员未按照规定经专门的安全作业培训并取得相应资格即上岗作业	责令限期改正，可以处 5 万元以下的罚款；逾期未改正的，责令停产停业整顿，并处 5 万元以上 10 万元以下的罚款，对其直接负责的主管人员和其他直接责任人员处 1 万元以上 2 万元以下的罚款	《安全生产法》第九十四条第七款	施工单位和直接负责的主管人员及其他直接责任人
25	安全设备的安装、使用、检测、改造和报废不符合国家标准或者行业标准	责令限期改正，可以处 5 万元以下的罚款；逾期未改正的，处 5 万元以上 20 万元以下的罚款，对其直接负责的主管人员和其他直接责任人员处 1 万元以上 2 万元以下的罚款；情节严重的，责令停产停业整顿	《安全生产法》第九十六条第二款	施工单位和直接负责的主管人员及其他直接责任人

序号	违法行为	处罚内容	处罚依据	责任主体
26	未对安全设备进行经常性维护、保养和定期检测	责令限期改正,可以处5万元以下的罚款;逾期未改正的,处5万元以上20万元以下的罚款,对其直接负责的主管人员和其他直接责任人员处1万元以上2万元以下的罚款;情节严重的,责令停产停业整顿	《安全生产法》第九十六条第三款	施工单位和直接负责的主管人员及其他直接责任人
27	生产、经营、运输、储存、使用危险物品或者处置废弃危险物品,未建立专门安全管理制度、未采取可靠的安全措施	责令限期改正,可以处10万元以下的罚款;逾期未改正的,责令停产停业整顿,并处10万元以上20万元以下的罚款,对其直接负责的主管人员和其他直接责任人员处2万元以上5万元以下的罚款	《安全生产法》第九十八条第一款	施工单位和直接负责的主管人员及其他直接责任人
28	对重大危险源未登记建档,或者未进行评估、监控,或者未制订应急预案	责令限期改正,可以处10万元以下的罚款;逾期未改正的,责令停产停业整顿,并处10万元以上20万元以下的罚款,对其直接负责的主管人员和其他直接责任人员处2万元以上5万元以下的罚款	《安全生产法》第九十八条第二款	施工单位和直接负责的主管人员及其他直接责任人
29	进行爆破、吊装以及国务院安全生产监督管理部门会同国务院有关部门规定的其他危险作业,未安排专门人员进行现场安全管理	责令限期改正,可以处10万元以下的罚款;逾期未改正的,责令停产停业整顿,并处10万元以上20万元以下的罚款,对其直接负责的主管人员和其他直接责任人员处2万元以上5万元以下的罚款	《安全生产法》第九十八条第三款	施工单位和直接负责的主管人员及其他直接责任人
30	未建立事故隐患排查治理制度	责令限期改正,可以处10万元以下的罚款;逾期未改正的,责令停产停业整顿,并处10万元以上20万元以下的罚款,对其直接负责的主管人员和其他直接责任人员处2万元以上5万元以下的罚款	《安全生产法》第九十八条第四款	施工单位和直接负责的主管人员及其他直接责任人
31	生产经营单位未采取措施消除事故隐患	责令立即消除或者限期消除;生产经营单位拒不执行的,责令停产停业整顿,并处10万元以上50万元以下的罚款,对其直接负责的主管人员和其他直接责任人员处2万元以上5万元以下的罚款	《安全生产法》第九十九条	施工单位和直接负责的主管人员及其他直接责任人

序号	违法行为	处罚内容	处罚依据	责任主体
32	未与承包单位、承租单位签订专门的安全生产管理协议，或者未在承包合同、租赁合同中明确各自的安全生产管理职责，或者未对承包单位、承租单位的安全生产统一协调、管理	责令限期改正，可以处 5 万元以下的罚款，对其直接负责的主管人员和其他直接责任人员可以处 1 万元以下的罚款；逾期未改正的，责令停产停业整顿	《安全生产法》第一百条第二款	施工单位和直接负责的主管人员及其他直接责任人
33	两个以上生产经营单位在同一作业区域内进行可能危及对方安全生产的生产经营活动，未签订安全生产管理协议，或者未指定专职安全生产管理人员进行安全检查与协调	责令限期改正，可以处 5 万元以下的罚款，对其直接负责的主管人员和其他直接责任人员可以处 1 万元以下的罚款；逾期未改正的，责令停产停业	《安全生产法》第一百零一条	施工单位和直接负责的主管人员及其他直接责任人
34	生产、经营、储存、使用危险物品的车间、商店、仓库与员工宿舍在同一座建筑内，或者与员工宿舍的距离不符合安全要求	责令限期改正，可以处 5 万元以下的罚款，对其直接负责的主管人员和其他直接责任人员可以处 1 万元以下的罚款；逾期未改正的，责令停产停业整顿	《安全生产法》第一百零二条	施工单位和直接负责的主管人员及其他直接责任人
35	生产经营场所和员工宿舍未设有符合紧急疏散需要、标志明显、保持畅通的出口，或者锁闭、封堵生产经营场所或者员工宿舍出口	责令限期改正，可以处 5 万元以下的罚款，对其直接负责的主管人员和其他直接责任人员可以处 1 万元以下的罚款；逾期未改正的，责令停产停业整顿	《安全生产法》第一百零二条	施工单位和直接负责的主管人员及其他直接责任人
36	与从业人员订立协议，免除或者减轻其对从业人员因生产安全事故伤亡依法应承担的责任	对生产经营单位的主要负责人、个人经营的投资人处 2 万元以上 10 万元以下的罚款	《安全生产法》第一百零三条	施工单位主要负责人、个人经营投资人
37	拒绝、阻碍负有安全生产监督管理职责的部门依法实施监督检查	责令改正；拒不改正的，处 2 万元以上 20 万元以下的罚款；对其直接负责的主管人员和其他直接责任人员处 1 万元以上 2 万元以下的罚款	《安全生产法》第一百零五条	施工单位和直接负责的主管人员及其他直接责任人

序号	违法行为	处罚内容	处罚依据	责任主体
38	未取得安全生产许可证擅自进行生产	责令停止生产，没收违法所得，并处 10 万元以上 50 万元以下的罚款	《安全生产许可证管理条例》第十九条，《建筑施工企业安全生产许可证管理规定》第二十四条	施工单位
39	安全生产许可证有效期满未办理延期手续，继续进行生产	责令停止生产，限期补办延期手续，没收违法所得，并处 5 万元以上 10 万元以下的罚款；逾期仍不办理延期手续，继续进行生产的，责令停止生产，没收违法所得，并处 10 万元以上 50 万元以下的罚款	《安全生产许可证管理条例》第二十条，《建筑施工企业安全生产许可证管理规定》第二十四、二十五条	施工单位
40	转让安全生产许可证	没收违法所得，处 10 万元以上 50 万元以下的罚款，并吊销其安全生产许可证；接受转让的，责令停止生产，没收违法所得，并处 10 万元以上 50 万元以下的罚款	《安全生产许可证管理条例》第二十一条，《建筑施工企业安全生产许可证管理规定》第二十六条	安全生产许可证转让方与受让方
41	冒用安全生产许可证或者使用伪造的安全生产许可证	责令停止生产，没收违法所得，并处 10 万元以上 50 万元以下的罚款	《安全生产许可证管理条例》第二十一条，《建筑施工企业安全生产许可证管理规定》第二十六条	施工单位
42	以欺骗、贿赂等不正当手段取得安全生产许可证	撤销安全生产许可证，3 年内不得再次申请安全生产许可证	《建筑施工企业安全生产许可证管理规定》第二十七条第二款	施工单位
43	隐瞒有关情况或者提供虚假材料申请安全生产许可证	不予受理或者不予颁发安全生产许可证，并给予警告，1 年内不得申请安全生产许可证	《建筑施工企业安全生产许可证管理规定》第二十七条第一款	施工单位
44	发生事故后不立即组织事故抢救，或迟报、漏报事故，或在事故调查处理期间擅离职守	主要负责人有下列行为之一的，处上一年年收入 40%～80% 的罚款	《生产安全事故报告和调查处理条例》第三十五条	主要负责人
45	谎报或者瞒报事故	对事故发生单位处 100 万元以上 500 万元以下的罚款；对主要负责人、直接负责的主管人员和其他直接责任人员处上一年年收入 60%～100% 的罚款；属于国家工作人员的，并依法给予处分	《生产安全事故报告和调查处理条例》第三十六条	施工单位、主要负责人、直接负责的主管人员和其他直接责任人

序号	违法行为	处罚内容	处罚依据	责任主体
46	事故发生单位或有关人员伪造或者故意破坏事故现场	对事故发生单位处100万元以上500万元以下的罚款；对主要负责人、直接负责的主管人员和其他直接责任人员处上一年年收入60%~100%的罚款；属于国家工作人员的，并依法给予处分	《生产安全事故报告和调查处理条例》第三十六条	施工单位、主要负责人、直接负责的主管人员和其他直接责任人
47	事故发生单位或有关人员转移、隐匿资金、财产，或者销毁有关证据、资料	对事故发生单位处100万元以上500万元以下的罚款；对主要负责人、直接负责的主管人员和其他直接责任人员处上一年年收入60%~100%的罚款；属于国家工作人员的，并依法给予处分	《生产安全事故报告和调查处理条例》第三十六条	施工单位、主要负责人、直接负责的主管人员和其他直接责任人
48	事故发生单位或有关人员拒绝接受调查或者拒绝提供有关情况和资料	对事故发生单位处100万元以上500万元以下的罚款；对主要负责人、直接负责的主管人员和其他直接责任人员处上一年年收入60%~100%的罚款；属于国家工作人员的，并依法给予处分	《生产安全事故报告和调查处理条例》第三十六条	施工单位、主要负责人、直接负责的主管人员和其他直接责任人
49	事故发生单位或有关人员在事故调查中作伪证或者指使他人作伪证	对事故发生单位处100万元以上500万元以下的罚款；对主要负责人、直接负责的主管人员和其他直接责任人员处上一年年收入60%~100%的罚款；属于国家工作人员的，并依法给予处分	《生产安全事故报告和调查处理条例》第三十六条	施工单位、主要负责人、直接负责的主管人员和其他直接责任人
50	有关人员事故发生后逃匿	对事故发生单位处100万元以上500万元以下的罚款；对主要负责人、直接负责的主管人员和其他直接责任人员处上一年年收入60%~100%的罚款；属于国家工作人员的，并依法给予处分	《生产安全事故报告和调查处理条例》第三十六条	施工单位、主要负责人、直接负责的主管人员和其他直接责任人
51	施工单位未落实安全责任制或质量安全管理规章制度、操作规程	责令限期改正；逾期未改正的，责令施工单位停业整顿。对项目经理处2万元以上20万元以下的罚款，或者按照管理权限给予撤职处分；自受处分之日起，5年内不得担任任何施工单位的主要负责人、项目负责人；或责令停止执业3个月以上1年以下；情节严重的，吊销执业资格证书，5年内不予注册；造成重大安全事故的，终身不予注册	《建设工程安全生产管理条例》第五十八或六十六条	项目负责人

序号	违法行为	处罚内容	处罚依据	责任主体
52	对建筑安全事故隐患不采取措施予以消除	责令改正，可以对单位处以罚款；情节严重的，责令停业整顿，降低资质等级或者吊销资质证书 对项目经理处 2 万元以上 20 万元以下的罚款，或者按照管理权限给予撤职处分；自受处分之日起，5 年内不得担任何施工单位的主要负责人、项目负责人；或责令停止执业 3 个月以上 1 年以下；情节严重的，吊销执业资格证书，5 年内不予注册；造成重大安全事故的，终身不予注册	《建筑法》第七十一条，《建设工程安全生产管理条例》第五十八或六十六条	施工单位及项目负责人

2. 施工单位违反安全义务造成损失的常见情形

1）施工单位挪用列入建设工程概算的安全生产作业环境及安全施工措施所需费用的，造成损失。

施工单位对列入建设工程概算的安全作业环境及安全施工措施所需费用，应当用于施工安全防护用具及设施的采购和更新、安全施工措施的落实、安全生产条件的改善，不得挪作他用，造成损失的，依法承担赔偿责任。

2）安全防护用具、机械设备、施工机具及配件在进入施工现场前未经查验或者查验不合格即投入使用的，造成损失。

3）使用未经验收或者验收不合格的施工起重机械和整体提升脚手架、模板等自升式架设设施的，造成损失。

4）委托不具有相应资质的单位承担施工现场安装、拆卸施工起重机械和整体提升脚手架、模板等自升式架设设施的，造成损失。

5）在施工组织设计中未编制安全技术措施、施工现场临时用电方案或者专项施工方案的，造成损失的，依法承担赔偿责任。

9.9.3 勘察单位的法律责任

1. 主要工程勘察行政责任清单

勘察单位的主要行政责任清单见表 9.3。

表 9.3　勘察单位的主要行政责任清单

序号	违法行为	处罚内容	处罚依据	责任主体
1	未按照法律、法规和工程建设强制性标准进行勘察	责令限期改正，对单位处 10 万元以上 30 万元以下的罚款；情节严重的，责令停业整顿，降低资质等级，直至吊销资质证书；对注册执业人员责令停止执业 3 个月以上 1 年以下；情节严重的，吊销执业资格证书，5 年内不予注册；造成重大安全事故的，终身不予注册	《建设工程安全生产管理条例》第五十六、五十八条	勘察单位和注册执业人员

2. 违法勘察发生安全事故的赔偿责任

勘察单位应当按照法律、法规和工程建设强制性标准进行勘察；提供的勘察文件应当真实、准确，满足建设工程安全生产的需要。设计单位应当按照法律、法规和工程建设强制性标准进行设计，防止因设计不合理导致生产安全事故的发生。

未按照法律、法规和工程建设强制性标准进行勘察、设计的，发生安全事故，造成损失的，按照一般侵权责任来认定损害赔偿责任。

9.9.4 设计单位的安全法律责任

1. 安全行政责任清单

设计单位的安全行政责任清单见表9.4。

表9.4 设计单位的安全行政责任清单

序号	违法行为	处罚内容	处罚依据	责任主体
1	未按照法律、法规和工程建设安全强制性标准进行设计	责令限期改正，对单位处10万元以上30万元以下的罚款；情节严重的，责令停业整顿，降低资质等级，直至吊销资质证书	《建设工程安全生产管理条例》第五十六条	设计单位
2	采用新结构、新材料、新工艺的建设工程和特殊结构的建设工程，设计单位未在设计中提出保障施工作业人员安全和预防生产安全事故的措施建议	责令限期改正，对单位处10万元以上30万元以下的罚款；情节严重的，责令停业整顿，降低资质等级，直至吊销资质证书；对负有直接责任的设计项目负责人处单位罚款数额5%以上10%以下的罚款	《建设工程安全生产管理条例》第五十六、七十三条	设计单位和项目负责人

2. 安全民事责任

（1）违法设计发生安全事故

设计单位应当按照法律、法规和工程建设强制性标准进行设计，防止因设计不合理导致生产安全事故的发生。

未按照法律、法规和工程建设强制性标准进行勘察、设计的，发生安全事故，造成损失的，按照一般侵权责任来认定损害赔偿责任。

（2）未依法提出防范生产安全事故的指导意见和措施建议发生安全事故

采用新结构、新材料、新工艺的建设工程和特殊结构的建设工程，设计单位未在设计中提出保障施工作业人员安全和预防生产安全事故的措施建议，造成损失的，应当按照一般侵权责任来认定损害赔偿责任。

9.9.5 监理单位的安全法律责任

1. 监理单位承担行政责任清单

监理单位的安全行政责任清单见表9.5。

表 9.5　监理单位的安全行政责任清单

序号	违法行为	处　罚　内　容	处罚依据	责任主体
1	对施工单位不整改或不停止施工，未及时向主管部门报告	责令限期改正；逾期未改正的，责令停业整顿，并对单位处 10 万元以上 30 万元以下的罚款；情节严重的，降低资质等级，直至吊销资质证书 责令项目总监停止执业 3 个月以上 1 年以下；情节严重的，吊销执业资格证书，5 年内不予注册；造成重大安全事故的，终身不予注册	《建设工程安全管理条例》第五十七、五十八条	监理单位和项目总监
2	发现工程施工存在安全隐患，未要求施工单位整改	责令限期改正；逾期未改正的，责令停业整顿，并对单位处 10 万元以上 30 万元以下的罚款；情节严重的，降低资质等级，直至吊销资质证书 责令项目总监停止执业 3 个月以上 1 年以下；情节严重的，吊销执业资格证书，5 年内不予注册；造成重大安全事故的，终身不予注册	《建设工程安全管理条例》第五十七、五十八条	监理单位和项目总监
3	发现严重的施工安全隐患，未要求施工单位暂停施工并报建设单位	责令限期改正；逾期未改正的，责令停业整顿，并对单位处 10 万元以上 30 万元以下的罚款；情节严重的，降低资质等级，直至吊销资质证书 责令项目总监停止执业 3 个月以上 1 年以下；情节严重的，吊销执业资格证书，5 年内不予注册；造成重大安全事故的，终身不予注册	《建设工程安全管理条例》第五十七、五十八条	监理单位和项目总监
4	未依照法律、法规和工程建设强制性标准实施监理	责令限期改正；逾期未改正的，责令停业整顿，并对单位处 10 万元以上 30 万元以下的罚款；情节严重的，降低资质等级，直至吊销资质证书	《建设工程安全管理条例》第五十七条	监理单位
5	未审查施工组织设计及专项施工方案是否符合强制性标准	责令限期改正；逾期未改正的，责令停业整顿，并对单位处 10 万元以上 30 万元以下的罚款；情节严重的，降低资质等级，直至吊销资质证书；责令项目总监停止执业 3 个月以上 1 年以下；情节严重的，吊销执业资格证书，5 年内不予注册；造成重大安全事故的，终身不予注册	《建设工程安全管理条例》第五十七、五十八条	监理单位和项目总监

2. 监理单位安全民事责任

（1）未对施工组织设计中的安全技术措施或者专项施工方案进行审查的侵权责任

《建设工程安全生产管理条例》规定，工程监理单位应当审查施工组织设计中的安全技术措施或者专项施工方案是否符合工程建设强制性标准。监理单位未审查或审查不符合要求仍签字的，以致发生安全事故，造成损失的，按照一般侵权责任来认定损害赔偿责任。

（2）发现安全事故隐患未及时要求施工单位整改或者暂时停止施工的侵权责任

工程监理单位在实施监理过程中发现存在安全事故隐患的，应当要求施工单位整改；情况严重的，应当要求施工单位暂时停止施工，并及时报告建设单位。如监理单位违反上述规定，造成损失的，按照一般侵权责任处理。

（3）施工单位拒不整改或者不停止施工，未及时向有关主管部门报告的侵权责任

施工单位拒不整改或者不停止施工的，工程监理单位应当及时向有关主管部门报告。如监理单位违反上述规定，造成损失的，按照一般侵权责任处理。

（4）未依照法律、法规和工程建设强制性标准实施监理的侵权责任

工程监理单位和监理工程师应当按照法律、法规和工程建设强制性标准实施监理，并对建设工程安全生产承担监理责任。

9.9.6 与工程安全有关的几种特殊侵权责任

1. 不动产及其搁置物、悬挂物脱落、坠落的责任

《侵权责任法》第八十五条规定："建筑物、构筑物或者其他设施及其搁置物、悬挂物发生脱落、坠落造成他人损害，所有人、管理人或者使用人不能证明自己没有过错的，应当承担侵权责任。所有人、管理人或者使用人赔偿后，有其他责任人的，有权向其他责任人追偿。"

归责原则适用过错推定责任，所有人、管理人或者使用人不能证明自己没有过错的，应当承担侵权责任。赔偿责任主体为所有人、管理人或者使用人。责任人赔偿后有其他责任人的，再向其他责任人追偿，而不是直接面对受害人免责。

2. 不明抛掷物、坠落的责任

《侵权责任法》第八十七条规定："从建筑物中抛掷物品或者从建筑物上坠落的物品造成他人损害，难以确定具体侵权人的，除能够证明自己不是侵权人的外，由可能加害的建筑物使用人给予补偿。"

归责原则是过错还是无过错是不明确的，但两种情形可以免责：一是证明自己不是侵权人；二是能够证明具体加害人。

3. 堆放物倒塌的责任

《侵权责任法》第八十八条规定："堆放物倒塌造成他人损害，堆放人不能证明自己没有过错的，应当承担侵权责任。"

堆放人承担过错推定责任，如当事人均无过错，根据公平补偿规则处理。

4. 妨碍通行物侵权的责任

《侵权责任法》第八十九条规定："在公共道路上堆放、倾倒、遗撒妨碍通行的物品造成他人损害的，有关单位或者个人应当承担侵权责任。"

归责原则是严格无过错责任。与一般堆放物不同，在公共道路上堆放、倾倒和遗撒物本身就有过错，社会危害大，故规定无过错责任。例如，某施工单位运输建筑工地的沙土，由于车辆泄漏，沙土遗撒在路面，导致行人跌倒受伤，则施工单位承担侵权责任。

5. 地面施工侵权责任

《侵权责任法》第九十一条规定：在公共场所或者道路上挖坑、修缮安装地下设施

等，没有设置明显标志和采取安全措施，造成他人损害的，施工人应当承担侵权责任。

归责原则是过错推定责任，即若施工人能有效证明自己已尽法定警示义务（设置明显标志和采取安全措施），不构成侵权责任；否则推定有过错，承担侵权责任。施工地点是在公共场所、道旁。遭受损害的是他人的人身或财产，施工人员的自身伤害依工伤解决。

6. 高度危险作业的责任

从事高空、高压、地下挖掘活动或者使用高速轨道运输工具造成他人损害的，经营者应当承担侵权责任，但能够证明损害是因受害人故意或者不可抗力造成的，不承担责任。被侵权人对损害的发生有过失的可以减轻经营者的责任。

高度危险作业致人损害的侵权责任采取无过错责任，但有三个免责事由：一是受害人故意；二是受害人过失；三是不可抗力。

虽然造成相邻建筑物损害的直接行为主体是施工单位，但建设工程施工安全事故损害相邻建筑物的赔偿责任主体应根据《民法通则》《物权法》关于相邻关系的规定确定。《民法通则》第八十三条规定："不动产的相邻各方，应当按照有利生产、方便生活、团结互助、公平合理的精神，正确处理截水、排水、通行、通风等方面的相邻关系。给相邻方造成妨碍或者损失的，应当停止侵害、排除妨碍、赔偿损失。"《物权法》第九十一条规定："不动产权利人挖掘土地、建造建筑物、铺设管线以及安装设备等，不得危及相邻不动产的安全。"根据《民法通则》《物权法》的规定，建设工程施工安全事故损害相邻建筑物的赔偿责任的责任主体应当是不动产的权利人，即依法取得建设用地使用权的发包人（建设单位）。

9.10　与工程安全有关的五种犯罪

9.10.1　重大责任事故罪

1. 重大责任事故罪的概念

《中华人民共和国刑法》（下文简称《刑法》）第一百三十四条规定：在生产、作业中违反有关安全管理的规定，因而发生重大伤亡事故或者造成其他严重后果的，处三年以下有期徒刑或者拘役；情节特别恶劣的，处三年以上七年以下有期徒刑。

根据上述法律规定，重大责任事故罪是指在生产、作业中违反有关安全管理的规定，因而发生重大伤亡事故或者造成其他严重后果的行为。

2. 立案标准

根据 2008 年 6 月 25 日最高人民检察院、公安部《关于公安机关管辖的刑事案件立案追诉标准的规定（一）》第八条的规定，认定重大伤亡事故及其他严重后果的标准和重大责任事故罪的立案追诉标准为：

1) 造成死亡 1 人以上，或者重伤 3 人以上的。

2) 造成直接经济损失 50 万元以上的。

3）发生矿山生产安全事故，造成直接经济损失 100 万元以上的。

4）其他造成严重后果的情形。

另结合最高人民法院、最高人民检察院《关于办理危害生产安全刑事案件适用法律若干问题的解释》（自 2015 年 12 月 16 日起施行），具有下列情形之一的，应当认定为"造成严重后果"或者"发生重大伤亡事故或者造成其他严重后果"，对相关责任人员处三年以下有期徒刑或者拘役：

1）造成死亡 1 人以上，或者重伤 3 人以上的。

2）造成直接经济损失 100 万元以上的。

3）其他造成严重后果或者重大安全事故的情形。

因而发生安全事故，具有下列情形之一的，对相关责任人员处三年以上七年以下有期徒刑：

1）造成死亡 3 人以上或者重伤 10 人以上，负事故主要责任的。

2）造成直接经济损失 500 万元以上，负事故主要责任的。

3）其他造成特别严重后果、情节特别恶劣或者后果特别严重的情形。

3. 犯罪主体

本罪的主体是一般主体，即一切从事生产、作业的人员。《刑法修正案（六）》将本罪的主体从原来的企业、事业单位的职工扩大到一切在生产、作业单位中从事生产、作业的人员。生产、作业的单位既包括经政府主管部门批准设立的企业、事业单位或者其他单位，也包括未经主管部门批准而非法设立的生产、经营单位。根据 2007 年 2 月 28 日最高人民法院、最高人民检察院《关于办理危害矿山生产安全刑事案件具体应用法律若干问题的解释》（自 2007 年 3 月 1 日起施行）第一条的规定，"一切从事生产、作业的人员"既包括在上述单位中对生产、经营负有组织、指挥或者管理职责的负责人、管理人员、实际控制人、投资人，也包括直接从事生产、作业的职工。建筑企业项目经理在生产、作业中违反有关安全管理的规定，因而发生重大伤亡事故或者造成其他严重后果的，也符合该罪的主体要求。生产、作业单位的性质不影响本罪的成立。例如，无照施工经营者以及群众合作经营组织或者个体经营户的从业人员、无证开采的小煤矿从业人员等均可成为本罪的主体。

4. 罪与非罪的界分

（1）重大责任事故罪与一般责任事故的界定

两者虽然都是行为人在生产、作业过程中违反规章制度，以致发生事故，造成一定后果的行为，但二者造成后果的严重程度不同。根据上述构成要件，在生产、作业单位中从事生产、作业的人员，在生产、作业中违反有关安全管理的规定，造成人员重伤不足 3 人，或者造成直接经济损失没有达到 50 万元、发生矿山安全事故造成直接经济损失没有达到 100 万元的，构不成重大责任事故罪，但对于行为人违反有关安全管理规定实施的行为及造成的后果应当承担相应的民事赔偿责任以及行政处罚等责任。

（2）重大责任事故与技术事故、技术革新和科学实验失败所造成事故的界限

技术事故是指由于技术设备、技术条件本身的局限所引发的不可避免的事故。技

术革新和科学实验失败所造成的事故是指由于技术革新、科学实验本身包含的失败、危险因素所引发的事故。如果事故是由于技术设备、技术条件方面的原因或者技术革新、科学实验失败造成的，而不是由于行为人的过失行为造成的，则不成立重大责任事故。

9.10.2 强令违章冒险作业罪

1. 概念

《刑法》第一百三十四条第二款规定：强令他人违章冒险作业，发生重大伤亡事故或者造成其他严重后果的，处五年以下有期徒刑或者拘役；情节特别恶劣的，处五年以上有期徒刑。

依照上述规定，强令违章冒险作业罪是指强令违章冒险作业，因而发生重大伤亡事故或者造成其他严重后果，危害公共安全的行为。

2. 立案标准

强令违章冒险作业罪，这里所说的"强令"是指明知违章并存在着很大的危险而仍然强迫下属进行作业。

所谓发生重大伤亡事故或者造成其他严重后果，结合最高人民法院、最高人民检察院《关于办理危害生产安全刑事案件适合法律若干问题的解释》（自 2015 年 12 月 16 日起施行），具有下列情形之一的，应当认定为"造成严重后果"或者"发生重大伤亡事故或者造成其他严重后果"，对相关责任人员处三年以下有期徒刑或者拘役：

1）造成死亡 1 人以上，或者重伤 3 人以上的。

2）造成直接经济损失 100 万元以上的。

3）其他造成严重后果或者重大安全事故的情形。

因而发生安全事故，具有下列情形之一的，对相关责任人员处三年以上七年以下有期徒刑：

1）造成死亡 3 人以上或者重伤 10 人以上，负事故主要责任的。

2）造成直接经济损失 500 万元以上，负事故主要责任的。

3）其他造成特别严重后果、情节特别恶劣或者后果特别严重的情形。

3. 犯罪主体

本罪的犯罪主体是特殊主体。根据最高人民法院、最高人民检察院《关于办理危害生产安全刑事案件适用法律若干问题的解释》（自 2015 年 12 月 16 日起施行），该罪的犯罪主体主要是在生产、作业单位中对生产、作业负有指挥或者管理职责的负责人、管理人员、实际控制人、投资人等人员，如厂长、经理、车间主任、矿长、坑长等。实践中，建筑企业的项目经理等强令他人违章冒险作业，发生重大伤亡事故或者造成其他严重后果的，构成该罪。

4. 罪与非罪的界分

根据上述构成要件，强令违章冒险作业，因而发生重大伤亡事故或者造成其他严重后果的行为，造成人员重伤不足 3 人，或者造成直接经济损失没有达到 50 万元、发生矿山安全事故造成直接经济损失没有达到 100 万元的，构不成强令违章冒险作业罪，但行为人应当承担相应的行政责任或者纪律处分。

9.10.3　重大劳动安全事故罪

1. 概念

《刑法》第一百三十五条规定：安全生产设施或者安全生产条件不符合国家规定，因而发生重大伤亡事故或者造成其他严重后果的，对直接负责的主管人员和其他直接责任人员处三年以下有期徒刑或者拘役；情节特别恶劣的，处三年以上七年以下有期徒刑。

根据上述规定，重大劳动安全事故罪是指安全生产设施或者安全生产条件不符合国家规定，因而发生重大伤亡事故或者造成其他严重后果的行为。

2. 构成要件

（1）犯罪客体

本罪侵犯的客体通常是工厂、矿山、林场、建筑企业或者其他企业、事业单位的劳动安全，即劳动者的生命、健康和重大公私财产的安全。

本罪客观方面表现为单位的劳动安全设施不符合国家规定，因而发生重大伤亡事故或者造成其他严重后果。

所谓劳动安全设施，是指为了防止和消除生产过程中的伤亡事故，防止生产设备遭到破坏，用于保障劳动者安全的技术设备、设施和各种用品。劳动安全设施主要有：一是防护装置，即用屏护方法使人体与生产中危险部分相隔离的装置；二是保险装置，即能自动消除生产中由于设备事故和部件损害而引起的人身事故危害的装置，如安全阀、自动跳闸、卷扬限制器等；三是信号装置，即应用信号警告、预防危险的装置，如信号灯、电器指示灯等；四是危险牌示和识别标志，即危险告示标志和借助醒目颜色或图形判断是否安全的标志。

劳动安全设施必须符合国家规定，即符合国家立法机关和生产主管部门制定、颁布的一系列保障安全生产、保护劳动者人身安全和合法权益的法律、法规和规章制度中规定的标准。

事故隐患是指由于劳动安全设施不符合国家规定而潜藏着的发生事故的苗头、祸患，仅限于劳动安全设施方面的事故隐患。例如，未给在有危害健康的气体、蒸气或者粉尘的场所操作的工人发口罩、防护眼镜和防毒面具的；未给在有噪声、强光辐射热和飞溅火花碎片、刨屑的场所操作的工人发护耳器、防护眼镜、面具或帽盔的；未给从事电器操作的人发绝缘革化、绝缘手套的；未给在高空作业的工人配备安全带的；机器设备的危险部分未安装防护装置的；压力机械的施压部分未安装安全装置的；电气设备和线路的绝缘性能不佳，电器设备未设必要的可熔保险器或自动开关的；车间或者工作地点所含游离二氧化硅 10% 以上的粉尘高于每立方米 2 毫克，对散发有害健康的蒸气、气体的设备未严加紧闭的等。厂矿、企事业单位的劳动安全设施不符合国家规定、存在事故隐患是发生重大劳动安全事故的直接原因，也是构成本罪的前提条件；如果重大事故的发生并不是由于劳动安全设施不符合国家规定，而是由于其他原因如有人故意破坏、放火等引起的，则不构成重大劳动安全事故罪。

具有下列情形之一的，应当认定为"造成严重后果"或者"发生重大伤亡事故或者造成其他严重后果"，对相关责任人员处三年以下有期徒刑或者拘役：

1）造成死亡 1 人以上，或者重伤 3 人以上的。

2）造成直接经济损失 100 万元以上的。

3）其他造成严重后果或者重大安全事故的情形。

因而发生安全事故，具有下列情形之一的，对相关责任人员处三年以上七年以下有期徒刑：

1）造成死亡 3 人以上或者重伤 10 人以上，负事故主要责任的。

2）造成直接经济损失 500 万元以上，负事故主要责任的。

3）其他造成特别严重后果、情节特别恶劣或者后果特别严重的情形。

（2）主体要件

本罪的主体是对安全生产设施或者安全生产不符合国家规定负有直接责任的主管人员和其他直接责任人员。《刑法》原规定，该罪主体为特殊主体，即工厂、矿山、林场、建筑企业或者其他企业、事业单位负责劳动安全设施的直接责任人员，《刑法修正案（六）》已取消该限制。该罪中的"直接负责的主管人员和其他直接责任人员"是指对矿山安全生产设施或者安全生产条件不符合国家规定负有直接责任的矿山生产经营单位的负责人、管理人员、实际控制人、投资人，以及对安全生产设施或者安全生产等负有管理、维护职责的电工、瓦斯检查工等人员。这里的单位根据《劳动法》第二条的规定，其范围非常广泛，既包括一切在中华人民共和国境内设立的企业和个体经济组织，也包括其他与劳动者建立了劳动合同关系的国家机关、事业组织和社会团体。在司法实践中，重大劳动安全事故罪主要发生在从事生产、经营的企业和个体经济组织中。建筑企业的项目经理在实际的项目管理中也可能属于直接负责的主管人员和其他直接责任人员，从而构成该罪。

（3）主观要件

本罪在主观方面表现为过失。所谓过失，是指有关直接责任人员在主观意志上并不希望发生事故，但对于单位存在事故隐患，有关直接责任人则是明知或者应该知道的，有的甚至是经劳动行政部门或者其他有关部门多次责令改正而未改正。造成这种情况的原因，有的是片面追求经济效益，不肯在劳动安全和劳动卫生方面进行投入；有的是工作不负责任，疏忽怠惰；有的是心存侥幸心理。无论属于哪种情况，都不影响构成本罪，但在具体量刑时可以作为酌定情节予以考虑。

3. 罪与非罪的界限

劳动安全事故罪与非罪的区分主要是所发生的危害后果的严重程度。根据上述构成要件，发生劳动安全事故，造成重伤人员不足 3 人，或者造成直接经济损失没有达到 50 万元，或者发生矿山安全事故造成直接经济损失没有达到 100 万元的，构不成重大劳动安全事故罪，但行为人应当承担相应的行政责任或者纪律处分。

9.10.4 消防责任事故罪

1. 概念

《刑法》第一百三十九条规定：违反消防管理法规，经消防监督机构通知采取改正措施而拒绝执行，造成严重后果的，对直接责任人员处三年以下有期徒刑或者拘役；后果特别严重的，处三年以上七年以下有期徒刑。

依据上述法律规定，消防责任事故罪是指违反消防管理法规，经消防监督机构通知采取改正措施而拒绝执行，造成严重后果的行为。

2. 构成要件

（1）客体要件

本罪侵犯的客体是国家的消防监督制度和公共安全，这里的公共安全即不特定多数人的生命、健康以及重大公私财产。我国对消防工作实行严格的监督管制，专门制定了《消防法》《消防监督程序规定》等消防法规。其中规定，我国消防工作由各级公安机关实施监督，县以上公安机关设置消防监督机构。消防监督机构发现有重大火灾隐患的，应及时向被检查的单位或居民以及上级主管部门发出"火险隐患整改通知书"，被通知单位的防火负责人或公民应当采取有效措施消除火灾隐患，并将整改的情况及时告诉消防监督机构。每个单位和公民都必须严格遵守消防法规，认真做好消防工作，及时消除火灾隐患。

（2）客观要件

本罪在客观方面表现为违反消防管理法规且经消防监督机构通知采取改正措施而拒绝执行的行为。违反消防管理法规而造成严重后果是这种犯罪行为的本质特征。构成该罪，在客观方面需要同时具备以下几个要素：

第一，违反消防管理法规。所谓违反消防管理法规，是指违反了我国《消防条例》《消防条例实施细则》《仓库防火安全管理规则》《高层建筑消防管理规则》等。

第二，经消防监督管理机构通知采取改正措施而拒绝执行。如行为人只是违反了消防管理法规，但没有接到过消防监督机构采取改正措施的通知，则即使造成了严重后果，也不构成本罪。消防监督机构是指根据有关法律、法规建立的专门负责消防监督检查工作的机构。

第三，因拒绝执行通知的改正措施而造成严重后果。严重后果通常是指造成了人身伤亡或公私财产的重大损失。根据2008年6月25日最高人民检察院、公安部《关于公安机关管辖的刑事案件立案追诉标准的规定（一）》第十五条，违反消防管理法规，经消防监督机构通知采取改正措施而拒绝执行，涉嫌下列情形之一的，达到该罪的客观追诉条件：

1）造成死亡1人以上，或者重伤3人以上的。

2）造成直接经济损失50万元以上的。

3）造成森林火灾，过火林地面积2公顷以上，或者过火疏林地、灌木林地、未成林地、苗圃地面积4公顷以上的。

4）其他造成严重后果的行为。

所谓后果特别严重，目前尚未有明确的法律规定，通常是指发生重大火灾，造成多人重伤、死亡或者公私财产的巨大损失。确定犯罪行为人的具体刑罚时还可考虑以下因素：

1）犯罪行为人的一贯表现。

2）行为人是否多次违反消防管理法规，是否经消防监督机构多次通知采取改正措施而多次拒绝执行。

3）犯罪后的表现，如有无自首、立功表现，犯罪后是否积极采取有效措施抢救人员、防止危害结果的扩大，是否为逃避罪责而破坏、伪造现场。

4）犯罪行为人的刑事责任年龄和刑事责任能力。

5）严重后果的具体情况等。

第四，违反消防管理法规与严重后果之间存在因果关系，即严重后果是由于违反消防管理法规的行为引起的。违反消防管理法规的行为与严重后果之间没有因果联系，则不构成本罪。

（3）主体要件

本罪的主体为一般主体，依照法律规定，主要是单位负责人或者单位中负有防火安全职责的直接责任人员。

（4）主观要件

本罪在主观方面表现为过失，可以是疏忽大意的过失，也可以是过于自信的过失。这里所说的过失，是指行为人对其所造成的危害结果的心理状态而言。行为人主观上并不希望火灾事故发生，但就其违反消防管理法规，经消防机构通知采取改正措施而拒绝执行而言，则却是明知故犯。行为人明知违反了消防管理法规，但却未想到会因此立即产生严重后果，或者轻信能够避免，以致发生了严重后果。

3. 罪与非罪的界定

（1）消防责任事故罪与自然事故的界限

自然事故是指由于不以人的意志为转移、不可抗拒的自然原因，如雷电等造成的事故。消防责任事故却是由于行为人违反消防管理法规，经消防监督机构通知采取措施而拒绝执行，以致火灾隐患事故未消除，从而酿成大祸，造成严重后果。在司法实践中，有些事故的产生既有自然原因又有人为原因，如对因自然原因产生火灾隐患，消防监督机构通知有关单位采取改正措施，但这些单位、个人却拒绝执行，以致造成严重后果的，就不能认定为简单的自然事故，而是可以对有关人员以消防责任事故罪追究刑事责任。

（2）消防责任事故罪与一般消防事故的界限

二者的区分关键在于造成后果的严重程度不同。根据上述客观方面后果的论述，行为人虽然违反消防法规，并经有关部门通知采取改正措施而拒绝执行，但造成的后果没有达到按照刑事案件立案追诉的标准，即没有造成人员死亡且重伤人数不足3人、造成直接经济损失不满50万元、过火有林地面积不足2公顷，或者过火疏林地、灌木林地、未成林地、苗圃地面积不足4公顷，且没有造成其他严重后果的，不构成消防责任事故罪，但根据《消防法》的规定，应当承担责令停止施工、停止使用或者停产停业及罚款、警告、行政拘留等行政责任。

9.10.5 不报、谎报安全事故罪

1. 概念

《刑法》第一百三十九条之一规定：在安全事故发生后，负有报告职责的人员不报或者谎报事故情况，贻误事故抢救，情节严重的，处三年以下有期徒刑或者拘役；情节特别严重的，处三年以上七年以下有期徒刑。

依据上述法律规定，不报、谎报安全事故罪，是指在安全事故发生后负有报告职责的人员不报或者谎报事故情况，贻误事故抢救，情节严重的行为。

2. 构成要件

（1）客体

本罪侵犯的是安全事故监管制度。不报、谎报安全事故罪是 2006 年 6 月 29 日全国人民代表大会常务委员会《中华人民共和国刑法修正案（六）》第四条增设的罪名，主要是针对近年来一些事故单位的负责人和对安全事故负有监管职责的人员在事故发生后弄虚作假，结果延误事故抢救，造成人员伤亡和财产损失进一步扩大的行为而设置的。

（2）客观方面

客观方面表现为在安全事故发生后负有报告职责的人员不报或者谎报事故情况，贻误事故抢救，情节严重的行为。具体而言，构成该罪，客观方面需要具备以下要素：

第一，不报或者谎报事故情况。不报即明知发生了安全事故，却不向有关部门报告；谎报安全事故是指把大的安全事故报告为小事故，或者在上级部门讯问是否发生安全事故时向上级部门报告没有发生安全事故。

第二，贻误抢救时机。不报、谎报安全事故的行为必须贻误了抢救时机，这是该罪在客观方面最为重要的要素之一。这一特征要求安全事故发生后，必须存在通过及时抢救使受灾人员生还和财产免于损害的可能，也就是说，安全事故造成的损失尚不确定，仍有进一步扩大的可能。如果行为人本应及时发现安全事故的发生，却由于疏于职守没有及时发现，导致事故进一步扩大，等行为人知道事故发生时损害已经确定，这种情况由于行为人在发现事故发生时已经不存在抢救的可能，不应按照该罪处理。但其疏于职守的行为构成其他罪的，按照其他罪名处理。

第三，情节严重。这是构成本罪在量方面的要求。根据最高人民法院、最高人民检察院《关于办理危害生产安全刑事案件适用法律若干问题的解释》（自 2015 年 12 月 16 日起施行）第八条的规定，在安全事故发生后，负有报告职责的人员不报或者谎报事故情况，贻误事故抢救，具有下列情形之一的，应当认定为刑法第一百三十九条之一规定的"情节严重"：

1）导致事故后果扩大，增加死亡 1 人以上，或者增加重伤 3 人以上，或者增加直接经济损失 100 万元以上的。

2）实施下列行为之一，致使不能及时有效开展事故抢救的：

① 决定不报、迟报、谎报事故情况或者指使、串通有关人员不报、迟报、谎报事故情况的。

② 在事故抢救期间擅离职守或者逃匿的。

③ 伪造、破坏事故现场，或者转移、藏匿、毁灭遇难人员尸体，或者转移、藏匿受伤人员的。

④ 毁灭、伪造、隐匿与事故有关的图纸、记录、计算机数据等资料及其他证据的。

3）其他情节严重的情形。

具有下列情形之一的，应当认定为刑法第一百三十九条之一规定的"情节特别严重"：

1）导致事故后果扩大，增加死亡 3 人以上，或者增加重伤 10 人以上，或者增加直接经济损失 500 万元以上的。

2）采用暴力、胁迫、命令等方式阻止他人报告事故情况，导致事故后果扩大的。

3）其他情节特别严重的情形。

（3）主体

犯罪主体为对安全事故"负报告职责的人员"。"安全事故"不仅限于生产经营单位发生的安全生产事故、大型群众性活动中发生的重大伤亡事故，还包括刑法分则第二章规定的所有与安全事故有关的犯罪，但第一百三十三条、第一百三十八条除外，因为这两条已经把不报告作为构成犯罪的条件之一。另外，自 2015 年 12 月 16 日起施行的最高人民法院、最高人民检察院《关于办理危害生产安全刑事案件适用法律若干问题的解释》第四条、刑法第一百三十九条之一规定的"负有报告职责的人员"，是指矿山生产经营单位的负责人、实际控制人、负责生产经营管理的投资人以及其他负有报告职责的人员。建筑企业项目经理在管理施工等过程中发生事故的，当然属于"负有报告职责的人员"，从而有可能构成该罪。

（4）主观方面

主观方面由故意构成。因为本罪在理论上应该归属于行为犯，其客观方面的重心在于"不报"这一不作为以及"谎报"这一作为，因此从理论上行为人对于其自身的行为必然是故意的。

3. 罪与非罪的界限

在罪与非罪的界限上主要把握两个方面：

第一，是否贻误抢救时机。根据《刑法》规定，构成该罪必须具备贻误抢救时机这一要件，这是对不报、谎报事故行为犯罪化所设定的一个限制条件，主要目的在于强调隐瞒行为对社会产生的实际消极效果。只有"贻误抢救时机"现实地发生了，才可能认定为犯罪。如果行为人虽然采取了不报、谎报等措施，但被有关人员及时举报或者被有关部门及时揭穿，没有贻误抢救时机的，也不构成本罪。

第二，是否达到情节严重程度。这是对构成该罪的量上的考量，具体要结合上述客观方面的论述。如果行为人虽然采取了不报、谎报等措施，也确实贻误了抢救时机，但从后期的抢救进程及造成的后果来看还达不到前述的情节严重的标准，则不构成该

197

第九章　建设工程安全
管理制度

罪，但应该根据行为人的实际过错承担相应的行政责任及纪律处分。

主要法规索引：

1. 《建筑法》（2011年7月1日起施行）
2. 《安全生产法》（2014年12月1日起施行）
3. 《特种设备安全法》（2014年1月1日起施行）
4. 《建设工程安全生产管理条例》（2004年2月1日起施行）
5. 《安全生产许可证条例》（2014年第二次修订）
6. 《生产安全事故报告和调查处理条例》（2007年6月1日起施行）
7. 《建筑起重机械安全监督管理规定》（2008年6月1日起施行）
8. 《建筑施工企业安全生产许可证管理规定》（2015年1月22日起施行）
9. 《生产安全事故应急预案管理办法》（2016年7月1日起施行）
10. 《建筑施工企业主要负责人、项目负责人和专职安全生产管理人员安全生产管理规定》（2014年9月1日起施行）
11. 《生产安全事故罚款处罚规定（试行）》（2015年5月1日起施行）

思考与练习

一、单项选择题（每题的备选项中，只有1个最符合题意）

1. 当分包工程发生安全事故，给建设单位造成损失时，关于责任承担的说法，正确的是（　　）。

   A. 建设单位可以要求分包单位和总承包单位承担无限连带责任

   B. 建设单位与分包单位无合同关系，无权向分包单位主张权利

   C. 总承包单位承担责任超过其应承担份额的，有权向有责任的分包单位追偿

   D. 分包单位只对总承包单位承担责任

2. 某总承包单位将工程主体结构施工分包给具有相应资质的分包单位。该工程施工过程中，分包单位发生了安全生产事故。关于双方责任的说法，错误的是（　　）。

   A. 分包单位只承担民事赔偿责任

   B. 总承包单位应对本工程施工现场的安全生产负总责

   C. 总承包与分包单位就该安全事故承担连带责任

   D. 如果发生的安全事故情节特别严重，构成犯罪的，应当追究总承包单位主要责任人责任

3. 起重吊装工程是一个危险性工程，对于起重吊装工程的说法不正确的是（　　）。

   A. 施工单位应该在施工组织设计中编制安全技术措施

   B. 需要编制专项施工方案，并附安全验算结果

C. 经专职安全管理人员签字后实施

D. 经项目负责人签字后实施

4. 建筑安全监督机构在检查施工现场时，发现某施工单位在没有竣工的建筑物内设置员工集体宿舍，下列表述正确的是：施工单位（　　）。

A. 经工程所在地建设安全监督机构同意，可以继续使用

B. 经工程所在地建设行政主管部门同意，可以继续使用

C. 必须迁出

D. 经工程所在地质量监督机构同意，可以继续使用

5. 施工企业的施工现场消防安全责任人应是（　　）。

A. 施工企业负责人　　　　　　　　B. 专职安全员

C. 专职消防安全员　　　　　　　　D. 项目负责人

6. 下列保险中，属于强制性保险的是（　　）。

A. 意外伤害保险　　　　　　　　　B. 建筑工程一切险

C. 安装工程一切险　　　　　　　　D. 工伤保险

7. 根据《建设工程安全生产管理条例》，安装、拆卸施工起重机械作业前安装单位应当编制（　　）。

A. 技术规范　　　　　　　　　　　B. 拆装方案

C. 设备运至现场的运输方案　　　　D. 进度控制横道图

8. 实行施工总承包的工程项目，应由（　　）统一组织编制建设工程安全事故应急救援预案。

A. 建设单位　　　　　　　　　　　B. 施工总承包单位

C. 监理单位　　　　　　　　　　　D. 各分包单位

9. 施工单位应当组织专家进行论证、审查的工程是（　　）。

A. 脚手架工程　　　　　　　　　　B. 爆破工程

C. 模板工程　　　　　　　　　　　D. 地下暗挖工程

二、多项选择题（每题的备选项中，有2个或2个以上符合题意，至少有1个错项）

1. 根据《建设工程安全生产管理条例》的规定，必须按照国家有关规定经过专门的安全作业培训，并取得特种作业操作资格证书后方可上岗作业的人员有（　　）。

A. 垂直运输机械作业人员　　　　　B. 安装拆卸工

C. 爆破作业人员　　　　　　　　　D. 起重信号工

E. 钢筋工

2. 根据《建设工程安全生产管理条例》，施工项目经理的安全职责有（　　）。

A. 应当制定安全生产规章制度

B. 落实安全生产责任制

C. 确保安全生产费用的有效使用

D. 保证安全生产条件所需资金的投入

E. 及时、如实报告生产安全事故

3. 总承包单位将其承揽的工程依法分包给专业承包单位。工程主体结构施工过程

中发生了生产安全事故，专业承包单位由此开始怀疑总承包单位的管理能力，并一再违反总承包单位的安全管理指令，导致发生重大生产安全事故。关于本工程的安全生产管理，下列说法中正确的有（   ）。

A. 总承包单位对施工现场的安全生产负总责

B. 专业承包单位应服从总承包单位的安全生产管理

C. 总承包单位与专业承包单位对全部安全生产事故承担连带责任

D. 专业承包单位对该重大安全生产事故承担主要责任

E. 分包合同应明确双方在安全生产方面的权利与义务

4. 下列关于脚手架工程表述正确的有（   ）。

A. 登高架设作业人员须取得特种操作资格证书后方可上岗

B. 登高架设作业人员经过企业的安全教育培训合格后即可上岗

C. 脚手架工程应编制专项施工方案，并附具安全验算

D. 脚手架工程的施工方案必须经专家论证

E. 脚手架工程的施工方案经总监理工程师签字即可实施

5. 施工企业采购、租赁的安全防护用具、机械设备、施工机具及配件，应当具有（   ）并在进入施工现场前进行检查。

A. 生产（制造）许可证   B. 施工资质证书

C. 产品销售许可证   D. 施工许可证

E. 产品合格证

6. 《建设工程安全生产管理条例》规定，施工单位应在施工现场（   ）设置明显的安全警示标志。

A. 楼梯口   B. 配电箱

C. 塔吊   D. 基坑底部

E. 施工现场出口处

7. 关于意外伤害保险的说法，正确的有（   ）。

A. 意外伤害保险为非强制保险

B. 被保险人为从事危险作业的人员

C. 受益人可以不是被保险人

D. 保险费由分包单位支付

E. 保险期限由施工企业根据实际自行确定

8. 根据《工伤保险条例》，建筑施工企业职工有下列情况可以认定为工伤的有（   ）。

A. 出差途中，由于工作原因遭遇车祸受伤

B. 在施工现场斗殴受伤

C. 在施工现场因工作原因受到事故伤害

D. 施工期间醉酒坠落致残

E. 在办公场所内因劳资纠纷自杀

9. 根据《工伤保险条例》，可以认定为工伤或者视同工伤的有（   ）。

A. 李某取得革命伤残军人证后到企业工作，旧伤复发

B. 张某患病后，精神抑郁，酗酒过度需要进行治疗

C. 杨某在开车下班途中发生交通事故受伤，该事故责任认定书中认定杨某对此负次要责任

D. 陈某在工作场所与上司产生摩擦，一怒之下，拿剪刀将自己的胸前刺伤

E. 牛某因失恋，上班时间爬到公司楼顶跳楼自杀

10. 根据《生产安全事故报告和调查处理条例》，下列生产安全事故中属于较大生产安全事故的有（   ）。

A. 2人死亡事故　　　　　　　　　　B. 10人死亡事故

C. 3人死亡事故　　　　　　　　　　D. 20人重伤事故

E. 1000万元经济损失事故

11. 某开发商拟拆除某商场，已经办理拆迁许可证，按照法律规定，还应当将（   ）资料报送建设工程所在地的县级以上地方人民政府建设行政主管部门备案。

A. 施工单位资质等级证明

B. 拟拆除建筑物、构筑物及可能危及毗邻建筑的说明

C. 拆迁安置补偿方案

D. 拆除施工组织方案

E. 供气、供热、通信、广播电视等地下管线资料

12. 按照《建设工程安全生产管理条例》的规定，（   ）不属于建设单位安全责任范围。

A. 向建设行政主管部门提供安全施工措施资料

B. 向施工单位提供准确的地下管线资料

C. 对拆除工程进行备案

D. 为施工现场从事特种作业的施工人员提供安全保障

E. 编制专项施工方案

13. 根据《建设工程安全生产管理条例》，在施工合同中不属于建设单位安全责任的有（   ）。

A. 编制施工安全生产规章制度和操作资料

B. 向施工单位提供准确的地下管线资料

C. 对拆除工程进行备案

D. 保证设计文件符合工程建设强制性标准

E. 为从事特种作业的施工人员办理意外伤害保险

14. 某施工单位拟租赁一家设备公司的塔吊，依照《建设工程安全生产管理条例》，设备公司应当出具塔吊的（   ）。

A. 发票　　　　　　　　　　　　　　B. 原始合同

C. 检测合格证明　　　　　　　　　　D. 生产许可证

E. 产品合格证

三、思考题

思考项目经理的安全责任及法律风险防范。

第十章　劳动合同与劳动保护法

10.1　劳动合同的订立与效力

劳动合同是劳动者与用人单位之间建立劳动关系的依据，是双方当事人明确权利和义务的协议，也是劳动者维护自身合法权益的直接证据。建立劳动关系应当订立书面劳动合同。

10.1.1　劳动合同订立的一般规则

用人单位自用工之日起即与劳动者建立劳动关系。用人单位应当建立职工名册备查。用人单位与劳动者在用工前订立劳动合同的，劳动关系自用工之日起建立。

建立劳动关系应当订立书面劳动合同。已建立劳动关系未同时订立书面劳动合同的，应当自用工之日起一个月内订立书面劳动合同。用人单位自用工之日起超过一个月不满一年未与劳动者订立书面劳动合同的，应当向劳动者每月支付两倍的工资，并与劳动者补订书面劳动合同，起算时间为用工之日起满一个月的次日，截止时间为补订书面劳动合同的前一日。自用工之日起一个月内，经用人单位书面通知后，劳动者不与用人单位订立书面劳动合同的，用人单位应当书面通知劳动者终止劳动关系，无需向劳动者支付经济补偿，但是应当依法向劳动者支付其实际工作时间的劳动报酬。

用人单位自用工之日起满一年未与劳动者订立书面劳动合同的，自用工之日起满一个月的次日至满一年的前一日应当向劳动者每月支付两倍的工资，并视为自用工之日起满一年的当日已经与劳动者订立无固定期限劳动合同，应当立即与劳动者补订书面劳动合同。

10.1.2　劳动合同的条款

劳动合同应当具备以下条款：①用人单位名称、住所和法定代表人或者主要负责人；②劳动者的姓名、住址和居民身份证或者其他有效身份证件号码；③劳动合同期限；④工作内容和工作地点；⑤工作时间和休息休假；⑥劳动报酬；⑦社会保险；⑧劳动保护、劳动条件和职业危害防护；⑨法律、法规规定应当纳入劳动合同的其他事项。

劳动合同除上述规定的必备条款外，用人单位与劳动者可以约定试用期、培训、保守秘密、补充保险和福利待遇等其他事项。

用人单位提供的劳动合同文本未载明《劳动合同法》规定的劳动合同必备条款，或者用人单位未将劳动合同文本交付劳动者的，由劳动行政部门责令改正；给劳动者造成损害的，应当承担赔偿责任。

10.1.3　劳动合同的种类

劳动合同期限是指劳动合同的有效时间，是劳动关系当事人双方享有权利和履行义务的时间。它一般始于劳动合同的生效之日，终于劳动合同的终止之日。根据劳动合同期限可将劳动合同分为固定期限合同、无固定期限合同以及以完成一定工作任务为期限的劳动合同。

（1）固定期限劳动合同

固定期限劳动合同是指用人单位与劳动者约定合同终止时间的劳动合同，具体是指劳动合同双方当事人在劳动合同中明确规定了合同效力的起始和终止时间。劳动合同期限届满，劳动关系即告终止。

（2）无固定期限劳动合同

用人单位与劳动者协商一致，可以订立无固定期限劳动合同。有下列情形之一，劳动者提出或者同意续订、订立劳动合同的，除劳动者提出订立固定期限劳动合同外应当订立无固定期限劳动合同：

1）劳动者在该用人单位连续工作满10年的。

2）用人单位初次实行劳动合同制度或者国有企业改制重新订立劳动合同时，劳动者在该用人单位连续工作满10年且距法定退休年龄不足10年的。

3）连续订立两次固定期限劳动合同，且劳动者没有《劳动合同法》第三十九条和第四十条第一项、第二项规定的情形，续订劳动合同的。

用人单位违反本法规定不与劳动者订立无固定期限劳动合同的，自应当订立无固定期限劳动合同之日起向劳动者每月支付两倍的工资。

（3）以完成一定工作任务为期限的劳动合同

以完成一定工作任务为期限的劳动合同，是指用人单位与劳动者约定以某项工作的完成为合同期限的劳动合同。某一项工作或工程开始之日即为合同开始之时，此项工作或者工程完毕合同即告终止。一般在以下几种情况下用人单位与劳动者可以签订以完成一定工作任务为期限的劳动合同：①以完成单项工作任务为期限的劳动合同；②以项目承包方式完成承包任务的劳动合同；③因季节原因用工的劳动合同；④其他双方约定的以完成一定工作任务为期限的劳动合同。

10.1.4　试用期

劳动合同期限3个月以上不满1年的，试用期不得超过1个月；劳动合同期限1年以上不满3年的，试用期不得超过2个月；3年以上固定期限和无固定期限的劳动合同，试用期不得超过6个月。同一用人单位与同一劳动者只能约定1次试用期。以完成一定工作任务为期限的劳动合同或者劳动合同期限不满3个月的，不得约定试用期。试用期包含在劳动合同期限内。劳动合同仅约定试用期的，试用期不成立，该期限为劳动合同期限。

劳动者在试用期的工资不得低于本单位相同岗位最低档工资或者劳动合同约定工

资的80%，并不得低于用人单位所在地的最低工资标准。在试用期中，除劳动者有《劳动合同法》第三十九条和第四十条第一项、第二项规定的情形外，用人单位不得解除劳动合同。用人单位在试用期解除劳动合同的，应当向劳动者说明理由。《劳动合同法》第四十八条规定：用人单位违反规定解除或者终止劳动合同，劳动者要求继续履行劳动合同的，用人单位应当继续履行；劳动者不要求履行劳动合同或者劳动合同已经不能继续履行的，用人单位应当依照规定的经济补偿标准的两倍向劳动者支付赔偿金；用人单位支付赔偿金后，劳动合同解除或者终止。《劳动合同法》第三十九条第一项和《劳动法》中都规定，劳动者在试用期间被证明不符合录用条件的，用人单位可以解除劳动合同，这是用人单位的权利。同时，《劳动合同法》第三十七条和《劳动法》第三十二条又规定，劳动者在试用期内可以通知用人单位解除劳动合同。这说明，在试用期内劳动者也拥有依法解除劳动合同的权利。

用人单位违反《劳动合同法》规定与劳动者约定试用期的，由劳动行政部门责令改正；违法约定的试用期已经履行的，由用人单位以劳动者试用期满月工资为标准，按已经履行的超过法定试用期的期间向劳动者支付赔偿金。

《劳动合同法》第二十二条规定："用人单位为劳动者提供专项培训费用，对其进行专业技术培训的，可以与该劳动者订立协议，约定服务期。劳动者违反服务期约定的，应当按照约定向用人单位支付违约金。违约金的数额不得超过用人单位提供的培训费用。用人单位要求劳动者支付的违约金不得超过服务期尚未履行部分所应分摊的培训费用。用人单位要求劳动者约定服务期间的，不影响按照正常的工资调整机制提高劳动者在服务期期间的劳动报酬。"

用人单位可以与劳动者订立协议，约定服务期间的培训是有严格条件的。一是用人单位提供专项培训费用。按照国家规定，用人单位必须按照本单位工资总额的一定比例提取培训费用，用于对劳动者的职业培训，这部分培训费用的使用不能作为与劳动者约定服务期的条件。二是对劳动者进行专业技术培训，包括专业知识和职业技能培训。用人单位对劳动者进行必要的职业培训不可以约定服务期，也就是说不包括职业培训。《劳动法》规定，用人单位应建立职业培训制度，按照国家规定提取和使用职业培训经费，根据本单位实际，有计划地对劳动者进行职业培训。从事技术工种的劳动者上岗前必须经过培训，劳动者有接受职业技术培训的权利。三是培训的形式，可以是脱产的、半脱产的，也可以是不脱产的。不管是否脱产，只有用人单位在国家规定提取的职工培训费用以外专门花较高数额的费用送劳动者去进行定向专业培训的，才可以与该劳动者订立协议约定服务期。

培训费用包括用人单位为了对劳动者进行专业技术培训而支付的有凭证的培训费用、培训期间的差旅费用以及因培训产生的用于该劳动者的其他直接费用。

用人单位与劳动者要依法约定违约金。主要包含两层意思：一是违约金是劳动合同双方当事人约定的结果；二是用人单位与劳动者约定违约金时不得违法，即约定违反服务期违约金的数额不得超过用人单位提供的培训费用。劳动者违反服务期约定的，应当按照约定向用人单位支付违约金，但劳动者所支付的违约金不得超过服务期尚未履行部分所应分摊的培训费用。

《劳动合同法》没有对服务期的年限作出具体规定，服务期的长短可以由劳动合同双方当事人协议确定。但是用人单位在与劳动者协议确定服务期年限时要遵守两点：一要体现公平合理的原则，不得滥用权力；二是用人单位与劳动者约定的服务期较长的，用人单位应当按照工资调整机制提高劳动者在服务期期间的劳动报酬。另外还必须处理好两个关系：一是约定与法定的关系；二是调动用人单位提供培训的积极性与保护劳动者合法权益的关系。

10.1.5 用人单位与劳动者约定保密义务和竞业限制

用人单位与劳动者可以在劳动合同中约定保守用人单位的商业秘密和与知识产权相关的保密事项。对负有保密义务的劳动者，用人单位可以在劳动合同或者保密协议中与劳动者约定竞业限制条款，并可以约定在解除或者终止劳动合同后，在竞业限制期限内按月给予劳动者经济补偿。劳动者违反竞业限制约定的，应当按照约定向用人单位支付违约金。

竞业限制的人员限于用人单位的高级管理人员、高级技术人员和其他负有保密义务的人员，竞业限制的范围、地域、期限由用人单位与劳动者约定。但竞业限制的约定不得违反法律、法规的规定。在解除或者终止劳动合同后，竞业限制人员不得到与本单位生产或者经营同类产品、从事同类业务有竞争关系的其他用人单位。

竞业禁止条款只能和知悉本单位商业秘密或者其他对本单位经营有重大影响的信息的劳动者订立。由于竞业限制限制了劳动者的劳动权利，不能任意扩大竞业范围，原则上竞业限制的范围、地域应当以能够与用人单位形成实际竞争关系的地域为限。同时，约定竞业限制必须以正当利益存在为前提，以保护合法权益所必需。限制竞业的期限最长不得超过两年。

在劳动合同中，除了关于服务期限、劳动者履行保密义务和竞业限制的规定条款可以约定由劳动者承担违约金之外，其他的条款用人单位均不得与劳动者约定由劳动者承担违约金。如果用人单位与劳动者径自约定劳动者违反劳动合同的违约金责任，这种约定无效。劳动者违反劳动合同中约定的保密义务或者竞业限制，给用人单位造成损失的，应当承担赔偿责任。

10.1.6 劳动合同无效

劳动合同由用人单位与劳动者协商一致，并经用人单位与劳动者在劳动合同文本上签字或者盖章生效。双方当事人签字或者盖章时间不一致的，以最后一方签字或者盖章的时间为准；如果一方没有写明签字时间，则另一方写明的签字时间就是合同生效时间。

1. 劳动合同无效或部分无效

下列劳动合同无效或者部分无效：

1）以欺诈、胁迫的手段或者乘人之危，使对方在违背真实意思的情况下订立或者变更劳动合同的。

2）用人单位免除自己的法定责任、排除劳动者权利的。

3）违反法律、行政法规强制性规定的。

第十章 劳动合同与劳动
保护法

2. 劳动合同无效或部分无效的处理

对于部分无效的劳动合同，只要不影响其他部分效力的，其他部分仍然有效。劳动合同经确认无效，劳动者已付出劳动的，用人单位应当向劳动者支付劳动报酬。劳动报酬的数额参照本单位相同或者相近岗位劳动者的劳动报酬确定。对劳动合同的无效或者部分无效有争议的，由劳动争议仲裁机构或者人民法院确认。劳动合同无效，给对方造成损害的，有过错的一方应当承担赔偿责任。

10.2　劳动合同的履行

10.2.1　劳动合同履行、变更的常见问题

劳动合同一经依法订立便具有法律效力，用人单位与劳动者都应当全面履行劳动合同规定的各项义务。劳动合同的全面履行要求劳动合同的当事人双方必须按合同约定的时间、地点，用约定的方式，按质、按量全部履行自己承担的义务，既不能只履行部分义务，不得擅自变更合同，也不能随意变更劳动者的工作性质、岗位，更不能擅自将劳动者调到其他用人单位工作。

用人单位必须按照合同的约定向劳动者提供适当的工作场所和劳动安全卫生条件、相关工作岗位，并按照劳动合同的约定和国家规定，向劳动者及时足额支付劳动报酬。用人单位应当严格执行劳动定额标准，不得强迫或者变相强迫劳动者加班。用人单位安排加班的，应当按照国家有关规定向劳动者支付加班费。所谓加班，也称延长劳动时间，是指用人单位经过一定程序，要求劳动者超过法律、法规规定的最高限制的日工作时数和周工作天数而工作。按照《劳动法》第四十四条的规定，支付加班费的具体标准是：在标准工作日内安排劳动者延长工作时间的，支付不低于工资150%的工资报酬；休息日安排劳动者工作又不能安排补休的，支付不低于工资200%的工资报酬；法定休假日安排劳动者工作的，支付不得低于300%的工资报酬。用人单位不能将应由自己对劳动者承担的义务转嫁给第三方承担。

劳动者必须遵守用人单位的规章制度和劳动纪律，认真履行自己的劳动职责，必须亲自履行劳动合同，不得将应由自己完成的工作交由第三方代办。劳动者拒绝用人单位管理人员违章指挥、强令冒险作业，不能视为违反劳动合同。相反，劳动者对危害生命安全和身体健康的劳动条件，有权对用人单位提出批评、检举和控告。对用人单位拖欠或者未足额支付劳动报酬的，劳动者可以依法向当地人民法院申请支付令，人民法院应当依法发出支付令。

10.2.2　劳动合同的变更

用人单位与劳动者协商一致，可以变更劳动合同约定的内容。变更劳动合同应当采用书面形式。变更后的劳动合同文本由用人单位和劳动者各执一份。

变更劳动合同时应当注意：①必须在劳动合同依法订立之后，在合同没有履行或者尚未履行完毕之前的有效时间内进行；②必须坚持平等自愿、协商一致的原则；

③不得违反法律法规的强制性规定；④劳动合同的变更须采用书面形式。

10.3　劳动合同的解除、终止

劳动者与用人单位可以协商解除劳动合同，并应当给予劳动者经济补偿。

10.3.1　劳动者可以单方解除劳动合同的规定

劳动者提前30日以书面形式通知用人单位，可以解除劳动合同。劳动者在试用期内提前3日通知用人单位，可以解除劳动合同。以上情形用人单位无需进行经济补偿。

《劳动合同法》第三十八条规定，用人单位有下列情形之一的，劳动者可以解除劳动合同：①未按照劳动合同约定提供劳动保护或者劳动条件的；②未及时足额支付劳动报酬的；③未依法为劳动者缴纳社会保险费的；④用人单位的规章制度违反法律、法规的规定，损害劳动者权益的；⑤因《劳动合同法》第二十六条第一款规定的情形致使劳动合同无效的；⑥法律、行政法规规定劳动者可以解除劳动合同的其他情形。用人单位以暴力、威胁或者非法限制人身自由的手段强迫劳动者劳动的，或者用人单位违章指挥、强令冒险作业危及劳动者人身安全的，劳动者可以立即解除劳动合同，不需事先告知用人单位。用人单位应当向劳动者支付经济补偿。

劳动者违反《劳动合同法》规定解除劳动合同，给用人单位造成损失的，应当承担赔偿责任。

10.3.2　用人单位可以单方解除劳动合同的规定

1. 随时解除合同，用人单位无需进行经济补偿的情形

《劳动合同法》第三十九条规定，劳动者有下列情形之一的，用人单位可以解除劳动合同：①在试用期间被证明不符合录用条件的；②严重违反用人单位的规章制度的；③严重失职，营私舞弊，给用人单位造成重大损害的；④劳动者同时与其他用人单位建立劳动关系，对完成本单位的工作任务造成严重影响，或者经用人单位提出拒不改正的；⑤因《劳动合同法》第二十六条第一款第一项规定的情形致使劳动合同无效的；⑥被依法追究刑事责任的。

2. 预告解除合同，用人单位应当向劳动者支付经济补偿的情形

《劳动合同法》第四十条规定，有下列情形之一的，用人单位提前30日以书面形式通知劳动者本人或者额外支付劳动者1个月工资后可以解除劳动合同：①劳动者患病或者非因工负伤，在规定的医疗期满后不能从事原工作，也不能从事由用人单位另行安排的工作的；②劳动者不能胜任工作，经过培训或者调整工作岗位仍不能胜任工作的；③劳动合同订立时所依据的客观情况发生重大变化，致使劳动合同无法履行，经用人单位与劳动者协商未能就变更劳动合同内容达成协议的。

3. 用人单位经济性裁员，用人单位应当向劳动者支付经济补偿

经济性裁员是指用人单位由于经营不善等经济原因一次性辞退部分劳动者的情形。

经济性裁员仍属用人单位单方解除劳动合同。

有下列情形之一，需要裁减人员 20 人以上或者裁减不足 20 人但占企业职工总数 10% 以上的，用人单位提前 30 日向工会或者全体职工说明情况，听取工会或者职工的意见后，裁减人员方案经向劳动行政部门报告，可以裁减人员：①依照企业破产法规定进行重整的；②生产经营发生严重困难的；③企业转产、重大技术革新或者经营方式调整，经变更劳动合同后，仍需裁减人员的；④其他因劳动合同订立时所依据的客观经济情况发生重大变化，致使劳动合同无法履行的。

裁减人员时应当优先留用下列三种人员：①与本单位订立较长期限的固定期限劳动合同的；②与本单位订立无固定期限劳动合同的；③家庭无其他就业人员，有需要扶养的老人或者未成年人的。用人单位在 6 个月内重新招用人员的，应当通知被裁减的人员，并在同等条件下优先招用被裁减人员。

用人单位应当在解除或者终止劳动合同时出具解除或者终止劳动合同的证明，并在 15 日内为劳动者办理档案和社会保险关系转移手续。劳动者应当按照双方约定办理工作交接。用人单位依照《劳动合同法》有关规定应当向劳动者支付经济补偿的，在办结工作交接时支付。用人单位对已经解除或者终止的劳动合同的文本至少保存两年备查。用人单位违反《劳动合同法》规定未向劳动者出具解除或者终止劳动合同的书面证明，由劳动行政部门责令改正；给劳动者造成损害的，应当承担赔偿责任。

4. 用人单位不得解除劳动合同的情形及违法解除的后果

为了保护一些特殊群体劳动者的权益，《劳动合同法》第四十二条规定，劳动者有下列情形之一的，用人单位不得依照该法第四十条、第四十一条的规定解除劳动合同：①从事接触职业病危害作业的劳动者未进行离岗前职业健康检查，或者疑似职业病病人在诊断或者医学观察期间的；②在本单位患职业病或者因工负伤并被确认丧失或者部分丧失劳动能力的；③患病或者非因工负伤，在规定的医疗期内的；④女职工在孕期、产期、哺乳期的；⑤在本单位连续工作满 15 年，且距法定退休年龄不足 5 年的；⑥法律、行政法规规定的其他情形。

用人单位违反《劳动合同法》规定解除或者终止劳动合同，劳动者要求继续履行劳动合同的，用人单位应当继续履行；劳动者不要求继续履行劳动合同或者劳动合同已经不能继续履行的，用人单位应当依法向劳动者支付赔偿金。赔偿金标准为经济补偿标准的两倍。

10.3.3 劳动合同的终止

劳动合同的终止，是指劳动合同期满或者出现法定情形以及当事人约定的情形而导致劳动合同的效力消灭，劳动合同即行终止。

1. 劳动合同终止的情形

《劳动合同法》第四十四条规定，有下列情形之一的劳动合同终止：①劳动合同期满的；②劳动者开始依法享受基本养老保险待遇的；③劳动者死亡，或者被人民法院宣告死亡或者宣告失踪的；④用人单位被依法宣告破产的；⑤用人单位被吊销营业执照、责令关闭、撤销或者用人单位决定提前解散的；⑥法律、行政法规规定的其他情形。但是在劳动合同期满时，有《劳动合同法》第四十二条规定的情形之一的，劳动合同应当继续延续至相应的情形消失时才能终止。

在本单位患有职业病或者因工负伤并被确认丧失或者部分丧失劳动能力的劳动者的劳动合同的终止，按照国家有关工伤保险的规定执行。《工伤保险条例》规定：①劳动者因工致残被鉴定为一级至四级伤残的，即丧失劳动能力的，保留劳动关系，退出工作岗位，用人单位不得终止劳动合同；②劳动者因工致残被鉴定为五级、六级伤残的，即大部分丧失劳动能力的，经工伤职工本人提出，该职工可以与用人单位解除或者终止劳动关系，否则用人单位不得终止劳动合同；③职工因工致残被鉴定为七级至十级伤残的，即部分丧失劳动能力的，劳动合同期满终止。

2. 终止劳动合同的经济补偿

有下列情形之一的，用人单位应当向劳动者支付经济补偿：①劳动者依照《劳动合同法》第三十八条规定解除劳动合同的；②用人单位向劳动者提出解除劳动合同并与劳动者协商一致解除劳动合同的；③用人单位依照《劳动合同法》第四十条规定解除劳动合同的；④用人单位依照《劳动合同法》第四十一条第一款规定解除劳动合同的；⑤除用人单位维持或者提高劳动合同约定条件续订劳动合同，劳动者不同意续订的情形外，依照《劳动合同法》第四十一条第一项规定终止固定期限劳动合同的；⑥依照《劳动合同法》第四十四条第四项、第五项规定终止劳动合同的；⑦法律、行政法规规定的其他情形。

经济补偿，按劳动者在本单位工作的年限，每满 1 年支付 1 个月工资的标准向劳动者支付；6 个月以上不满 1 年的，按 1 年计算；不满 6 个月的，向劳动者支付半个月工资的经济补偿。劳动者月工资高于用人单位所在直辖市、设区的市级人民政府公布的本地区上年度职工月平均工资 3 倍的，向其支付经济补偿的标准按职工月平均工资 3 倍的数额支付，向其支付经济补偿的年限最高不超过 12 年。月工资是指劳动者在劳动合同解除或者终止前 12 个月的平均工资。

解除或者终止劳动合同，未依照《劳动合同法》规定向劳动者支付经济补偿的，由劳动行政部门责令限期支付经济补偿；逾期不支付的，责令用人单位按应付金额 50% 以上 100% 以下的标准向劳动者加付赔偿金。

10.4 劳动保护中的法律责任

10.4.1 劳动者工作时间

工作时间指法律规定的劳动者在一昼夜和一周内从事生产、劳动或工作的时间。休息休假指劳动者在国家规定的法定工作时间外不从事生产、劳动或工作而由自己自行支配的时间，包括劳动者每天休息的时数、每周休息的天数、节假日、年休假、探亲假等。

《劳动法》第三十六条、第三十八条规定："国家实行劳动者每日工作时间不超过

8 小时、平均每周工作时间不超过 44 小时的工时制度。用人单位应当保证劳动者每周至少休息 1 日。"《国务院关于职工工作时间的规定》规定："职工每日工作 8 小时，每周工作 40 小时。"《劳动法》还规定："企业因生产特点不能实行本法第三十六条、第三十八条规定的，经劳动行政部门批准，可以实行其他工作和休息办法。"

《国务院关于职工工作时间的规定》中规定："在特殊条件下从事劳动和有特殊情况，需要适当缩短工作时间的，按照国家有关规定执行。"目前，我国实行缩短工作时间的主要是：从事矿山、高山、有毒、有害、特别繁重和过度紧张的体力劳动职工，以及纺织、化工、建筑、冶炼、地质勘探、森林采伐、装卸搬运等行业或岗位的职工；从事夜班工作的劳动者；在哺乳期工作的女职工；16~18 岁的未成年劳动者等。

《关于企业实行不定时工作制和综合计算工时工作制的审批办法》规定，企业对符合下列条件之一的职工可以实行不定时工作日制：

1）企业中的高级管理人员、外勤人员、推销人员、部分值班人员和其他因工作无法按标准工作时间衡量的职工。

2）企业中的长途运输人员、出租汽车司机和铁路、港口、仓库的部分装卸人员以及因工作性质特殊需机动作业的职工。

3）其他因生产特点、工作特殊需要或者职责范围的关系适合实行不定时工时制的职工。

企业对交通、铁路等行业中因工作性质特殊需连续作业的职工以及地质与资源勘探、建筑等受季节和自然条件限制的行业的部分职工等可实行综合计算工作日，即分别以周、月、季、年等为周期综合计算工作时间，但其平均日工作时间和平均周工作时间应与法定标准工作时间基本相同。

对实行计件工作的劳动者，用人单位应当根据《劳动法》第三十六条规定的工时制度合理确定其劳动定额和计件报酬标准。

《劳动法》规定，用人单位在下列节日期间应当依法安排劳动者休假：元旦，春节，国际劳动节，国庆节，法律、法规规定的其他休假节日。目前，法律、法规规定的其他休假节日有：全体公民放假的节日是清明节、端午节和中秋节，部分公民放假的节日及纪念日是妇女节、青年节、儿童节、中国人民解放军建军纪念日。

劳动者连续工作 1 年以上的享受带薪年休假。此外，劳动者按有关规定还可以享受探亲假、婚丧假、生育（产）假、节育手术假等。

用人单位由于生产经营需要，经与工会和劳动者协商可以延长工作时间，一般每日不得超过 1 小时；因特殊原因需要延长工作时间的，在保障劳动者身体健康的条件下延长工作时间每日不得超过 3 小时，但是每月不得超过 36 小时。在发生自然灾害、事故等需要紧急处理，或者生产设备、交通运输线路、公共设施发生故障必须及时抢修等法律、行政法规规定的特殊情况下，延长工作时间不受上述限制。

用人单位应当按照下列标准支付高于劳动者正常工作时间工资的工资报酬：安排劳动者延长工作时间的，支付不低于工资的 150% 的工资报酬；休息日安排劳动者工作又不能安排补休的，支付不低于工资的 200% 的工资报酬；法定休假日安排劳动者工作的，支付不低于工资的 300% 的工资报酬。安排加班不支付加班费的，由劳动行政部门责令限期支付加班费；逾期不支付的，责令用人单位按应付金额50%以上100%以下的标准向劳动者加付赔偿金。

10.4.2　劳动者的工资

工资，是指用人单位依据国家有关规定和劳动关系双方的约定以货币形式支付给劳动者的劳动报酬，如计时工资、计件工资、奖金、津贴和补贴等。

《劳动法》规定，工资分配应当遵循按劳分配原则，实行同工同酬。工资水平在经济发展的基础上逐步提高。国家对工资总量实行宏观调控。用人单位根据本单位的生产经营特点和经济效益依法自主确定本单位工资分配方式和工资水平。

工资应当以货币形式按月支付给劳动者本人。不得克扣或者无故拖欠劳动者的工资。劳动者在法定休假日和婚丧假期间以及依法参加社会活动期间，用人单位应当依法支付工资。

国家实行最低工资保障制度。最低工资的具体标准由省、自治区、直辖市人民政府规定，报国务院备案。用人单位支付劳动者的工资不得低于当地最低工资标准。

最低工资标准，是指劳动者在法定工作时间或依法签订的劳动合同约定的工作时间内提供了正常劳动的前提下，用人单位依法应支付的最低劳动报酬。所谓正常劳动，是指劳动者按依法签订的劳动合同的约定，在法定工作时间或劳动合同约定的工作时间内从事的劳动。劳动者依法享受国家规定的假期期间，以及法定工作时间内依法参加社会活动期间视为提供了正常劳动。

根据劳动和社会保障部《最低工资规定》，在劳动者提供正常劳动的情况下，用人单位应支付给劳动者的工资在剔除下列各项以后，不得低于当地最低工资标准：①延长工作时间工资；②中班、夜班、高温、低温、井下、有毒有害等特殊工作环境、条件下的津贴；③法律、法规和国家规定的劳动者福利待遇等。实行计件工资或提成工资等工资形式的用人单位，在科学合理的劳动定额基础上，其支付劳动者的工资不得低于相应的最低工资标准。

劳动合同对劳动报酬和劳动条件等标准约定不明确，引发争议的，用人单位与劳动者可以重新协商；协商不成的，适用集体合同规定；没有集体合同或者集体合同未规定劳动报酬的，实行同工同酬；没有集体合同或者集体合同未规定劳动条件等标准的，适用国家有关规定。

用人单位拖欠或未足额支付劳动报酬的，劳动者可以向人民法院申请支付令，人民法院应当依法发出支付令。

未按照劳动合同的约定或者国家规定及时足额支付劳动者劳动报酬的，或低于当地最低工资标准支付劳动者工资的，由劳动行政部门责令限期支付劳动报酬；劳动报酬低于当地最低工资标准的，应当支付其差额部分；逾期不支付的，责令用人单位按应付金额50%以上100%以下的标准向劳动者加付赔偿金。

2016年1月颁发的《国务院办公厅关于全面治理拖欠农民工工资问题的意见》规定明确工资支付各方主体责任。在工程建设领域，施工总承包企业（包括直接承包建设单位发包工程的专业承包企业，下同）对所承包工程项目的农民工工资支付负总责，分包企业（包括承包施工总承包企业发包工程的专业企业，下同）对所招用农民工的工资支付负直接责任，不得以工程款未到位等为由克扣或拖欠农民工工资，不得将合同应收工程款等经营风险转嫁给农民工。

推动各类企业委托银行代发农民工工资。在工程建设领域鼓励实行分包企业农民工工资委托施工总承包企业直接代发的办法。分包企业负责为招用的农民工申办银行个人工资账户，并办理实名制工资支付银行卡，按月考核农民工工作量并编制工资支付表，经农民工本人签字确认后，交施工总承包企业委托银行通过其设立的农民工工资（劳务费）专用账户直接将工资划入农民工个人工资账户。

完善工资保证金制度。在建筑市政、交通、水利等工程建设领域全面实行工资保证金制度，逐步将实施范围扩大到其他易发生工资拖欠的行业。建立工资保证金差异化缴存办法，对一定时期内未发生工资拖欠的企业实行减免措施，发生工资拖欠的企业适当提高缴存比例。严格规范工资保证金动用和退还办法。探索推行业主担保、银行保函等第三方担保制度，积极引入商业保险机制，保障农民工工资支付。

建立健全农民工工资（劳务费）专用账户管理制度。在工程建设领域，实行人工费用与其他工程款分账管理制度，推动农民工工资与工程材料款等相分离。施工总承包企业应分解工程价款中的人工费用，在工程项目所在地银行开设农民工工资（劳务费）专用账户，专项用于支付农民工工资。建设单位应按照工程承包合同约定的比例或施工总承包企业提供的人工费用数额，将应付工程款中的人工费单独拨付到施工总承包企业开设的农民工工资（劳务费）专用账户。农民工工资（劳务费）专用账户应向人力资源社会保障部门和交通、水利等工程建设项目主管部门备案，并委托开户银行负责日常监管，确保专款专用。开户银行发现账户资金不足、被挪用等情况，应及时向人力资源社会保障部门和交通、水利等工程建设项目主管部门报告。

落实清偿欠薪责任。招用农民工的企业承担直接清偿拖欠农民工工资的主体责任。在工程建设领域，建设单位或施工总承包企业未按合同约定及时划拨工程款，致使分包企业拖欠农民工工资的，由建设单位或施工总承包企业以未结清的工程款为限先行垫付农民工工资。建设单位或施工总承包企业将工程违法发包、转包或违法分包致使拖欠农民工工资的，由建设单位或施工总承包企业依法承担清偿责任。

10.4.3 女职工保护

1. 女职工保护主要行为规则

《劳动法》规定，禁止安排女职工从事矿山井下、国家规定的第四级体力劳动强度的劳动和其他禁忌从事的劳动。不得安排女职工在经期从事高处、低温、冷水作业和国家规定的第三级体力劳动强度的劳动。不得安排女职工在怀孕期间从事国家规定的第三级体力劳动强度的劳动和孕期禁忌从事的活动。对怀孕 7 个月以上的女职工，不得安排其延长工作时间和夜班劳动。女职工生育享受不少于 90 天的产假。不得安排女职工在哺乳未满 1 周岁的婴儿期间从事国家规定的第三级体力劳动强度的劳动和哺乳期禁忌从事的其他劳动，不得安排其延长工作时间和夜班劳动。

国务院《女职工劳动保护规定》规定，用人单位不得因女职工怀孕、生育、哺乳降低其工资、予以辞退、与其解除劳动或者聘用合同。女职工在孕期不能适应原劳动的，用人单位应当根据医疗机构的证明，予以减轻劳动量或者安排其他能够适应的劳动。对怀孕7个月以上的女职工，用人单位不得延长劳动时间或者安排夜班劳动，并应当在劳动时间内安排一定的休息时间。怀孕女职工在劳动时间内进行产前检查，所需时间计入劳动时间。女职工生育享受98天产假，其中产前可以休假15天；难产的，增加产假15天；生育多胞胎的，每多生育1个婴儿，增加产假15天。女职工怀孕未满4个月流产的，享受15天产假；怀孕满4个月流产的，享受42天产假。女职工产假期间的生育津贴，对已经参加生育保险的，按照用人单位上年度职工月平均工资的标准由生育保险基金支付；对未参加生育保险的，按照女职工产假前工资的标准由用人单位支付。女职工生育或者流产的医疗费用，按照生育保险规定的项目和标准，对已经参加生育保险的，由生育保险基金支付；对未参加生育保险的，由用人单位支付。对哺乳未满1周岁婴儿的女职工，用人单位不得延长劳动时间或者安排夜班劳动。用人单位应当在每天的劳动时间内为哺乳期女职工安排1小时哺乳时间；女职工生育多胞胎的，每多哺乳1个婴儿每天增加1小时哺乳时间。女职工比较多的用人单位应当根据女职工的需要，建立女职工卫生室、孕妇休息室、哺乳室等设施，妥善解决女职工在生理卫生、哺乳方面的困难。在劳动场所，用人单位应当预防和制止对女职工的性骚扰。

女职工禁忌从事的劳动范围：①矿山井下作业；②体力劳动强度分级标准中规定的第四级体力劳动强度的作业；③每小时负重6次以上、每次负重超过20公斤的作业，或者间断负重、每次负重超过25公斤的作业。

女职工在经期禁忌从事的劳动范围：①冷水作业分级标准中规定的第二级、第三级、第四级冷水作业；②低温作业分级标准中规定的第二级、第三级、第四级低温作业；③体力劳动强度分级标准中规定的第三级、第四级体力劳动强度的作业；④高处作业分级标准中规定的第三级、第四级高处作业。

女职工在孕期禁忌从事的劳动范围：①作业场所空气中铅及其化合物、汞及其化合物、苯、镉、铍、砷、氰化物、氮氧化物、一氧化碳、二硫化碳、氯、己丙酰胺、氯丁二烯、氯乙烯、环氧乙烷、苯胺、甲醛等有毒物质浓度超过国家职业卫生标准的作业；②从事抗癌药物、己烯雌酚生产，接触麻醉剂气体等的作业；③非密封源放射性物质的操作，核事故与放射事故的应急处置；④高处作业分级标准中规定的高处作业；⑤冷水作业分级标准中规定的冷水作业；⑥低温作业分级标准中规定的低温作业；⑦高温作业分级标准中规定的第三级、第四级作业；⑧噪声作业分级标准中规定的第三级、第四级作业；⑨体力劳动强度分级标准中规定的第三级、第四级体力劳动强度的作业；⑩在密闭空间、高压室作业或者潜水作业，伴有强烈振动的作业，或者需要频繁弯腰、攀高、下蹲的作业。

女职工在哺乳期禁忌从事的劳动范围：①孕期禁忌从事的劳动范围的第一项、第三项、第九项；②作业场所空气中锰、氟、溴、甲醇、有机磷化合物、有机氯化合物等有毒物质浓度超过国家职业卫生标准的作业。

2. 法律责任

用人单位违法侵犯女职工合法权益，由劳动部门责令改正，处以罚款；对女职工造成损害的，承担赔偿责任。

10.4.4　未成年工权益保护

1. 保护未成年工的规则

未成年工是指年满 16 周岁未满 18 周岁的劳动者，禁止用人单位招用未满 16 周岁的未成年人。

未成年工的特殊保护是针对未成年工处于生长发育期的特点，以及接受义务教育的需要，采取的特殊劳动保护措施。不得安排未成年工从事矿山井下、有毒有害、国家规定的第四级体力劳动强度的劳动和其他禁忌从事的劳动。用人单位应对未成年工定期进行健康检查。

《未成年工特殊保护规定》中规定，用人单位应根据未成年工的健康检查结果安排其从事适合的劳动，对不能胜任原劳动岗位的，应根据医务部门的证明，予以减轻劳动量或安排其他劳动。对未成年工的使用和特殊保护实行登记制度。用人单位招收未成年工除符合一般用工要求外，还须向所在地的县级以上劳动行政部门办理登记。未成年工上岗前用人单位应对其进行有关的职业安全卫生教育、培训。

2. 法律责任

用人单位违法侵犯未成年工合法权益，由劳动部门责令改正，处以罚款；对未成年工造成损害的，承担赔偿责任。

用人单位非法招用未满 16 周岁的未成年人的，由劳动行政部门责令改正，处以罚款；情节严重的，由工商行政管理部门吊销营业执照。

10.4.5　社会保险

1. 五种社会保险

《社会保险法》规定，国家建立基本养老保险、基本医疗保险、工伤保险、失业保险、生育保险等社会保险制度，保障公民在年老、疾病、工伤、失业、生育等情况下依法从国家和社会获得物质帮助的权利。

（1）养老保险

职工应当参加基本养老保险，由用人单位和职工共同缴纳基本养老保险费。用人单位应当按照国家规定的本单位职工工资总额的比例缴纳基本养老保险费，计入基本养老保险统筹基金。职工应当按照国家规定的本人工资的比例缴纳基本养老保险费，计入个人账户。

参加基本养老保险的个人，达到法定退休年龄时累计缴费满 15 年的，按月领取基本养老金；参加基本养老保险的个人，达到法定退休年龄时累计缴费不足 15 年的，可以缴费至满 15 年，按月领取基本养老金；也可以转入新型农村社会养老保险或者城镇居民社会养老保险，按照国务院规定享受相应的养老保险待遇。

参加基本养老保险的个人，因病或者非因工死亡的，其遗属可以领取丧葬补助金和抚恤金；在未达到法定退休年龄时因病或者非因工致残、完全丧失劳动能力的，可以领取病残津贴。所需资金从基本养老保险基金中支付。

（2）医疗保险

职工应当参加职工基本医疗保险，由用人单位和职工按照国家规定共同缴纳基本医疗保险费。医疗机构应当为参保人员提供合理、必要的医疗服务。

参加职工基本医疗保险的个人，达到法定退休年龄时累计缴费达到国家规定年限的，退休后不再缴纳基本医疗保险费，按照国家规定享受基本医疗保险待遇；未达到国家规定年限的，可以缴费至国家规定年限。

符合基本医疗保险药品目录、诊疗项目、医疗服务设施标准以及急诊、抢救的医疗费用，按照国家规定从基本医疗保险基金中支付。下列医疗费用不纳入基本医疗保险基金支付范围：①应当从工伤保险基金中支付的；②应当由第三人负担的；③应当由公共卫生负担的；④在境外就医的。医疗费用依法应当由第三人负担，第三人不支付或者无法确定第三人的，由基本医疗保险基金先行支付。基本医疗保险基金先行支付后，有权向第三人追偿。

（3）工伤保险

职工应当参加工伤保险，由用人单位缴纳工伤保险费，职工个人不缴纳工伤保险费。《建筑法》还规定："建筑施工企业必须为从事危险作业的职工办理意外伤害保险，支付保险费。"

因工伤发生的下列费用，按照国家规定从工伤保险基金中支付：①治疗工伤的医疗费用和康复费用；②住院伙食补助费；③到统筹地区以外就医的交通食宿费；④安装配置伤残辅助器具所需费用；⑤生活不能自理的，经劳动能力鉴定委员会确认的生活护理费；⑥一次性伤残补助金和一至四级伤残职工按月领取的伤残津贴；⑦终止或者解除劳动、聘用合同时，应当享受的一次性工伤医疗补助金；⑧因工死亡的，其近亲属领取的丧葬补助金、供养亲属抚恤金和一次性工亡补助金；⑨劳动能力鉴定费。

职工所在用人单位未依法缴纳工伤保险费，发生工伤事故的，由用人单位支付工伤保险待遇；用人单位不支付的，从工伤保险基金中先行支付，然后由用人单位偿还。用人单位不偿还的，社会保险经办机构可以依照《社会保险法》第六十三条的规定追偿。

由于第三人的原因造成工伤，第三人不支付工伤医疗费用，或者无法确定第三人的，由工伤保险基金先行支付。工伤保险基金支付后，有权向第三人追偿。

（4）失业保险

职工应当参加失业保险，由用人单位和职工按照国家规定共同缴纳失业保险费。

失业人员符合下列条件的，从失业保险基金中领取失业保险金：①失业前用人单位和本人已经缴纳失业保险费满1年的；②非因本人意愿中断就业的；③已经进行失业登记，并有求职要求的。

失业人员失业前用人单位和本人累计缴费满1年不足5年的，领取失业保险金的期限最长为12个月；累计缴费满5年不足10年的，领取失业保险金的期限最长为18个月；累计缴费10年以上的，领取失业保险金的期限最长为24个月。重新就业后，再次失业的，缴费时间重新计算，领取失业保险金的期限与前次失业应当领取而尚未领取的失业保险金的期限合并计算，最长不超过 24 个月。

失业人员在领取失业保险金期间，参加职工基本医疗保险，享受基本医疗保险待遇。失业人员应当缴纳的基本医疗保险费从失业保险基金中支付，个人不缴纳基本医疗保险费。

失业人员在领取失业保险金期间死亡的，参照当地对在职职工死亡的规定，向其遗属发给一次性丧葬补助金和抚恤金。所需资金从失业保险基金中支付。个人死亡同时符合领取基本养老保险丧葬补助金、工伤保险丧葬补助金和失业保险丧葬补助金条件的，其遗属只能选择领取其中的一项。

（5）生育保险

职工应当参加生育保险，由用人单位按照国家规定缴纳生育保险费，职工个人不缴纳生育保险费。用人单位已经缴纳生育保险费的，其职工享受生育保险待遇；职工未就业配偶按照国家规定享受生育医疗费用待遇。所需资金从生育保险基金中支付。

生育保险待遇包括生育医疗费用和生育津贴。生育医疗费用包括下列各项：①生育的医疗费用；②计划生育的医疗费用；③法律、法规规定的其他项目费用。

职工有下列情形之一的可以按照国家规定享受生育津贴：①女职工生育享受产假；②享受计划生育手术休假；③法律、法规规定的其他情形。生育津贴按照职工所在用人单位上年度职工月平均工资计发。

《劳动法》规定，国家发展社会福利事业，兴建公共福利设施，为劳动者休息、休养和疗养提供条件用人单位应当创造条件改善集体福利，提高劳动者的福利待遇。

2. 法律责任

用人单位无故不缴纳社会保险，由劳动部门限期缴纳，逾期不缴纳的可以加收滞纳金。

主要法规索引：

1.《劳动法》（2009 年 8 月 27 日第十一届全国人民代表大会审议通过）

2.《劳动合同法》（2012 年 12 月 28 日修正，2013 年 7 月 1 日起施行）

思考与练习

一、单项选择题（每题的备选项中，只有 1 个最符合题意）

1. 王某应聘到某施工单位，双方于 4 月 15 日签订为期 3 年的劳动合同，其中约定试用期 3 个月，次日合同开始履行。7 月 18 日，王某拟解除劳动合同，则（　　）。

A. 必须取得用人单位同意

B. 口头通知用人单位即可

C. 应提前 30 日以书面形式通知用人单位

D. 应报请劳动行政主管部门同意后以书面形式通知用人单位

2. 劳动者可以立即解除劳动合同且无需事先告知用人单位的情形是（   ）。

A. 用人单位未按照劳动合同约定提供劳动报酬或者劳动条件

B. 用人单位以暴力、威胁或者非法限制人身自由的手段强迫劳动者劳动

C. 用人单位未及时足额支付劳动报酬

D. 用人单位制定的规章制度违反法律、法规的规定，损害劳动者的权益

3. 某单位生产过程中有如下具体安排，其中不符合《劳动法》劳动保护规定的有（   ）。

A. 安排女工赵某从事有毒有害作业

B. 安排怀孕 6 个月的女工钱某从事夜班工作

C. 批准女工孙某只能休产假 120 天

D. 安排 17 岁的李某担任矿井安检员

二、多项选择题（每题的备选项中，有 2 个或 2 个以上符合题意，至少有 1 个错项）

1. 某市的一家建筑工程公司准备实施经济性裁员，依据《劳动法》的规定，在下列人员中，该建筑工程公司不得与其解除劳动合同的是（   ）。

A. 女职工李某，正在家中休产假

B. 会计刘某，非因公负伤，正在住院还未痊愈

C. 职工谢某，因失职造成公司损失 10 多万元，现停职在家

D. 工程师吕某，因患职业病丧失劳动能力，一直卧床在家

E. 司机于某，因盗窃罪被法院判处有期徒刑 5 年

2. 下列情形中，用人单位可以随时解除劳动合同的有（   ）。

A. 在试用期间被证明不符合录用条件的

B. 严重违反劳动纪律或者用人单位规章制度的

C. 被依法追究民事责任的

D. 不能胜任工作，经过培训或者调整工作岗位，仍不能胜任工作的

E. 严重失职，营私舞弊，对用人单位利益造成重大损害的

三、思考题

如何防范劳动法律风险？

第十一章 建设工程环保、节能与文物保护制度

11.1 建设工程环境保护制度

遵守有关环境保护法规是建筑施工单位的法定义务。《环境保护法》规定，排放污染物的企事业单位和其他生产经营者，应当采取措施，防治在生产建设或者其他活动中产生的废气、废水、废渣、医疗废物、粉尘、恶臭气体、放射性物质以及噪声、振动、光辐射、电磁辐射等对环境的污染和危害。《建筑法》规定，建筑施工企业应当遵守有关环境保护和安全生产的法律、法规的规定，采取控制和处理施工现场的各种粉尘、废气、废水、固体废物以及噪声、振动对环境的污染和危害的措施。《建设工程安全生产管理条例》规定，施工单位应当遵守有关环境保护法律、法规的规定，在施工现场采取措施，防止或者减少粉尘、废气、废水、固体废物、噪声、振动和施工照明对人和环境的危害和污染。

11.1.1 大气污染防治的规定

按照国际标准化组织（ISO）的定义，大气污染通常是指由于人类活动或自然过程引起某些物质进入大气中，呈现出足够的浓度，达到足够的时间，并因此危害了人体的舒适、健康和福利或环境污染的现象。如果不对大气污染物的排放总量加以控制和防治，将会严重破坏生态系统和人类生存条件。

在工程建设领域，对于废气污染的防治也包括建设项目和施工现场两大方面。

1. 对向大气排放污染物单位的监管

《大气污染防治法》规定，地方各级人民政府应当加强对建设施工和运输的管理，保持道路清洁，控制料堆和渣土堆放，扩大绿地、水面、湿地和地面铺装面积，防治扬尘污染。

从事房屋建筑、市政基础设施建设、河道整治以及建筑物拆除等的施工单位应当向负责监督管理扬尘污染防治的主管部门备案。

2. 建设项目大气污染的防治

《大气污染防治法》规定，新建、扩建、改建向大气排放污染物的项目必须遵守国家有关建设项目环境保护管理的规定。建设项目的环境影响报告书必须对建设项目可能产生的大气污染和对生态环境的影响作出评价，规定防治措施，并按照规定的程序报环境保护行政主管部门审查批准。

建设项目投入生产或者使用之前，其大气污染防治设施必须经过环境保护行政主管部门验收，达不到国家有关建设项目环境保护管理规定要求的建设项目不得投入生

产或者使用。

3. 施工现场大气污染的防治

建设单位应当将防治扬尘污染的费用列入工程造价，并在施工承包合同中明确施工单位扬尘污染防治责任。暂时不能开工的建设用地，建设单位应当对裸露的地面进行覆盖；超过三个月的，应当进行绿化、铺装或者遮盖。

施工单位应当制订具体的施工扬尘污染防治实施方案，在施工工地设置硬质围挡，并采取覆盖、分段作业、择时施工、洒水抑尘、冲洗地面和车辆等有效的防尘降尘措施。建筑土方、工程渣土、建筑垃圾应当及时清运；在场地内堆存的，应当采用密闭式防尘网遮盖。工程渣土、建筑垃圾应当进行资源化处理。施工单位应当在施工工地公示扬尘污染防治措施、负责人、扬尘监督管理主管部门等信息。

运输煤炭、垃圾、渣土、砂石、土方、灰浆等散装、流体物料的车辆应当采取密闭或者其他措施防止物料遗撒造成扬尘污染，并按照规定路线行驶。

装卸物料应当采取密闭或者喷淋等方式防治扬尘污染。

贮存煤炭、煤矸石、煤渣、煤灰、水泥、石灰、石膏、砂土等易产生扬尘的物料应当密闭；不能密闭的，应当设置不低于堆放物高度的严密围挡，并采取有效覆盖措施防治扬尘污染。

现场大气污染的防治重点是防治扬尘污染。对于扬尘控制，建设部《绿色施工导则》规定：

1）运送土方、垃圾、设备及建筑材料等不污损场外道路。运输容易散落、飞扬、流漏的物料的车辆必须采取措施封闭严密，保证车辆清洁。施工现场出口应设置洗车槽。

2）土方作业阶段采取洒水、覆盖等措施，达到作业区目测扬尘高度小于 1.5 米，不扩散到场区外。

3）结构施工、安装装饰装修阶段，作业区目测扬尘高度小于 0.5 米。对易产生扬尘的堆放材料应采取覆盖措施；对粉末状材料应封闭存放；场区内可能引起扬尘的材料及建筑垃圾搬运应有降尘措施，如覆盖、洒水等；浇筑混凝土前清理灰尘和垃圾时尽量使用吸尘器，避免使用吹风器等易产生扬尘的设备；机械剔凿作业时可用局部遮挡、掩盖、水淋等防护措施；高层或多层建筑清理垃圾应搭设封闭性临时专用道或采用容器吊运。

4）施工现场非作业区达到目测无扬尘的要求。对现场易飞扬物质采取有效措施，如洒水、地面硬化、围挡、密网覆盖、封闭等，防止扬尘产生。

5）构筑物机械拆除前做好扬尘控制计划。可采取清理积尘、拆除体洒水、设置隔挡等措施。

6）构筑物爆破拆除前做好扬尘控制计划。可采用清理积尘、淋湿地面、预湿墙体、屋面敷水袋、楼面蓄水、建筑外设高压喷雾状水系统、搭设防尘排栅和直升机投水弹等综合降尘。选择风力小的天气进行爆破作业。

7）在场界四周隔挡高度位置测得的大气总悬浮颗粒物（TSP）月平均浓度与城市背景值的差值不大于 0.08 毫克/立方米。

第十一章　建设工程环保、节能与
文物保护制度

11.1.2 水污染防治的规定

《水污染防治法》规定，水污染防治应当坚持预防为主、防治结合、综合治理的原则，优先保护饮用水水源，严格控制工业污染、城镇生活污染，防治农业面源污染，积极推进生态治理工程建设，预防、控制和减少水环境污染和生态破坏。

1. 水污染事故发生单位或者其他突发性事件的规定

《水污染防治法》规定，企业事业单位发生事故或者其他突发性事件，造成或者可能造成水污染事故的，应当立即启动本单位的应急方案，采取应急措施，并向事故发生地的县级以上地方人民政府或者环境保护主管部门报告。

2. 建设项目水污染的防治

《水污染防治法》规定，新建、改建、扩建直接或者间接向水体排放污染物的建设项目和其他水上设施，应当依法进行环境影响评价。

建设单位在江河、湖泊新建、改建、扩建排污口的，应当取得水行政主管部门或者流域管理机构同意；涉及通航、渔业水域的，环境保护主管部门在审批环境影响评价文件时，应当征求交通、渔业主管部门的意见。

建设项目的水污染防治设施应当与主体工程同时设计、同时施工、同时投入使用。水污染防治设施应当经过环境保护主管部门验收，验收不合格的，该建设项目不得投入生产或者使用。

禁止在饮用水水源一级保护区内新建、改建、扩建与供水设施和保护水源无关的建设项目；已建成的与供水设施和保护水源无关的建设项目，由县级以上人民政府责令拆除或者关闭。禁止在饮用水水源二级保护区内新建、改建、扩建排放污染物的建设项目；已建成的排放污染物的建设项目，由县级以上人民政府责令拆除或者关闭。

3. 施工现场水污染的防治

《水污染防治法》规定，直接或者间接向水体排放污染物的企业事业单位和个体工商户，应当按照国务院环境保护主管部门的规定，向县级以上地方人民政府环境保护主管部门申报登记拥有的水污染物排放设施、处理设施和在正常作业条件下排放水污染物的种类、数量和浓度，并提供防治水污染方面的有关技术资料。

《城镇排水与污水处理条例》规定，从事工业、建筑、餐饮、医疗等活动的企业事业单位、个体工商户（以下称排水户）向城镇排水设施排放污水的，应当向城镇排水主管部门申请领取污水排入排水管网许可证。城镇排水主管部门应当按照国家有关标准，重点对影响城镇排水与污水处理设施安全运行的事项进行审查。排水户应当按照污水排入排水管网许可证的要求排放污水。建设工程开工前，建设单位应当查明工程建设范围内地下城镇排水与污水处理设施的相关情况。城镇排水主管部门及其他相关部门和单位应当及时提供相关资料。建设工程施工范围内有排水管网等城镇排水与污水处理设施的，建设单位应当与施工单位、设施维护运营单位共同制订设施保护方案，并采取相应的安全保护措施。

各类施工作业需要排水的，由建设单位申请领取排水许可证。排水许可证的有效期为 5 年。因施工作业需要向城镇排水设施排水的，排水许可证的有效期由城镇排水主管部门根据排水状况确定，但不得超过施工期限。排水户应当按照排水许可证确定的排水类别、总量、时限、排放口位置和数量、排放的污染物项目和浓度等要求排放污水。

建设部《绿色施工导则》进一步规定，施工现场污水排放应达到国家标准《污水综合排放标准》（GB 8978—1996）的要求；在施工现场应针对不同的污水设置相应的处理设施，如沉淀池、隔油池、化粪池等；污水排放应委托有资质的单位进行废水水质检测，提供相应的污水检测报告；保护地下水环境；采用隔水性能好的边坡支护技术。在缺水地区或地下水位持续下降的地区，基坑降水尽可能少抽取地下水；当基坑开挖抽水量大于 50 万立方米时，应进行地下水回灌，并避免地下水被污染。对于化学品等有毒材料、油料的储存地，应有严格的隔水层设计，做好渗漏液的收集和处理。

11.1.3 噪声污染防治的规定

环境噪声，是指在工业生产、建筑施工、交通运输和社会生活中产生的干扰周围生活环境的声音。环境噪声污染则是指产生的环境噪声超过国家规定的环境噪声排放标准，并干扰他人正常生活、工作和学习的现象。

在工程建设领域，环境噪声污染的防治主要包括两个方面：一是建设项目环境噪声污染的防治；二是施工现场环境噪声污染的防治。前者主要解决建设项目建成后使用过程中可能产生的环境噪声污染问题，后者则要解决建设工程施工过程中产生的施工噪声污染问题。

1. 对产生环境噪声污染企业事业单位的规定

《环境噪声污染防治法》规定，产生环境噪声污染的企业事业单位必须保持防治环境噪声污染的设施正常使用；拆除或者闲置环境噪声污染防治设施的，必须事先报经所在地的县级以上地方人民政府环境保护行政主管部门批准。

产生环境噪声污染的单位应当采取措施进行治理，并按照国家规定缴纳超标准排污费。征收的超标准排污费必须用于污染的防治，不得挪作他用。

对于在噪声敏感建筑物集中区域内造成严重环境噪声污染的企业事业单位限期治理。被限期治理的单位必须按期完成治理任务。

2. 建设项目环境噪声污染的防治

有些建设项目如城市道桥、铁路（包括轻轨）、工业厂房等，其建成后的使用可能会对周围环境产生噪声污染。因此，建设单位必须在建设前期就规定环境噪声污染的防治措施，并在建设过程中同步建设环境噪声污染防治设施。

《环境噪声污染防治法》规定，新建、改建、扩建的建设项目必须遵守国家有关建设项目环境保护管理的规定。建设项目可能产生环境噪声污染的，建设单位必须提出环境影响报告书，规定环境噪声污染的防治措施，并按照国家规定的程序报环境保护行政主管部门批准。环境影响报告书中应当有该建设项目所在地单位和居民的意见。

建设项目的环境噪声污染防治设施必须与主体工程同时设计、同时施工、同时投

第十一章 建设工程环保、节能与
文物保护制度

产使用。建设项目在投入生产或者使用之前，其环境噪声污染防治设施必须经原审批环境影响报告书的环境保护行政主管部门验收；达不到国家规定要求的，该建设项目不得投入生产或者使用。

3. 施工现场环境噪声污染的防治

（1）排放建筑施工噪声应当符合建筑施工场界环境噪声排放标准

《环境噪声污染防治法》规定，在城市市区范围内向周围生活环境排放建筑施工噪声的，应当符合国家规定的建筑施工场界环境噪声排放标准。

所谓噪声排放，是指噪声源向周围生活环境辐射噪声。按照《建筑施工场界噪声限值》（GB 12523—2011）的规定，建筑施工过程中场界环境噪声不得超过规定的排放限值。建筑施工环境噪声场界排放限值，昼间70分贝，夜间55分贝。夜间噪声最大声级超过限值的幅度不得高于15分贝。其中，夜间是指晚22点至早6点。

（2）使用机械设备可能产生环境噪声污染的申报

《环境噪声污染防治法》规定，在城市市区范围内，建筑施工过程中使用机械设备，可能产生环境噪声污染的，施工单位必须在工程开工15日前向工程所在地县级以上地方人民政府环境保护行政主管部门申报该工程的项目名称、施工场所和期限、可能产生的环境噪声值以及所采取的环境噪声污染防治措施的情况。

（3）禁止夜间进行产生环境噪声污染施工作业的规定

《环境噪声污染防治法》规定，在城市市区噪声敏感建筑物集中区域内禁止夜间进行产生环境噪声污染的建筑施工作业，但抢修、抢险作业和因生产工艺上的要求或者特殊需要必须连续作业的除外。因特殊需要必须连续作业的，必须有县级以上人民政府或者其有关主管部门的证明。以上规定的夜间作业必须公告附近居民。

所谓噪声敏感建筑物集中区域，是指医疗区、文教科研区和以机关或者居民住宅为主的区域。所谓噪声敏感建筑物，是指医院、学校、机关、科研单位、住宅等需要保持安静的建筑物。

（4）政府监管部门的现场检查

《环境噪声污染防治法》规定，县级以上人民政府环境保护行政主管部门和其他环境噪声污染防治工作的监督管理部门、机构有权依据各自的职责对管辖范围内排放环境噪声的单位进行现场检查。被检查的单位必须如实反映情况，并提供必要的资料。检查部门、机构应当为被检查的单位保守技术秘密和业务秘密。检查人员进行现场检查应当出示证件。

11.1.4　固体废物污染防治的规定

固体废物是指在生产、生活和其他活动中产生的丧失原有利用价值或者虽未丧失利用价值但被抛弃或者放弃的固态、半固态和置于容器中的气态的物品、物质以及法律、行政法规规定纳入固体废物管理的物品、物质。固体废物污染环境是指固体废物在产生、收集、贮存、运输、利用、处置过程中产生的危害环境的现象。

1. 建设项目固体废物污染环境的防治

《固体废物污染环境防治法》规定，建设产生固体废物的项目以及建设贮存、利用、处置固体废物的项目必须依法进行环境影响评价，并遵守国家有关建设项目环境保护管理的规定。

建设项目的环境影响评价文件确定需要配套建设的固体废物污染环境防治设施，必须与主体工程同时设计、同时施工、同时投入使用。固体废物污染环境防治设施必须经原审批环境影响评价文件的环境保护行政主管部门验收合格后，该建设项目方可投入生产或者使用。对固体废物污染环境防治设施的验收应当与对主体工程的验收同时进行。

在国务院和国务院有关主管部门及省、自治区、直辖市人民政府划定的自然保护区、风景名胜区、饮用水水源保护区、基本农田保护区和其他需要特别保护的区域内禁止建设工业固体废物集中贮存、处置的设施、场所和生活垃圾填埋场。

2. 施工现场固体废物污染环境的防治

施工现场的固体废物主要是建筑垃圾和生活垃圾。固体废物又分为一般固体废物和危险废物。所谓危险废物，是指列入国家危险废物名录或者根据国家规定的危险废物鉴别标准和鉴别方法认定的具有危险特性的固体废物。

（1）一般固体废物污染环境的防治

《固体废物污染环境防治法》规定，产生固体废物的单位和个人应当采取措施防止或者减少固体废物对环境的污染。

收集、贮存、运输、利用、处置固体废物的单位和个人必须采取防扬散、防流失、防渗漏或者其他防止污染环境的措施；不得擅自倾倒、堆放、丢弃、遗撒固体废物。禁止任何单位或者个人向江河、湖泊、运河、渠道、水库及其最高水位线以下的滩地和岸坡等法律、法规规定禁止倾倒、堆放废弃物的地点倾倒、堆放固体废物。

转移固体废物出省、自治区、直辖市行政区域贮存、处置的，应当向固体废物移出地的省、自治区、直辖市人民政府环境保护行政主管部门提出申请。移出地的省、自治区、境保护行政主管部门同意后方可批准转移该固体废物出省、自治区、直辖市行政区域，未经批准的不得转移。

《城市建筑垃圾管理规定》进一步规定，施工单位应当及时清运工程施工过程中产生的建筑垃圾，并按照城市人民政府市容环境卫生主管部门的规定处置，防止污染环境，不得将建筑垃圾交给个人或者未经核准从事建筑垃圾运输的单位运输。处置建筑垃圾的单位在运输建筑垃圾时应当随车携带建筑垃圾处置核准文件，按照城市人民政府有关部门规定的运输路线、时间运行，不得丢弃、遗撒建筑垃圾，不得超出核准范围承运建筑垃圾。

（2）危险废物污染环境防治的特别规定

对危险废物的容器和包装物以及收集、贮存、运输、处置危险废物的设施、场所必须设置危险废物识别标志。以填埋方式处置危险废物不符合国务院环境保护行政主管部门规定的，应当缴纳危险废物排污费。危险废物排污费用于污染环境的防治，不得挪作他用。

禁止将危险废物提供或者委托给无经营许可证的单位从事收集、贮存、利用、处置的经营活动。运输危险废物必须采取防止污染环境的措施，并遵守国家有关危险货物运输管理的规定。禁止将危险废物与旅客在同一运输工具上载运。

收集、贮存、运输、处置危险废物的场所、设施、设备和容器、包装物及其他物品转作他用时，必须经过消除污染的处理方可使用。

产生、收集、贮存、运输、利用、处置危险废物的单位应当制定意外事故的防范措施和应急预案，并向所在地县级以上地方人民政府环境保护行政主管部门备案；环境保护行政主管部门应当进行检查。因发生事故或者其他突发性事件造成危险废物严重污染环境的单位，必须立即采取措施消除或者减轻对环境的污染危害，及时通报可能受到污染危害的单位和居民，并向所在地县级以上地方人民政府环境保护行政主管部门和有关部门报告，接受调查处理。

（3）施工现场固体废物的减量化和回收再利用

《绿色施工导则》规定，制订建筑垃圾减量化计划，如住宅建筑每万平方米的建筑垃圾不宜超过 400 吨。加强建筑垃圾的回收再利用，力争建筑垃圾的再利用和回收率达到 30%，建筑物拆除产生的废弃物的再利用和回收率大于 40%。对于碎石类、土石方类建筑垃圾可采用地基填埋、铺路等方式提高再利用率，力争再利用率大于 50%。

施工现场生活区设置封闭式垃圾容器，施工场地生活垃圾实行袋装化，及时清运。对建筑垃圾进行分类，并收集到现场封闭式垃圾站集中运出。

11.1.5 环境民事责任

1. 违约责任

如果承包人违反合同约定，未能履行环境保护工作，造成损失的，由承包人承担违约责任。

2. 环境侵权责任

《环境侵权司法解释》第一条规定，因污染环境造成损害，不论污染者有无过错，污染者应当承担侵权责任。污染者以排污符合国家或者地方污染物排放标准为由主张不承担责任的，人民法院不予支持。由此可知，我国环境侵权责任的归责原则主要是无过错责任原则。在责任承担方式方面主要是赔偿损失和排除侵害两种方式。

承担环境侵权责任的构成要件有三：一是有危害环境的行为；二是有客观的危害事实；三是行为与损害结果有因果关系。

《侵权责任法》第六十六条规定："因污染环境发生纠纷，污染者应当就法律规定的不承担责任或者减轻责任的情形及其行为与损害之间不存在因果关系承担举证责任。"我国《民事诉讼证据规则》第四条第三项规定："因环境污染引起的损害赔偿诉讼，由加害人就法律规定的免责事由及其行为与损害结果之间不存在因果关系承担举证责任"，依据这两条规定，在环境污染方面实行举证责任倒置。

对于因违反法律和合同约定所造成的环境破坏、人身伤害和财产损失，承包人应当承担由此引起的环境侵权责任；因上述环境污染纠纷而导致暂停施工的，由此增加的费用、延误的工期也由承包人承担。

11.1.6　环境行政责任

对于环境行政主体而言，只要其行为客观上违反了环境法律规范，就应追究其行政责任，而不问其主观上是否存在过错。具体环境行政责任查阅相关法规，这里不再赘述。

11.1.7　环境刑事责任

污染环境罪，是指违反国家规定，排放、倾倒或者处置有放射性的废物、含传染病病原体的废物、有毒物质或者其他有害物质，严重污染环境的行为。

《刑法》第三百三十八条规定："违反国家规定，排放、倾倒或者处置有放射性的废物、含传染病病原体的废物、有毒物质或者其他有害物质，严重污染环境的，处三年以下有期徒刑或者拘役，并处或者单处罚金；后果特别严重的，处三年以上七年以下有期徒刑，并处罚金。"

单位犯污染环境罪的，对单位判处罚金，并对其直接负责的主管人员和其他直接责任人员依照上述第三百三十八条的规定处罚。

11.2　建筑节能制度

11.2.1　建筑节能的规定

《节约能源法》规定，国家实行固定资产投资项目节能评估和审查制度。不符合强制性节能标准的项目，建设单位不得开工建设；已经建成的，不得投入生产、使用。政府投资项目不符合强制性节能标准的，依法负责项目审批的机关不得批准建设。

国家鼓励在新建建筑和既有建筑节能改造中使用新型墙体材料等节能建筑材料和节能设备，安装和使用太阳能等可再生能源利用系统。

建筑工程的建设、设计、施工和监理单位应当遵守建筑节能标准。

1. 采用太阳能、地热能等可再生能源

《民用建筑节能条例》规定，国家鼓励和扶持在新建建筑和既有建筑节能改造中采用太阳能、地热能等可再生能源。在具备太阳能利用条件的地区，有关地方人民政府及其部门应当采取有效措施，鼓励和扶持单位、个人安装使用太阳能热水系统、照明系统、供热系统、采暖制冷系统等太阳能利用系统。

2. 新建建筑节能的规定

国家推广使用民用建筑节能的新技术、新工艺、新材料和新设备，限制使用或者禁止使用能源消耗高的技术、工艺、材料和设备。国家限制进口或者禁止进口能源消耗高的技术、材料和设备。省级住房和城乡建设主管部门建立建筑节能材料和产品备案、登记和公示制度。对建设工程中使用的建筑节能材料和产品，由设区的市住房和城乡建设主管部门进行备案、登记和公示。

建设单位、设计单位、施工单位不得在建筑活动中使用列入禁止使用目录的技术、工艺、材料和设备。

（1）施工图审查机构的节能义务

施工图设计文件审查机构应当按照民用建筑节能强制性标准对施工图设计文件进行审查，经审查不符合民用建筑节能强制性标准的，县级以上地方人民政府建设主管部门不得颁发施工许可证。

（2）建设单位的节能义务

建设单位不得明示或者暗示设计单位、施工单位违反民用建筑节能强制性标准进行设计、施工，不得明示或者暗示施工单位使用不符合施工图设计文件要求的墙体材料、保温材料、门窗、采暖制冷系统和照明设备。

按照合同约定由建设单位采购墙体材料、保温材料、门窗、采暖制冷系统和照明设备的，建设单位应当保证其符合施工图设计文件要求。

建设单位组织竣工验收，应当对民用建筑是否符合民用建筑节能强制性标准进行查验，对不符合民用建筑节能强制性标准的不得出具竣工验收合格报告。

（3）设计单位、施工单位、工程监理单位的节能义务

设计单位、施工单位、工程监理单位及其注册执业人员应当按照民用建筑节能强制性标准进行设计、施工、监理。

施工单位应当对进入施工现场的墙体材料、保温材料、门窗、采暖制冷系统和照明设备进行查验，不符合施工图设计文件要求的不得使用。

工程监理单位发现施工单位不按照民用建筑节能强制性标准施工的，应当要求施工单位改正；施工单位拒不改正的，工程监理单位应当及时报告建设单位，并向有关主管部门报告。

墙体、屋面的保温工程施工时，监理工程师应当按照工程监理规范的要求采取旁站、巡视和平行检验等形式实施监理。未经监理工程师签字，墙体材料、保温材料、门窗、采暖制冷系统和照明设备不得在建筑上使用或者安装，施工单位不得进行下一道工序的施工。

3. 既有建筑节能的规定

既有建筑节能改造，是指对不符合民用建筑节能强制性标准的既有建筑的围护结构、供热系统、采暖制冷系统、照明设备和热水供应设施等实施节能改造的活动。

实施既有建筑节能改造应当符合民用建筑节能强制性标准，优先采用遮阳、改善通风等低成本改造措施。既有建筑围护结构的改造和供热系统的改造应当同步进行。

11.2.2 施工节能的规定

《循环经济促进法》规定，建筑设计、建设、施工等单位应当按照国家有关规定和标准对其设计、建设、施工的建筑物及构筑物采用节能、节水、节地、节材的技术工艺和小型、轻型、再生产品。有条件的地区应当充分利用太阳能、地热能、风能等可再生能源。

1. 节材与材料资源利用

《循环经济促进法》规定，国家鼓励利用无毒无害的固体废物生产建筑材料，鼓励使用散装水泥，推广使用预拌混凝土和预拌砂浆。禁止损毁耕地烧砖。在国务院或者省、自治区、直辖市人民政府规定的期限和区域内禁止生产、销售和使用黏土砖。

《绿色施工导则》进一步规定，图纸会审时应审核节材与材料资源利用的相关内容，达到材料损耗率比定额损耗率降低 30%；根据施工进度、库存情况等合理安排材料的采购、进场时间和批次，减少库存；现场材料堆放有序；储存环境适宜，措施得当；保管制度健全，责任落实；材料运输工具适宜，装卸方法得当，防止损坏和遗洒；根据现场平面布置情况就近卸载，避免和减少二次搬运；采取技术和管理措施提高模板、脚手架等的周转次数；优化安装工程的预留、预埋、管线路径等方案；应就地取材，施工现场 500 公里以内生产的建筑材料用量占建筑材料总重量的 70% 以上。

此外，还分别就结构材料、围护材料、装饰装修材料、周转材料提出了明确要求。例如，结构材料节材与材料资源利用的技术要点是：

1）推广使用预拌混凝土和商品砂浆。准确计算采购数量、供应频率、施工速度等，在施工过程中动态控制。结构工程使用散装水泥。

2）推广使用高强钢筋和高性能混凝土，减少资源消耗。

3）推广钢筋专业化加工和配送。

4）优化钢筋配料和钢构件下料方案。钢筋及钢结构制作前应对下料单及样品进行复核，无误后方可批量下料。

5）优化钢结构制作和安装方法。大型钢结构宜采用工厂制作，现场拼装；宜采用分段吊装、整体提升、滑移、顶升等安装方法，减少方案的措施用材量。

6）采取数字化技术，对大体积混凝土、大跨度结构等专项施工方案进行优化。

2. 节水与水资源利用

《循环经济促进法》规定，国家鼓励和支持使用再生水。企业应当发展串联用水系统和循环用水系统，提高水的重复利用率。企业应当采用先进的技术、工艺和设备对生产过程中产生的废水进行再生利用。

《绿色施工导则》进一步对提高用水效率、非传统水源利用和安全用水作出了规定。

（1）提高用水效率

1）施工中采用先进的节水施工工艺。

2）施工现场喷洒路面、绿化浇灌不宜使用市政自来水。现场搅拌用水、养护用水应采取有效的节水措施，严禁无措施浇水养护混凝土。

3）施工现场供水管网应根据用水量设计布置，管径合理、管路简捷，采取有效措施减少管网和用水器具的漏损。

4）现场机具、设备、车辆冲洗用水必须设立循环用水装置。施工现场办公区、生活区的生活用水采用节水系统和节水器具，提高节水器具配置比例。项目临时用水应使用节水型产品，安装计量装置，采取有针对性的节水措施。

第十一章　建设工程环保、节能与
文物保护制度

5）施工现场建立可再利用水的收集处理系统，使水资源得到梯级循环利用。

6）施工现场分别对生活用水与工程用水确定用水定额指标，并分别计量管理。

7）大型工程的不同单项工程、不同标段、不同分包生活区，凡具备条件的应分别计量用水量。在签订不同标段分包或劳务合同时，将节水定额指标纳入合同条款，进行计量考核。

8）对混凝土搅拌站点等用水集中的区域和工艺点进行专项计量考核。施工现场建立雨水、中水或可再利用水的搜集利用系统。

（2）非传统水源利用

1）优先采用中水搅拌、中水养护，有条件的地区和工程应收集雨水养护。

2）处于基坑降水阶段的工地宜优先采用地下水作为混凝土搅拌用水、养护用水、冲洗用水和部分生活用水。

3）现场机具、设备、车辆冲洗、喷洒路面、绿化浇灌等用水优先采用非传统水源，尽量不使用市政自来水。

4）大型施工现场，尤其是雨量充沛地区的大型施工现场建立雨水收集利用系统，充分收集自然降水，用于施工和生活中适宜的部位。

5）力争施工中非传统水源和循环水的再利用量大于30%。

3. 节能与能源利用

《绿色施工导则》对机械设备与机具、生产生活及办公临时设施、施工用电及照明节能措施分别作出了规定。

（1）机械设备与机具

1）建立施工机械设备管理制度，开展用电、用油计量，完善设备档案，及时做好维修保养工作，使机械设备保持低耗、高效的状态。

2）选择功率与负载相匹配的施工机械设备，避免大功率施工机械设备低负载长时间运行。机电安装可采用节电型机械设备，如逆变式电焊机和能耗低、效率高的手持电动工具等，以利节电。机械设备宜使用节能型油料添加剂，在可能的情况下考虑回收利用，节约油量。

3）合理安排工序，提高各种机械的使用率和满载率，降低各种设备的单位耗能。

（2）生产、生活及办公临时设施

1）利用场地自然条件，合理设计生产、生活及办公临时设施的体形、朝向、间距和窗墙面积比，使其获得良好的日照、通风和采光。南方地区可根据需要在其外墙窗设遮阳设施。

2）临时设施宜采用节能材料，墙体、屋面使用隔热性能好的材料，减少夏天空调、冬天取暖设备的使用时间及耗能量。

3）合理配置采暖、空调、风扇数量，规定使用时间，实行分段分时使用，节约用电。

（3）施工用电及照明

1）临时用电优先选用节能电线和节能灯具，临电线路合理设计、布置，临电设备宜采用自动控制装置。采用声控、光控等节能照明灯具。

2）照明设计以满足最低照度为原则，照度不应超过最低照度的20%。

4. 节地与施工用地保护

《绿色施工导则》对临时用地指标、临时用地保护、施工总平面布置分别作出了规定。

（1）临时用地指标

1）根据施工规模及现场条件等因素合理确定临时设施，如临时加工厂、现场作业棚及材料堆场、办公生活设施等的占地指标。临时设施的占地面积应按用地指标所需的最低面积设计。

2）要求平面布置合理、紧凑，在满足环境、职业健康与安全及文明施工要求的前提下尽可能减少废弃地和死角，临时设施占地面积有效利用率大于90%。

（2）临时用地保护

1）应对深基坑施工方案进行优化，减少土方开挖和回填量，最大限度地减少对土地的扰动，保护周边自然生态环境。

2）红线外临时占地应尽量使用荒地、废地，少占用农田和耕地。工程完工后，及时对红线外占地恢复原地形、地貌，使施工活动对周边环境的影响降至最低。

3）利用和保护施工用地范围内原有绿色植被。对于施工周期较长的现场，可按建筑永久绿化的要求安排场地新建绿化。

（3）施工总平面布置

1）施工总平面布置应做到科学、合理，充分利用原有建筑物、构筑物、道路、管线为施工服务。

2）施工现场搅拌站、仓库、加工厂、作业棚、材料堆场等布置应尽量靠近已有交通线路或即将修建的正式或临时交通线路，缩短运输距离。

3）临时办公和生活用房应采用经济、美观、占地面积小、对周边地貌环境影响较小，且适合于施工平面布置动态调整的多层轻钢活动板房、钢骨架水泥活动板房等标准化装配式结构。生活区与生产区应分开布置，并设置标准的分隔设施。

4）施工现场围墙可采用连续封闭的轻钢结构预制装配式活动围挡，减少建筑垃圾，保护土地。

5）施工现场道路按照永久道路和临时道路相结合的原则布置。施工现场内形成环形通路，减少道路占用土地。

6）临时设施布置应注意远近结合（本期工程与下期工程），努力减少和避免大量临时建筑拆迁和场地搬迁。

11.3　文物保护制度

我国地域辽阔，历史悠久，是世界上文化传统不曾中断的多民族统一国家。历史遗存至今的大量文物古迹形象地记载着中华民族形成发展的进程，不仅是认识历史的证据，也是增强民族凝聚力、促进民族文化可持续发展的基础。我国优秀的文物古迹是我国各族人民的，也是全人类共同的财富，我们有义务保护好。

11.3.1 在文物保护单位保护范围和建设控制地带施工的规定

1. 文物保护单位的保护范围

《文物保护法实施条例》规定，文物保护单位的保护范围，是指对文物保护单位本体及周围一定范围实施重点保护的区域。文物保护单位的保护范围应当根据文物保护单位的类别、规模、内容以及周围环境的历史和现实情况合理划定，并在文物保护单位本体之外保持一定的安全距离，确保文物保护单位的真实性和完整性。

全国重点文物保护单位和省级文物保护单位自核定公布之日起1年内，由省、自治区、直辖市人民政府划定必要的保护范围，作出标志说明，建立记录档案，设置专门机构或者指定专人负责管理。

设区的市、自治州级和县级文物保护单位自核定公布之日起1年内，由核定公布该文物保护单位的人民政府划定保护范围，作出标志说明，建立记录档案，设置专门机构或者指定专人负责管理。

文物保护单位的标志说明应当包括文物保护单位的级别、名称、公布机关、公布日期、立标机关、立标日期等内容。民族自治地区的文物保护单位的标志说明，应当同时用规范汉字和当地通用的少数民族文字书写。

2. 文物保护单位的建设控制地带

《文物保护法实施条例》规定，文物保护单位的建设控制地带，是指在文物保护单位的保护范围外，为保护文物保护单位的安全、环境、历史风貌，对建设项目加以限制的区域。文物保护单位的建设控制地带应当根据文物保护单位的类别、规模、内容以及周围环境的历史和现实情况合理划定。

全国重点文物保护单位的建设控制地带，经省、自治区、直辖市人民政府批准，由省、自治区、直辖市人民政府的文物行政主管部门会同城乡规划行政主管部门划定并公布。

省级、设区的市、自治州级和县级文物保护单位的建设控制地带，经省、自治区、直辖市人民政府批准，由核定公布该文物保护单位的人民政府的文物行政主管部门会同城乡规划行政主管部门划定并公布。

3. 历史文化名城名镇名村的保护

《文物保护法》规定，保存文物特别丰富并且具有重大历史价值或者革命纪念意义的城市，由国务院核定公布为历史文化名城。保存文物特别丰富并且具有重大历史价值或者革命纪念意义的城镇、街道、村庄，由省、自治区、直辖市人民政府核定公布为历史文化街区、村镇，并报国务院备案。

《历史文化名城名镇名村保护条例》进一步规定，具备下列条件的城市、镇、村庄可以申报历史文化名城、名镇、名村：

1）保存文物特别丰富。

2）历史建筑集中成片。

3）保留着传统格局和历史风貌。

4）历史上曾经作为政治、经济、文化、交通中心或者军事要地，或者发生过重要历史事件，或者其传统产业、历史上建设的重大工程对本地区的发展产生过重要影响，或者能够集中反映本地区建筑的文化特色、民族特色。

4. 在文物保护单位保护范围和建设控制地带施工的规定

《文物保护法》规定，在文物保护单位的保护范围和建设控制地带内不得建设污染文物保护单位及其环境的设施，不得进行可能影响文物保护单位安全及其环境的活动。对已有的污染文物保护单位及其环境的设施应当限期治理。

（1）承担文物保护单位的修缮、迁移、重建工程的单位应当具有相应的资质证书

《文物保护法实施条例》规定，承担文物保护单位的修缮、迁移、重建工程的单位应当取得文物行政主管部门颁发的相应等级的文物保护工程资质证书和建设行政主管部门颁发的相应等级的资质证书。其中，不涉及建筑活动的文物保护单位的修缮、迁移、重建应当由取得文物行政主管部门颁发的相应等级的文物保护工程资质证书的单位承担。

（2）在历史文化名城名镇名村保护范围内从事建设活动的相关规定

《历史文化名城名镇名村保护条例》规定，在历史文化名城、名镇、名村保护范围内禁止进行下列活动：

1）开山、采石、开矿等破坏传统格局和历史风貌的活动。

2）占用保护规划确定保留的园林绿地、河湖水系、道路等。

3）修建生产、储存爆炸性、易燃性、放射性、毒害性、腐蚀性物品的工厂、仓库等。

4）在历史建筑上刻划、涂污。

在历史文化名城、名镇、名村保护范围内进行下列活动，应当保护其传统格局、历史风貌和历史建筑，制定保护方案，经城市、县人民政府城乡规划主管部门会同同级文物主管部门批准，并依照有关法律、法规的规定办理相关手续：

1）改变园林绿地、河湖水系等自然状态的活动。

2）在核心保护范围内进行影视摄制、举办大型群众性活动。

3）其他影响传统格局、历史风貌或者历史建筑的活动。

在历史文化街区、名镇、名村核心保护范围内不得进行新建、扩建活动，但是新建、扩建必要的基础设施和公共服务设施除外；拆除历史建筑以外的建筑物、构筑物或者其他设施的，应当经市、县人民政府城乡规划主管部门会同同级文物主管部门批准。

（3）在文物保护单位保护范围和建设控制地带内从事建设活动的相关规定

《文物保护法》规定，在文物保护单位的保护范围内不得进行其他建设工程或者爆破、钻探、挖掘等作业。因特殊情况需要在文物保护单位的保护范围内进行其他建设工程或者爆破、钻探、挖掘等作业的，必须保证文物保护单位的安全，并经核定公布该文物保护单位的人民政府批准，在批准前应当征得上一级人民政府文物行政部门同意；在全国重点文物保护单位的保护范围内进行其他建设工程或者爆破、钻探、挖掘等作业的，必须经省、自治区、直辖市人民政府批准，在批准前应当征得国务院文物

行政部门同意。在文物保护单位的建设控制地带内进行建设工程，不得破坏文物保护单位的历史风貌；工程设计方案应当根据文物保护单位的级别，经相应的文物行政部门同意后报城乡建设规划部门批准。

(4) 文物修缮保护工程的管理

《文物保护工程管理办法》规定，文物保护工程按照文物保护单位级别实行分级管理，全国重点文物保护单位保护工程，以省、自治区、直辖市文物行政部门为申报机关，国家文物局为审批机关。省、自治区、直辖市级文物保护单位保护工程以文物所在地的市、县级文物行政部门为申报机关，省、自治区、直辖市文物行政部门为审批机关。市、县级文物保护单位及未核定为文物保护单位的不可移动文物的保护工程的申报机关、审批机关由省级文物行政部门确定。

11.3.2 施工发现文物报告和保护的规定

《文物保护法》规定，地下埋藏的文物，任何单位或者个人都不得私自发掘；考古发掘的文物，任何单位或者个人不得侵占。

1. 配合建设工程进行考古发掘工作的规定

进行大型基本建设工程，建设单位应当事先报请省、自治区、直辖市人民政府文物行政部门组织从事考古发掘的单位在工程范围内对有可能埋藏文物的地方进行考古调查、勘探。

确因建设工期紧迫或者有自然破坏危险，对古文化遗址、古墓葬急需进行抢救发掘的，由省、自治区、直辖市人民政府文物行政部门组织发掘，并同时补办审批手续。

2. 施工发现文物的报告和保护

《文物保护法》规定，在建设工程或者农业生产中，任何单位或者个人发现文物，应当保护现场，立即报告当地文物行政部门。文物行政部门接到报告后，如无特殊情况，应当在 24 小时内赶赴现场，并在 7 日内提出处理意见。

主要法规索引：

1. 《环境保护法》（2015 年 1 月 1 日起施行）
2. 《水污染防治法》（2008 年 6 月 1 日起施行）
3. 《大气污染防治法》（2016 年 1 月 1 日起实施）
4. 《环境噪声污染防治法》（1997 年 3 月 1 日起施行）
5. 《固体废物污染环境防治法》（2015 年 4 月 24 日修正）
6. 《节约能源法》（2016 年 7 月 2 日修改）
7. 《循环经济法》（2009 年 1 月 1 日起施行）
8. 《民用建筑节能条例》（2008 年 10 月 1 日起施行）
9. 《绿色施工导则》（2007 年 9 月 10 日发布）
10. 《文物保护法》（2015 年 4 月 24 日修订）

11. 《文物保护法实施条例》（2016年1月13日修订）

12. 《历史文化名城名镇名村保护条例》（2008年7月1日起施行）

13. 《文物保护工程管理办法》（2003年5月1日起实施）

14. 《消防法》（2009年5月1日起施行）

15. 《建设工程消防监督管理规定》（2012年修订）

思考与练习

一、单项选择题（每题的备选项中，只有1个最符合题意）

1. 关于施工现场大气污染防治的说法，正确的是（ ）。

A. 重点是防治排放污染物

B. 爆破作业选择风力小的天气进行，做好计划

C. 结构施工阶段，作业区的目测扬尘高度小于1米

D. 施工现场非作业区达到目测扬尘高度0.5米

2. 关于施工发现文物报告和保护的说法，正确的是（ ）。

A. 在建设工程中发现的文物属于国家所有，在农业生产中发现的文物属于集体所有

B. 确因建设工期紧迫或者有自然破坏危险，对古文化遗址、古墓葬急需进行抢救发掘的，由县级人民政府文物行政部门组织发掘，并同时补办审批手续

C. 在集体组织所有的土地下发现埋藏的文物，集体组织可以自行挖掘

D. 特别重要的建设工程范围内的考古调查、勘探、发掘，由国务院文物行政主管部门组织实施

3. 关于在文物保护单位保护范围和建设控制地带内从事建设活动的说法，正确的是（ ）。

A. 文物保护单位的保护范围内及其周边的一定区域不得进行爆破作业

B. 在全国重点文物保护单位的保护范围内进行爆破作业，必须经国务院批准

C. 因特殊情况需要在文件保护单位的保护范围内进行爆破作业的，应经核定公布该文物保护单位的人民政府批准

D. 在省、自治区、直辖市重点文物保护单位的保护范围内进行爆破作业的，必须经国务院文物行政部门批准

二、多项选择题（每题的备选项中，有2个或2个以上符合题意，至少有1个错项）

1. 在市区施工产生环境噪声污染的下列情形中，可以在夜间进行施工作业而不需要有关主管部门证明的是（ ）。

A. 混凝土连续浇筑

B. 特殊需要必须连续作业

C. 自来水管道爆裂抢修

第十一章 建设工程环保、节能与
文物保护制度

D. 由于施工单位计划向国庆献礼而抢进度的施工

E. 路面塌陷抢修

2. 关于在文物保护单位控制地带内进行建设的说法，错误的有（　　）。

A. 全国重点文物保护单位周围的建设控制地带的划定，应报国务院批准

B. 不得建设污染文物保护单位及其环境的设施

C. 不得破坏文物保护单位的历史风貌

D. 进行爆破作业，需经国务院文物行政部门批准

E. 全国重点文物保护单位不得拆除

三、思考题

如何防范环境法律风险？

主要参考文献

［1］全国一级建造师执业资格考试用书编写委员会. 建设工程法规及相关知识［M］. 北京：中国建筑工业出版社，2017.

［2］全国二级建造师执业资格考试用书编写委员会. 建设工程法规及相关知识［M］. 北京：中国建筑工业出版社，2018.

［3］建设部人事教育司、政策法规司. 建设法规教程［M］. 北京：中国建筑工业出版社，2009.

［4］朱宏亮. 建设法规［M］. 武汉：武汉工业大学出版社，2009.

［5］黄永安. 建设法规［M］. 南京：东南大学出版社，2002.

［6］生青杰. 工程建设法规［M］. 北京：科学出版社，2009.

［7］宋桂兰，李金木. 建筑事故索赔指南［M］. 北京：中国法制出版社，2009.

［8］周月萍. 建筑企业法律风险防范与化解——项目经理专辑［M］. 北京：法律出版社，2009.

［9］周吉高. 建设工程专项法律实务［M］. 北京：法律出版社，2009.

［10］陈宽山. 建筑施工企业工程合同风险管理法律实务［M］. 北京：法律出版社，2009.